全国社会工作者职业水平考试辅导教材

社会工作综合能力

考试过关必做

初级

SHEHUI GONGZUO ZONGHENENGLI

KAOSHI GUOGUAN BIZUO

全国社会工作者职业水平考试
过关必做辅导教材编写组 编写

2024

中国社会出版社

国家一级出版社·全国百佳图书出版单位

图书在版编目（CIP）数据

社会工作综合能力（初级）考试过关必做 / 全国社会工作者职业水平考试过关必做辅导教材编写组编写 . -- 2 版 . -- 北京：中国社会出版社，2024.2（2024.4 重印）

全国社会工作者职业水平考试辅导教材

ISBN 978-7-5087-7006-2

Ⅰ . ①社 ...　　Ⅱ . ①全 ...　　Ⅲ . ①社会工作—中国—资格考试—自学参考资料　　Ⅳ . ① D632

中国国家版本馆 CIP 数据核字（2023）第 249191 号

出 版 人：程　伟　　　　　　　　　　　终 审 人：余细香
责任编辑：张　杰　薛丽仙　姜婷婷　　　责任校对：李林凤
封面设计：尹　帅

出版发行　中国社会出版社　　　　　　　地　　　址：北京市西城区二龙路甲 33 号
邮政编码：100032　　　　　　　　　　　编 辑 部：(010) 58124853
营销中心：金　伟　13901172636　　　　四川、重庆、云南
　　　　　孙武斌　13911163563　　　　北京、天津、广东、山西、海南、湖南、陕西
　　　　　朱赛亮　13691332028　　　　江苏、安徽、山东、广西、宁夏、新疆
　　　　　卫　飞　18611888820　　　　浙江、上海、河南、青海、湖北、甘肃、西藏
　　　　　平　川　13810848635　　　　河北、吉林、黑龙江、内蒙古、辽宁
　　　　　朱永玲　13501113035　　　　福建、江西、贵州
综合电话：010-58124852
网　　　址：shcbs.mca.gov.cn
经　　　销：新华书店

印刷装订：北京联兴盛业印刷股份有限公司　　开　　本：185 mm×260 mm　1/16
印　　张：15.25　　　　　　　　　　　　　字　　数：398 千字
版　　次：2024 年 2 月第 2 版　　　　　　　印　　次：2024 年 4 月第 2 次印刷
定　　价：48.00 元

社工图书专营店　　　中社文库微信公众号　　　中国社会出版社　　　中社在线
　　　　　　　　　　　　　　　　　　　　　　天猫旗舰店　　　　　微信公众号

全国社会工作者职业水平考试
过关必做辅导教材编写组

主　编：许莉娅

编　委：周　军　孙立亚

苗艳梅　王冬梅

党的二十大擘画了全面建设社会主义现代化国家、以中国式现代化全面推进中华民族伟大复兴的宏伟蓝图，吹响了奋进新征程的时代号角。全面建设社会主义现代化国家，必须有一支规模宏大、结构合理、素质优良的人才队伍。在这一项伟大而艰巨的事业中，广大社会工作者前途光明，任重道远，亟须在认真学习理论的同时，积极运用专业的方法、科学的技能服务所从事的工作，为全面建设社会主义现代化国家、全面推进中华民族伟大复兴贡献自己的力量。

本 书 导 航

本书亮点

● **名师主编**

本书由具有 30 多年社会工作专业教学、研究与实务经验和 16 年全国社会工作者职业水平考试辅导与讲解经验的国内知名专家带队倾力打造。

● **紧扣新版指导教材**

本丛书紧扣新版教材，第一时间推出！凡是法规与政策有变动的，皆以现行的法规与政策为准。

● **星级标记，重点突出**

分别用★，★★和★★★标记全部章节的复习重点，帮助考生迅速掌握重要的考点，达到事半功倍的效果。

● **四种复习时间的规划安排**

配合各章节的星级标记，考生可根据自己的复习时间，合理安排和调整复习进度，如90 天（全面复习★，★★和★★★）、60 天（重点复习★★和★★★）、30 天（重点复习★★★）、7 天（重点做全真模拟试题）。

● **配合互联网在线专家答疑和模拟题等学习资源**

购买正版教材的考生可关注微信公众号"社工师培训网"和"社工图书专营店"，以获得更多考前专家答疑、紧扣新版教材的海量章节复习题、在线全真模拟考试等学习资源。

《社会工作综合能力（初级）》科目试卷构成

每年一次的全国助理社会工作师职业水平考试包括两门科目：《社会工作综合能力（初级）》和《社会工作实务（初级）》。考生须一次通过两科考试，方可取得助理社会工作师职业资格证书。考试地点一般设在省会城市和直辖市的大中专院校或高考定点学校，具体地址会在准考证上标明。

全国助理社会工作师职业水平考试为闭卷考试，试题均为客观题，要求考生在答题卡上作答。考生应考时应携带黑色墨水的钢笔或签字笔、2B 铅笔、橡皮等工具。

《社会工作综合能力（初级）》科目考试的时间及试题类型如下。

考试时间	两个小时	
试卷满分	100 分	
及格（通过）标准	60 分	
试题类型	单项选择题	共 60 题，每题 1 分。每题的备选项中只有一个最符合题意
	多项选择题	共 20 题，每题 2 分。每题的备选项中有 2 个或 2 个以上符合题意，至少有 1 个错项。错选，试题不得分；少选，所选的每个选项得 0.5 分

注：**本表格仅供参考，具体以权威部门公布的正式信息为准。**

如何有效使用本考试辅导教材

● 如何使用"摸底自测"

本书每一章的开始部分都设计了一套检测性考题，目的是帮助考生用自我测验的方法对当前这一章考点内容掌握的情况有一个基本的判断，发现自己在某些考点上的"盲点"，从而有针对性地安排复习以扫除"盲点"。

因此，在开始新章节的复习之前，请考生自行安排完成该章"摸底自测"，建议在 20 分钟之内完成，以便了解自己在当前章节掌握复习要点的学习状况，这样既便于制订详细的复习计划，也有利于在之后的复习中进行自我调整。

● 如何使用章节中的"习题精练"

本书针对考试教材的每一节都设计了一套"习题精练"，请考生根据"星级标记"全面复习考试指导教材，对重要考点进行理解、记忆和应用，再来完成"习题精练"，以便检测自己复习当前章节后的学习效果。

● 如何使用本书最后的"全真模拟试题"

本书在最后附有五套全真模拟试题，全部由历年真题组成，是全国社会工作者职业水平考试辅导教材编写组的专家在全面分析历年考试真题覆盖面、案例情境和各章节比重的基础上精心设计的，请考生根据"星级标记"全面复习考试指导教材之后，再来完成这五套全真模拟试题，以便检测自己全面复习后、迎接正式考试前的学习效果。

温馨提示：全真模拟试题重点在模拟参加正式考试的情境，包括了解自己的复习水平、考试时间和答题节奏的把握，千万不要单纯背题，而应把重点放在强化知识点，并针对答错题目的考点进行查漏补缺、扫除知识盲点上。

特别声明：本书考题中所列人员名称均为化名，如有雷同，纯属巧合。

考场应试答题技巧

● **熟悉填答题目的过程（答题卡）**

本科目考试题目均为客观题，所有选择题的回答都必须填涂在答题卡上，对答题卡填写不熟悉的考生应特别注意，在平时就要养成良好的考试答题习惯，尽量使用答题卡来做练习题和全真模拟试题。

● **答题顺序**

先易后难。

● **"卡壳"情况的处理**

由于全国助理社会工作师考试全部为客观题，考题覆盖的考点分布在各个章节，且每道考题都具有较高的独立性，即前面的题目和后面的题目没有内在逻辑性和依赖性。因此，考生在考场遇到难题"卡壳"时，不必担心后面的题目会因为此题的回答而受影响，此时可在试卷上做个标记（注意：不是答题卡），跳过此题，先完成后面题目的回答，等回过头来再答"卡壳"的题。

● **细心检查很重要**

考生应检查答题卡填涂的位置、姓名、准考证号是否正确无误，尤其是填涂题目的顺序不可错行。

● **保守还是冒险？——多项选择题的答题技巧**

如果"全真模拟试题"的闭卷自测得分在 50 分以下，建议考生在考场上采取冒险的答题策略，在排除掉肯定错误选项的基础上，将没有把握的选项也选上，纯属碰一碰运气。

如果得分 50~60 分，接近考试及格线但又有少许差距，此时建议考生采取保守的答题策略，即只选自己肯定有把握的选项。因为根据阅卷评分规则，在没有选错误选项的前提下少选，所选的每个选项均可得 0.5 分，此种策略有助于考生拿到零碎的小分，可能越过 60 分及格线。

最后，预祝各位考生顺利通过考试！

目 录

第一章
社会工作的内涵、原则及主要领域

【本章复习提示】

本章主要介绍社会工作的基本概念、功能、目标以及社会工作实务领域。复习中要求考生认真阅读教材，深刻理解教材所讲解的概念和理论。从历年考卷出题状况来看，考生不能只满足于记住概念、理论，重要的是要理解概念、理论背后的一些基本要求，特别要关注 2018 年考试大纲修改后教材的修改部分。从近年的考题来看，提醒考生除教材内容外，还要关注国家有关部门最新的关于社会工作专业发展的重要政策要点。

摸底自测

一、单项选择题

1. 党的二十大报告提出的"增进民生福祉，提高人民生活品质"，在宏观层面上为我国社会工作的发展指明了方向。根据党的二十大精神，在保障和改善民生方面，更能发挥社会工作专业优势服务的是（　　）。（2023）

   A. 为困难群体提供社会服务　　　　B. 为学龄前儿童提供环保教育

   C. 为患病人士提供治疗咨询　　　　D. 为大学生群体创造就业机会

2. 发展社会工作越来越得到党和政府的重视，《中共中央关于制定国民经济和社会发展第十四个五年规划和二〇三五年远景目标的建议》中指出，要畅通和规范社会工作者参与社会治理的途径。下列说法中，最能反映"畅通途径"要求的是（　　）。（2021）

   A. 发展社会工作服务机构，加大政府购买服务力度

   B. 吸收社会工作者参与解决社会救助中的重要问题

   C. 组织政府工作人员，普遍参加社会工作专业培训

   D. 制定优惠政策吸引社会工作专业学生到基层工作

3. 为落实党中央、国务院关于加强基层治理体系和治理能力现代化建设的战略部署，民政部在全国推进乡镇（街道）社会工作站建设。乡镇（街道）社会工作者的发展方向是（　　）。（2022）

   A. 专业化、职业化　　　　　　　　B. 多元化、本地化

   C. 本土化、职业化　　　　　　　　D. 专业化、高质量

4. 帮助有困难、有需要的人是社会工作最基本的职业特征，社会工作者秉持"助人自助"的理念开展工作。下列关于社会工作"助人自助"的说法，正确的是（　　）。（2021）

   A. "有困难，找社工"的说法较为充分地体现了"助人自助"的内涵

   B. 在"助人自助"中，第一个"助"与第二个"助"具有相同的含义

   C. "助人自助"表示社会工作者对服务对象问题的解决负有首要责任

   D. "助人自助"表示社会工作者协助服务对象实现自助后可终止服务

5. 为贯彻《中共中央　国务院关于加强基层治理体系和治理能力现代化建设的意见》，2022年3月17—31日，民政部开展了主题为"五社联动聚合力，社工服务暖基层"的宣传活动，旨在创新社区与社会组织、社会工作者、社区志愿者、社会慈善资源的联动机制，根据上述内容，"五社联动"突出体现社会工作的特点是（　　）。（2022）

   A. 专业助人　　　B. 注重实践　　　C. 互动合作　　　D. 多方协同

6. 在新建社区中，社会工作者组织多种社区活动，建立社区互助平台，梳理并链接社区内外资源，上述社会工作者的做法，主要体现的社会工作功能是（　　）。（2021）

   A. 建构社会资本　　　　　　　　　B. 解决社会问题

   C. 推动社会进步　　　　　　　　　D. 维持社会秩序

7. 下列关于社会工作要素的说法，正确的是（　　）。

   A. 社会工作者是从事志愿服务的人

   B. "助人"是专业社会工作的核心价值

　　C. 社会工作价值观必须通过专业实践养成

　　D. 助人活动是社会工作者与服务对象互动合作的过程

　　8. 社会工作者小苏为某社区困难群体提供服务，下列小苏的做法中，能够体现建构社会资本功能的是（　　）。（2022）

　　A. 为精神障碍人士举办公益画展，协助其参与社区生活

　　B. 策划公益活动，呼吁社会各界人士关爱低收入家庭儿童

　　C. 邀请辖区医院医护人员，为失智失能老人提供上门服务

　　D. 建议政府相关部门，尽快解决社区高龄老人用餐难问题

　　9. 学校社会工作者在介入校园欺凌事件过程中，为欺凌者和被欺凌者提供认知和行为的辅导，上述学校社会工作服务属于（　　）。

　　A. 社区-学校社会工作　　　　　　　B. 治疗型学校社会工作

　　C. 变迁型学校社会工作　　　　　　　D. 混合型学校社会工作

　　10. 社会工作者小李的工作内容是为接受社区矫正的青少年提供心理疏导、职业技术培训、联系企业安排实习岗位等服务。协助服务对象恢复社会功能，以达到预防再次犯罪，稳定社会秩序的目标。小李的服务领域主要是（　　）。（2021）

　　A. 司法社会工作　　　　　　　　　　B. 社会救助社会工作

　　C. 学校社会工作　　　　　　　　　　D. 企业社会工作

　　11. 关于社会工作价值观的说法，正确的是（　　）。

　　A. 社会工作价值观是社会工作专业区别于其他专业的重要标志

　　B. 社会工作的专业价值目标可以分为过程性目标和终极性目标

　　C. 社会工作价值观是社会工作者和服务对象需共同遵守的原则

　　D. 社会工作价值观在全世界不同国家呈现比较大的差异性

　　12. "助人自助"是社会工作专业遵循的一个基本理念。它指的是（　　）。

　　A. 帮助人也帮助自己　　　　　　　　B. 帮助人使自己得到成长

　　C. 帮助人使他能独立　　　　　　　　D. 帮助人让他再去帮助别人

二、多项选择题

　　13. 在新的经济社会背景下，就业仍然是关乎民生的最重要问题。针对社区青年失业问题，下列服务中，能够体现社会工作在服务对象层面目标的有（　　）。（2021）

　　A. 协助社区青年提高职业技能　　　　B. 宣传当地就业创业扶持政策

　　C. 开发社区就业岗位并组织相应培训　D. 协助社区青年组成互助的支持网络

　　E. 呼吁政府延长失业保险金发放的月数

　　14. 从一般意义来说，社会工作是具体解决社会问题的专业活动，具有维持社会秩序的功能，与行政管理相比，社会工作的特点有（　　）。（2023）

　　A. 自上而下解决问题　　　　　　　　B. 重视权利运用

　　C. 通过服务化解矛盾　　　　　　　　D. 开展人性化服务

　　E. 促进人与环境相互适应

　　15. 下列活动中，属于企业社会工作服务内容的有（　　）。

　　A. 新入职职工的技术培训　　　　　　B. 职工的职业生涯辅导

　　C. 职工的绩效考核与奖惩　　　　　　D. 改善劳资关系

E. 职工的减压活动

16. 学校社会工作者小金设计了一项旨在减少校园暴力的服务方案，该方案应包括的内容有（   ）。

A. 为施暴同学提供行为矫正服务

B. 提升受暴同学的自尊心与社交技能

C. 配合教师在班级内开展反欺凌教育活动

D. 推动成立包括老师、学生、家长在内的委员会，加强沟通

E. 协助学校管理者推行"人不犯我，我不犯人"的文化建设

参考答案

一、单项选择题

1. A　　考点：社会工作的基本对象
2. A　　考点：社会工作深入参与创新社会治理
3. D　　考点：乡镇（街道）社工站建设
4. D　　考点：社会工作的含义与特点
5. D　　考点：社会工作的特点（多方协同）
6. A　　考点：社会工作的功能
7. D　　考点：社会工作的要素
8. B　　考点：社会工作对社会的功能
9. B　　考点：学校社会工作的模式
10. A　　考点：司法社会工作的主要内容
11. A　　考点：社会工作价值观
12. C　　考点：社会工作价值观

二、多项选择题

13. ACD　考点：社会工作在服务对象层面的目标
14. CDE　考点：社会工作的特点
15. BDE　考点：企业社会工作的主要内容
16. ABCD　考点：学校社会工作的主要内容

第一节　社会工作的内涵

考纲		重要考点	星级标记
社会工作的内涵、原则及主要领域	社会工作的内涵	社会工作的含义 我国对社会工作的理解	★★
	社会工作的特点	专业助人活动、注重专业价值、强调专业方法、注重实践、互动合作、多方协同	★★★

习题精练

一、单项选择题

1. 新冠疫情防控期间，社会工作界积极响应党中央的号召，参与防控工作，作出了重大贡献。习近平总书记 2020 年 2 月 23 日《在统筹推进新冠肺炎疫情防控和经济社会发展工作部署会议上的讲话》中指出，要发挥社会工作专业优势，支持广大社工、义工和志愿者开展心理疏导、情绪支持、保障支持等服务。下列最能反映社会工作专业优势的是（　　）。（2020）

 A. 社会工作的专业化和职业化   B. 社会工作的本土化和行政化

 C. 社会工作的专业理念和专业方法   D. 社会工作的问题意识和政策思路

2. 为贯彻《中共中央　国务院关于加强基层治理体系和治理能力现代化建设的意见》，2022 年 3 月 17—31 日，民政部开展了主题为"五社联动聚合力，社工服务暖基层"的宣传活动，旨在创新社区与社会组织、社会工作者、社区志愿者、社会慈善资源的联动机制，根据上述内容，"五社联动"突出体现社会工作的特点是（　　）。（2022）

 A. 专业助人   B. 注重实践   C. 互动合作   D. 多方协同

3. 中共中央十八届三中全会作出推进国家治理体系和治理能力现代化和创新社会治理体制的战略部署，指出要激发社会组织活力，正确处理政府和社会关系，将适合由社会组织提供的公共服务和解决的事项，交由社会组织承担。一般称之为政府职能转移。能够承担政府职能转移的主体是（　　）。

 A. 社区社会组织   B. 社会组织和社会团体

 C. 社区居委会   D. 社会工作专业

4. 2006 年 10 月，中共中央十六届六中全会作出《中共中央关于构建社会主义和谐社会若干重大问题的决定》，指出要"建设宏大的社会工作人才队伍"。这里的社会工作指的是（　　）。

 A. 专业社会工作   B. 志愿服务

 C. 社区居委会   D. 社区社会组织

5. 医务社会工作者小张为脑卒中患者提供服务。下列做法中，最能体现社会工作"互动合作"特点的是（　　）。（2021）

 A. 与医院其他部门协作，联合为患者提供关怀支持

 B. 针对患者家属进行心理压力疏导，提升照护技能

 C. 链接资源帮助患者及其家庭申请医疗救助

 D. 与患者及其家属一起开展慢性病管理工作

6. 在社会工作专业服务实践中，社会工作者的服务对象所面对的问题是复杂的，社会工作者常常需要协调不同专业和不同部门的人员协同开展服务。在下列选项中，不属于多方协同的主体是（　　）。

 A. 服务对象   B. 机构内的同事   C. 劳动部门的工作人员   D. 社区工作者

7. 我国社会工作专业与国际社会工作专业相比，有独特性，也有高度的一致性。比较社会工作专业的国际特征与我国传统和现实状况，我国社会工作专业将其宗旨确定为（　　）。

A. 获取利益　　　B. 助人自助　　　C. 缓解困难　　　D. 促进发展

二、多项选择题

8. 2006 年 10 月，中共中央十六届六中全会作出《中共中央关于构建社会主义和谐社会若干重大问题的决定》，指出要"建设宏大的社会工作人才队伍"。造就一支结构合理、素质优良的社会工作人才队伍，是构建社会主义和谐社会的迫切需要。以下关于社会工作的作用理解正确的是（　　　）。

A. 社会工作是参与社会治理的重要力量

B. 社会工作在社区服务中直接发挥作用

C. 社会工作能够协调社会关系

D. 社会工作专业能够承担政府职能

E. 社会工作能够服务创造社会资源

9. 2017 年政府工作报告指出"促进专业社会工作、志愿服务发展"。这是"专业社会工作"连续两年被写入政府工作报告。关于社会工作特点的说法，正确的有（　　　）。

A. 社会工作应以维护社会稳定为目标

B. 社会工作遵循尊重平等的服务理念

C. 社会工作需要团队协同来解决问题

D. 社会工作是重点服务困难群体的职业活动

E. 社会工作需要在科学理论指导下采取行动

10. 《政府工作报告》中多次强调要"加强和创新社会治理，促进社会组织、专业社会工作、志愿服务健康发展"。下列关于社会工作说法正确的是（　　　）。

A. 社会工作以促进社会和谐为目标

B. 社会工作是政府工作的重要组成部分

C. 社会工作是参与社会治理的重要力量

D. 社会工作专业可以承接政府购买项目

E. 社会工作和志愿服务一起构成了社会服务职业体系

11. 社会工作专业是社会制度体系的重要组成部分。它与其他社会制度一起组成了保障社会良性运行的基本机制。但是，社会工作专业又有其独特性，根据社会工作专业在社会制度体系中发挥的作用，下列选项中属于社会工作专业特点的是（　　　）。

A. 以营利为目标　　　B. 一种志愿服务　　　C. 注重实践

D. 自上而下的服务过程　　　E. 注重专业价值

参考答案

一、单项选择题

1. C　　　考点：社会工作的含义

2. D　　　考点：社会工作的特点（多方协同）

3. B　　　考点：将适合由社会组织提供的公共服务和解决的事项，交由社会组织承担

4. A　　　考点：我国对社会工作的理解

5. D　　　考点：社会工作的特点（互动合作）

6. A　　　考点：社会工作的特点（多方协同指的是服务提供者协同）

7. B　　　考点：社会工作坚持以"助人自助"为宗旨

二、多项选择题

8. ABC　　考点：我国对社会工作的理解

9. DE　　考点：社会工作的特点

10. AC　　考点：我国对社会工作的理解

11. CE　　考点：社会工作的特点

第二节　社会工作的目标及功能

考纲		重要考点	星级标记
社会工作的目标及功能	社会工作的目标	服务对象层面、社会层面、文化层面	★★
	社会工作的功能	功能的基本类型：正功能、负功能	★★
		对服务对象的功能：促进服务对象正常生活；恢复弱化的功能；促进人的发展；促进人与社会环境的相互适应	★★★
		对社会的功能：维持社会秩序；建构社会资本；促进社会和谐；推动社会进步	★★★
		习近平总书记对民政工作指示：聚焦脱贫攻坚、聚焦特殊群体、聚焦群众关切，更好履行基本民生保障、基层社会治理、基本社会服务等职责	★★★
	我国社会工作发展的基本原则	坚持中国共产党的领导；坚持社会主义核心价值观的引领；坚持以人民为中心的理念；坚持职业化、专业化、本土化的发展路径	★★★

✒ 习题精练

一、单项选择题

1. 社会工作者小苏为某社区困难群体提供服务。下列小苏的做法中，能够体现建构社会资本功能的是（　　）。（2022）

A. 为精神障碍人士举办公益画展，协助其参与社区生活

B. 策划公益活动，呼吁社会各界人士关爱低收入家庭儿童

C. 邀请辖区医院医护人员，为失智失能老人提供上门服务

D. 建议政府相关部门，尽快解决社区高龄老人用餐难问题

2. 以下选项中，属于社会工作专业服务特殊群体活动的是（   ）。

A. 为社区残疾人进行家庭环境改造

B. 为高龄老人提供免费送餐

C. 为有家庭暴力问题的家庭提供婚姻辅导

D. 为社区志愿者提供能力培训

3. 中国共产党第十九次全国代表大会报告提出"坚持在发展中保障和改善民生""保障和改善民生要抓住人民最关心最直接最现实的利益问题"，社会工作应该积极响应党和国家的号召并作出新贡献。根据党的十九大精神，在保障和改善民生方面，更能发挥社会工作专业优势的领域是（   ）。(2019)

A. 劳有所得，为下岗人员创造就业机会

B. 病有所医，为患病人士提供咨询治疗

C. 弱有所扶，为困境群体提供社会服务

D. 幼有所育，为学前儿童提供文化教育

4. 在社会工作者老李的带领下，社区助老服务队向社区居民宣传"助人互助"的精神，促进邻里相互关爱、相互扶助，现在越来越多的居民加入了社区助老服务队。上述老李的做法，体现了社会工作在文化层面的（   ）目标。

A. 激发潜能   B. 促进社会公正

C. 促进发展   D. 促进社会团结

5. 社会工作者老李为10岁的困境儿童小蕾提供服务。老李评估发现，小蕾的母亲因残疾无法正常工作，父亲因抢劫刚刚入狱服刑，尽管小蕾家领取最低生活保障金后能维持基本生活，但小蕾觉得会被社区其他孩子看不起，一直郁郁寡欢。下列老李的服务中，体现促进小蕾与社会环境相互适应功能的是（   ）。

A. 邀请小蕾参加社区举办的兴趣小组

B. 协助小蕾的母亲申请残联的残障补贴

C. 协调小蕾定期联系正在服刑的父亲

D. 联系小蕾的亲戚商议其日常生活照顾事宜

6. 下列社会工作者的服务中，体现建构社会资本功能的是（   ）。

A. 老张采用小组工作方法帮助刑满释放人员重建自信，促进其就业

B. 老杨采用心理辅导方法舒缓失独老人哀伤情绪，改善其生活质量

C. 老田联系电影院为视力障碍人士举办听影活动，促进其支持网络建立

D. 老李通过"四点半课堂"为城市低收入家庭儿童开展助学活动，改善其学业状况

7. 下列社会工作计划中，突出体现社会工作"促进发展"目标的是（   ）。

A. 孤独症儿童音乐治疗计划   B. 青少年网络成瘾干预计划

C. 老年人自杀危机干预计划   D. 新居民子女成长向导计划

8. 实施最低生活保障制度在一定程度上改善了低收入群体的生活状况，这体现了功能的（   ）类型。

A. 对社会的功能   B. 正功能   C. 负功能   D. 潜功能

9. 下列选项中，（ ）属于社会工作对服务对象的功能。

A. 促进人与社会环境的相互适应　　　　B. 促进社会和谐

C. 推动社会进步　　　　D. 维持社会秩序

二、多项选择题

10.《政府工作报告》中多次强调，"加强和创新社会治理，促进社会组织、专业社会工作、志愿服务健康发展。"这为我国社会工作的发展开辟了新的前景。以下选项中体现出社会工作专业功能的是（ ）。

A. 社会工作者在社区里帮助舞蹈队完善工作计划

B. 社会工作者为社区志愿者提供志愿服务能力培训

C. 社会工作者为社区高龄老人提供助餐助浴

D. 社会工作者与街道办事处协商项目落地

E. 社会工作者协调业主委员会与物业公司的关系

11. 下列选项中，属于社会工作服务对象层面的目标的是（ ）。

A. 弘扬人道主义　　　　B. 解救危难　　　　C. 解决社会问题

D. 缓解困难　　　　E. 促进发展

12. 下列选项中，属于社会工作社会层面的目标的是（ ）。

A. 解决社会问题　　　　B. 激发潜能　　　　C. 促进社会公正

D. 促进发展　　　　E. 缓解困难

参考答案

一、单项选择题

1. B　考点：社会工作对社会的功能（建构社会资本）

2. C　考点：社会工作对服务对象的功能（促进服务对象正常生活）

3. C　考点：社会工作服务对象层面的目标（缓解困难）

4. D　考点：社会工作在文化层面的目标（促进社会团结）

5. A　考点：社会工作对服务对象的功能（促进人与社会环境相互适应）

6. C　考点：社会工作对社会的功能（建构社会资本）

7. D　考点：社会工作的目标（促进发展）

8. B　考点：社会工作的正功能

9. A　考点：社会工作对服务对象的功能

二、多项选择题

10. ABCE　考点：社会工作专业功能

11. BDE　考点：社会工作的目标（服务对象层面）

12. AC　考点：社会工作的目标（社会层面）

第三节　社会工作的要素

考纲		重要考点	星级标记
社会工作的要素	社会工作的对象	服务对象是社会工作的基本要素	★★★
		社会工作基本对象；社会工作对象的扩大	★★★
	社会工作者	社会工作者的特征；社会工作者的角色	★★
	价值观	社会工作的价值观是利他主义	★
	专业助人方法	个案工作、小组工作、社区工作等	★★
	助人活动	社会工作者依据其价值观利用专业方法向服务对象提供帮助或服务的行动	★★
	核心能力	沟通与建立关系的能力；促进和使能的能力；评估和计划的能力；提供服务和干预的能力；在组织中工作的能力	★★

习题精练

一、单项选择题

1. 关于社会工作要素的说法，正确的是（　　）。（2023）

A. 社会工作者秉持利他主义，从事的是志愿服务工作

B. 社会工作基本对象包括因退休需要调整适应的老人

C. 社会工作者与一般助人者都会运用专业的助人方法

D. 助人活动是社会工作者与服务对象互动合作的过程

2. 社会工作者联结各种社会工作要素，综合利用各种能力实施服务，关于社会工作要素的说法，正确的是（　　）。（2022）

A. 社会工作者既是个体概念又是团队概念

B. 社会工作价值观只能通过专业教育形成

C. 任何家庭、群体和社区都必须纳入专业服务的范围

D. 助人活动是社会工作者为服务对象提供单向服务

3. 宋大爷常常带着收留的几只流浪狗在社区散步，踩踏草坪、不及时清理狗粪，引起居民不满。物业管理人员劝宋大爷将流浪狗送交相关部门处置，宋大爷不肯，双方争执不下。为此，社区居委会派社会工作者小夏处理此事。小夏的下列做法中，最能体现社会工作者直接服务角色的是（　　）。（2020）

A. 协助社区居民商讨并制定社区环境卫生公约

B. 组织社区志愿者成立劝导队，维护社区环境

C. 对接企业资源，在社区内设置宠物粪便收集箱

D. 调解宋大爷与物业管理人员及社区居民的关系

4. 随着社会的发展，社会工作的对象范围也随之变化，以下人群中，属于社会工作的扩大对象的是（　　）。(2023)

A. 企业员工　　　　B. 残疾人士　　　　C. 孤寡老人　　　　D. 困难儿童

5. 下列关于社会工作要素的说法，正确的是（　　）。

A. 社会工作者是从事志愿服务的人

B. "助人"是专业社会工作的核心价值

C. 社会工作价值观必须通过专业实践养成

D. 助人活动是社会工作者与服务对象互动合作的过程

6. 社会工作者小王筹备"老来乐"老年人小组活动，吸引不愿意出门的老年人参加社区活动，帮助他们更好地融入社区。在开展活动时，小王作为支持者应（　　）。

A. 负责小组的领导与管理　　　　　　B. 鼓励老年人分享人生经验

C. 评估老年人的正向改变　　　　　　D. 邀请街道干部观摩小组活动

7. 下列关于社会工作要素说法正确的是（　　）。

A. 社会工作价值观是通过社会工作专业教育养成的

B. 社会工作者的素质、经验和能力直接影响服务成效

C. 社会工作服务对象就是社会中需要帮助的群体

D. 助人活动是社会工作者向服务对象提供的单向支持活动

8. 社会工作者根据服务对象个人特殊需要，为其提供个案服务；针对服务对象的同质需要，为更多人开展小组服务，这表明有效支持社会工作者实践的是（　　）。

A. 专业助人方法　　　　　　　　　　B. 潜在服务对象

C. 个人的价值观　　　　　　　　　　D. 社会工作服务机构

9. 某新建小区居民之间互不认识，对社会工作服务也缺乏了解，项目推进遇到了困难，新入职的社会工作者小王感到力不从心。对此，小王主要需要提升的是（　　）。

A. 提供服务和干预的能力　　　　　　B. 促进和使能的能力

C. 沟通和建立关系的能力　　　　　　D. 评估和计划的能力

10. 掌握社会工作专业的核心能力是成为社会工作者的基础条件，也是有效开展社会工作专业服务的前提。下列选项中，不是社会工作者核心能力的是（　　）。

A. 沟通与建立关系的能力　　　　　　B. 促进和使能的能力

C. 促进人与社会协调发展的能力　　　D. 提供服务和干预的能力

11. 社会工作者小郑根据自己多年从事学校社会工作服务的经验，认为有必要开展政策辅导，从而实现赋能促进学生健康成长。下列小郑的做法中，体现政策影响者角色的是（　　）。

A. 组织新同学开展破冰活动

B. 联系企业为学校捐赠物资

C. 组织在校志愿者为学生举办趣味运动会

D. 呼吁教育部门在学校设立社会工作岗位

12. 陈女士因与丈夫离婚导致精神一蹶不振，通过吸食毒品缓解精神痛苦。社会工作者李某对其开展服务，帮助陈女士发现行为问题，重塑行为，使其恢复正常生活。在此案例中，社会工作者李某担任了（　　）角色。

A. 治疗者　　　　　B. 倡导者　　　　　C. 关系协调者　　　　D. 支持者

二、多项选择题

13. 小冯是新入职的社会工作者，目前任务一是向同事了解机构宗旨、策略、服务内容和特色，二是深入开展入户探访，了解社区居民的问题和需求。小冯完成这些工作任务需具备的能力有（　　）。

A. 动员的能力　　　　B. 沟通的能力　　　　C. 管理的能力
D. 干预的能力　　　　E. 评估的能力

14. 服务对象小安是一名事实无人抚养儿童，目前寄养在亲戚家，由于之前在原生家庭遭受过家庭暴力造成心理创伤，学校老师将小安转介给社会工作者老谭。老谭在评估中发现，最近小安被医生诊断为儿童糖尿病，亲戚也不知道如何照顾他。老谭在服务中安排小安参加有针对性的游戏活动，缓解其因以往经历引发的问题；为小安的亲戚讲解照顾注意事项，发放儿童糖尿病的知识手册，并联系社区医生，提供疾病管理指导。上述服务中，社会工作者扮演的角色有（　　）。（2023）

A. 教育者　　　　　B. 治疗者　　　　　C. 倡导者　　　　　D. 联系人
E. 使能者

15. 社会工作的要素包括（　　）。

A. 社会工作的服务对象　　　B. 资金筹措以及政策制定　　　C. 社会工作者
D. 专业助人方法　　　　　E. 助人活动

16. 以下选项中属于社会工作者的政策影响者角色的是（　　）。

A. 向社区居委会提出建议扩建社区活动室
B. 调查经济困难居民的生活状况并撰写调研报告
C. 呼吁人大代表关注社区高龄老人生活照顾需求
D. 呼吁有共同需求的居民向有关部门提建议
E. 为有共同需求的居民提供基本服务

参考答案

一、单项选择题

1. D　　考点：社会工作的要素
2. A　　考点：社会工作的要素
3. D　　考点：社会工作者直接角色
4. A　　考点：社会工作对象的扩大
5. D　　考点：社会工作的要素
6. B　　考点：社会工作者的角色
7. B　　考点：社会工作的要素

8. A 考点：社会工作的要素
9. C 考点：社会工作者的核心能力
10. C 考点：社会工作者的核心能力
11. D 考点：社会工作者的角色
12. A 考点：社会工作者的角色

二、多项选择题
13. BE 考点：社会工作者的核心能力
14. ABD 考点：社会工作者的角色
15. ACDE 考点：社会工作的要素
16. BCD 考点：社会工作者的角色

第四节　社会工作的主要领域

考纲	重要考点	星级标记
社会工作的主要领域	儿童及青少年社会工作	★★★
	老年社会工作	★★★
	妇女社会工作	★★★
	残疾人社会工作	★★★
	司法社会工作	★★★
	优抚安置社会工作	★★★
	社会救助社会工作	★★★
	家庭社会工作	★★★
	学校社会工作	★★★
	社区社会工作	★★★
	医务社会工作	★★★
	企业社会工作	★★★
社会工作领域的扩展	从经济困难群体到有需要的人群；从关注社会问题到关注社会和谐发展	★★★
社会工作服务的新领域	就业促进工作；减灾社会工作；精神卫生社会工作；发展性社会工作	★★
新发展阶段我国社会工作的新发展	社会工作深入参与创新社会治理；社会工作助力实现共同富裕；乡镇社会工作服务站建设	★★★

习题精练

一、单项选择题

1. 为落实中共中央、国务院关于加强基层治理体系和治理能力现代化建设的战略部署，民政部在全国推进乡镇（街道）社会工作站建设。乡镇（街道）社会工作者的发展方向是（   ）。（2022）

A. 专业化、职业化

B. 多元化、本地化

C. 本土化、职业化

D. 专业化、高质量

2. 社会工作者小李的工作内容是为接受社区矫正的青少年提供心理疏导、职业技术培训、联系企业安排实习岗位等服务。协助服务对象恢复社会功能，以达到预防再次犯罪，稳定社会秩序的目标。小李的服务领域主要是（   ）。（2021）

A. 司法社会工作

B. 社会救助社会工作

C. 学校社会工作

D. 企业社会工作

3. 单亲妈妈张女士独自抚养女儿，因工作繁忙，平时顾不上女儿的学业。最近，女儿成绩下滑明显，张女士批评女儿学习不刻苦，女儿觉得十分委屈，抱怨母亲对自己关心不够，母女之间因此经常发生争吵。为此，张女士向社会工作者小刘求助。小刘一方面缓和母女之间的紧张关系，教导张女士亲子沟通的技巧；另一方面链接志愿服务资源，辅导张女士女儿的功课。小刘的服务领域主要是（   ）。（2020）

A. 医务社会工作

B. 学校社会工作

C. 家庭社会工作

D. 社区社会工作

4. 社会工作者小李发现一些老年人不会用智能手机，为了解决老年人的困难，小李在社区中举办活动，教老年人学习使用智能手机。上述小李所开展的工作领域是（   ）。

A. 服务社会工作

B. 救助社会工作

C. 老年社会工作

D. 矫正社会工作

5. 社会工作者老林在进行低保家庭经济状况核查时，了解到老张的孩子患了再生障碍性贫血，虽已四处筹集治疗费用，但缺口仍很大。于是老林协助老张向街道办事处申请医疗救助金。从社会工作领域角度看，上述老林的工作主要属于（   ）。

A. 医务社会工作

B. 企业社会工作

C. 学校社会工作

D. 社会救助社会工作

6. 矫正社会工作是近年来我国发展比较迅速的一个领域。请判断下列说法中，关于矫正社会工作的描述正确的是（   ）。

A. 是司法工作的组成部分

B. 为罪犯提供思想教育、心理辅导、行为纠正等帮助

C. 是一种强制性管教工作

D. 具有惩罚性质

7. 作为社会福利制度体系的组成部分，社会救助承担着特定的责任。一般来讲，社会救助首先为有需求的群众提供（   ）服务。

A. 心理方面的支持和帮助

B. 政策方面的支持和帮助

C. 教育方面的支持和帮助　　　　　　　D. 物质方面的支持和帮助

8. 下列不属于社会救助社会工作向服务对象提供的服务的是（　　）。

A. 物质服务　　　　B. 心理支持　　　　C. 政策帮助　　　　D. 教育服务

9. 学校社会工作是与学校紧密相关的一个独特的专业服务领域。下列说法中，符合学校社会工作特征的是（　　）。

A. 以帮助学生正常学习和健康成长为目的的专业服务

B. 与老师教导学生没有什么区别

C. 主要由学校教务处开展活动

D. 目的是提升学生成绩，促进学校教学以及提高升学率

10. 下列选项中，不是学校社会工作的工作模式的是（　　）。

A. 治疗型学校社会工作　　　　　　　　B. 变迁型学校社会工作

C. 社区-学校社会工作　　　　　　　　D. 家庭-学校社会工作

11. 医务社会工作是在医院里开展社会工作专业服务的，是一个独特的实务领域。下列选项中，对医务社会工作描述不正确的是（　　）。

A. 根据患者需要提供初级医疗服务　　　B. 帮助患者链接医疗资源

C. 协调医护人员与患者及家属的关系　　D. 帮助患者处理心理和社会关系方面的问题

12. 企业社会工作是社会工作专业的一个重要的实务领域。下列选项中，对企业社会工作描述不正确的是（　　）。

A. 处理职工心理压力问题　　　　　　　B. 社会工作者应该帮助企业管理工人

C. 改善劳动关系、维护职工合法权益　　D. 改善工作条件

二、多项选择题

13. 学校社会工作者小金设计了一项旨在减少校园暴力的服务方案，该方案应包括的内容有（　　）。

A. 为施暴同学提供行为矫正服务

B. 提升受暴同学的自尊心与社交技能

C. 配合教师在班级内开展反欺凌教育活动

D. 推动成立包括老师、学生、家长在内的委员会，加强沟通

E. 协助学校管理者推行"人不犯我，我不犯人"的文化建设

14. 郑奶奶腿脚不方便，平时很少出门，在社会工作者小王的鼓励下，郑奶奶参加了社区的妇女编织小组，协调组员轮流接送她参加活动。郑奶奶的编织技艺广受好评，也为自己换来了一些零用钱。上述小王的服务所涉及的社会工作领域有（　　）。

A. 社区社会工作　　　　B. 社会救助社会工作　　　　C. 老年社会工作

D. 妇女社会工作　　　　E. 医务社会工作

15. 社会工作从产生之初到发展为成熟的专业，顺应社会需求的发展，其服务领域也是在不断扩展的。下列选项中，关于社会工作领域的扩展描述正确的是（　　）。

A. 从慈善救助到低收费服务　　　　　　B. 从关注机构效益到关注社会发展

C. 从困难人群到有需要人群　　　　　　D. 从关注机构到关注机构员工个人发展

E. 从关注社会问题到关注社会和谐发展

16. 小王所在的社会工作机构最近在开展社会救助社会工作这一项目，下列选项

中，（   ）是他们首先提供的服务。

A. 金钱和物资　　　　B. 提供就业岗位　　　　C. 接受教育机会

D. 政策帮助　　　　E. 心理帮助

参考答案

一、单项选择题

1. D　　考点：乡镇（街道）社工站建设
2. A　　考点：社会工作的主要领域（司法社会工作）
3. C　　考点：社会工作的主要领域（家庭社会工作）
4. C　　考点：社会工作的主要领域（老年社会工作）
5. D　　考点：社会工作的主要领域（社会救助社会工作）
6. B　　考点：社会工作的主要领域（矫正社会工作）
7. D　　考点：社会工作的主要领域（社会救助社会工作）
8. D　　考点：社会工作的主要领域（社会救助社会工作）
9. A　　考点：社会工作的主要领域（学校社会工作）
10. D　　考点：社会工作的主要领域（学校社会工作）
11. A　　考点：社会工作的主要领域（医务社会工作）
12. B　　考点：社会工作的主要领域（企业社会工作）

二、多项选择题

13. ABCD　考点：社会工作的主要领域（学校社会工作）
14. ACD　考点：社会工作的主要领域
15. CE　考点：社会工作领域的扩展
16. ADE　考点：社会工作的主要领域（社会救助社会工作）

2

第二章
社会工作价值观与专业伦理

【本章复习提示】

　　本章主要介绍社会工作专业的价值观、伦理守则以及在实践中遇到的伦理难题。考生首先要充分理解社会工作专业价值观的含义，并且掌握伦理冲突的处理原则。本章在历年考试中出题比例较高，考生应充分重视。从历年出题特点来看，首先考生要熟记本章的基本概念，同时要理解社会工作价值观和伦理守则在实务情境中的具体表现。基本概念和实务情境变化是本章考试题目的特点。

摸底自测

一、单项选择题

1. 保健品代理商吴先生了解到养老院社会工作者小李经常组织老年人活动，与院内老年人关系很好，于是找到小李，向他介绍保健品有助于老年人提高免疫力、预防心脑血管疾病，请他帮忙向老年人推荐保健品。吴先生承诺，如果小李推荐成功，他还可以资助养老院一些活动。根据社会工作专业伦理原则，小李恰当的做法是（　　）。（2023）

A. 考虑到保健品有利养生，答应与吴先生合作

B. 咨询养老院意见，再决定是否与吴先生合作

C. 考虑服务对象利益优先，婉拒与吴先生合作

D. 同意吴先生直接与养老院老人沟通，推荐保健产品

2. 社会工作者在服务过程中秉持"个别关怀，全面服务"的原则，这说明（　　）。（2021）

A. 社会工作者认为每一位服务对象都是独特的

B. 社会工作者相信每一位服务对象都可以改变

C. 社会工作者尊重每一位服务对象的自我决定

D. 社会工作者接纳每一位服务对象的负面情绪

3. 作为一个服务人、帮助人的职业从业者，社会工作者在服务过程中更加注重自我反思和换位思考，与服务对象进行良好的互动，交流想法，分享感受。上述做法最能体现社会工作专业价值观的是（　　）。（2020）

A. 践行社会公平与正义　　　　　　B. 真诚地对待每一位服务对象

C. 强调服务对象个人尊严　　　　　　D. 注重人与人之间关系的重要性

4. 关于社会工作价值观与专业伦理的说法正确的是（　　）。（2022）

A. 社会工作者与服务对象之间的反移情必然会发生

B. 社会工作者在服务的同时必须具备自我照顾能力

C. 社会工作者在服务中任何情况都要对服务对象信息保密

D. 社会工作者在服务时，要将部门的评估标准置于首位

5. 30岁的小周与父亲一起生活，目前他处于抑郁症缓解期，平日与人接触较少。因缺乏个人技能，缺少自信，小周不愿意找工作，父亲也认为他不能独立生活。根据社会工作价值观的实践原则，社会工作者适宜的做法是（　　）。（2021）

A. 尊重小周的意愿，认同他对生活方式的选择

B. 保护小周的隐私，帮助他尽量不被外界打扰

C. 尊重小周的决定，协助他寻找提升能力的资源

D. 批评小周的想法，建议他多与父亲及朋友交流

6. "以人为本"作为社会工作专业的一个核心价值观，体现了社会主义核心价值理念，与习近平新时代中国特色社会主义思想表述直接相关的是（　　）。

A. 以人民为中心　　　　　　B. 坚持党的领导

C. 坚持政府主导　　　　　　D. 坚持民主公平

7. 某养老院的服务对象老王最近常常失眠，还总是怀疑自己的东西被别人偷走了，过几天又说找到了。养老院的护士建议其家属带老王到医院精神科就诊，但老王不同意。为此护士将老王转介给了社会工作者小丁。针对老王的情况，小丁首先应该做的是（   ）。

A. 与老王对质，请家属协助劝说老王去就诊

B. 替老王保密，不将老王目前的状况告知家属

C. 尊重老王的决定，建议护士暂时不用理会老王的状况

D. 接纳老王的状况，与家属和医护团队商讨解决方案

8. 社会工作者积极参与公共服务，促进社会福利事业的发展，这突出反映了社会工作者（   ）。

A. 对同事的伦理责任　　　　　　　　B. 对专业的伦理责任

C. 对机构的伦理责任　　　　　　　　D. 对社会的伦理责任

9. 关于社会工作伦理难题的说法，正确的是（   ）。

A. 社会工作伦理难题是社会工作者采用错误工作方法导致的困境

B. 社会工作伦理难题是服务对象提出不切实际的要求导致的困境

C. 社会工作伦理难题是社会工作者学历水平与实际工作要求的差距导致的困境

D. 社会工作伦理难题是社会工作者对两种以上共存价值观难以抉择导致的困境

10. 社会工作者小吴在社区开展服务时主动向服务对象介绍服务的相关信息，告知接受服务过程中应有的权利和义务。上述小吴的做法体现社会工作者对服务对象的伦理责任的是（   ）。

A. 隐私保密　　　　B. 知情同意　　　　C. 文化敏感性　　　　D. 自决

11. 吴大爷因患癌症在医院治疗，但一直没有起色。子女们为了不加重吴大爷的心理负担，要求医务社会工作者小杨和他们一起向吴大爷隐瞒病情。在小杨前来探访时，吴大爷希望其告知自己的病情。此时，小杨面临的伦理难题是（   ）。

A. 保密与告知的冲突　　　　　　　　B. 人情与法理的冲突

C. 价值介入与客观性的冲突　　　　　D. 对服务对象负责与对机构负责的冲突

12. 社会工作的实践强调服务对象的自我决定，但对于因生理、心理和其他原因没有能力作出清晰判断和决定的服务对象来说，最适宜的做法是（   ）。

A. 由服务对象的监护人代替当事人作决定

B. 诊断治疗服务对象病症的专家综合各种信息后作决定

C. 由社会工作者在考量服务对象的处境和切身利益的基础上作决定

D. 社会工作者对几种方案的利弊作出分析，再由服务对象的监护人作决定

二、多项选择题

13. 下列社会工作者的做法中，体现其对机构伦理责任的有（   ）。（2021）

A. 为服务对象提供专业化服务　　　　B. 努力提升自己的专业服务能力

C. 遵守机构的管理制度和规定　　　　D. 提供服务时应注意自己的形象

E. 总结专业服务的经验模式

14. 三个月前，社会工作者小刘推荐服务对象阿强参加了技能培训课程。最近，小刘发现阿强经常迟到、旷课，精神萎靡不振。在小刘的一再追问下，阿强承认自己一个月前

开始吸毒，但表示已经开始努力改正，希望小刘不要告诉其母亲，也不要向公安机关报告。下列小刘的做法中，符合社会工作专业伦理守则的有（　　）。(2019)

 A. 阿强已经知道错了，也表示要努力悔改，小刘不再告知任何第三方

 B. 阿强已经在努力悔改中，小刘应答应替他保密并负责监督他的行为

 C. 与阿强一起分析吸毒的危害，但对于是否向公安机关报告不作承诺

 D. 向阿强说明家人可以督促其改正，是否告知家人由阿强自己来决定

 E. 报告公安机关前，告知阿强有限度公开其信息的必要性及保密措施

15. 社会工作价值观是内化于社会工作者专业实践的精神标准，其主要作用有（　　）。

 A. 保护服务对象权益   B. 保护社会工作者的合法权益

 C. 促进专业健康发展   D. 促进社会工作机构能力建设

 E. 维护社会公平正义

16. 大三学生小李最近找到社会工作者小宁，说自己很不开心，觉得上大学没什么意思，准备放弃学业，自己创业。小李和父母说了自己的想法，但遭到父母的强烈反对，他希望小宁能帮他说服父母。此时，小宁适当的做法有（　　）。

 A. 劝小李安心读书   B. 帮小李劝说其父母同意他的选择

 C. 找来小李的父母一起沟通 D. 告诉小李不用考虑父母的想法

 E. 帮小李分析继续学业与创业的利弊

参考答案

一、单项选择题

1. C 考点：社会工作实践中面临的伦理决定

2. A 考点：社会工作价值观的操作原则

3. D 考点：社会工作专业价值观

4. B 考点：社会工作价值观与专业伦理

5. C 考点：社会工作价值观的实践原则

6. A 考点：社会工作专业实践的价值观

7. D 考点：社会工作专业实践的价值观

8. D 考点：社会工作者对社会的伦理责任

9. D 考点：社会工作伦理难题

10. B 考点：社会工作实践中的伦理决定

11. A 考点：社会工作伦理难题

12. D 考点：伦理议题的主要内容

二、多项选择题

13. CD 考点：社会工作者对机构的伦理责任

14. CDE 考点：社会工作实践中的伦理决定

15. ACDE 考点：社会工作价值观的作用

16. CE 考点：社会工作者对服务对象的伦理责任

第一节　社会工作价值观的意义和内容

考纲		重要考点	星级标记
社会工作价值观的意义和内容	社会工作价值观的意义	确立社会工作专业本身的专业特质，使得它同其他社会科学表现出明显的区别；确保专业行动在最大限度上保护服务对象的利益，减少对服务对象造成的各种潜在的或实际的伤害；确保社会工作专业作为维护社会正义和公平的重要力量而发挥其应有的作用	★
	国际社会工作界认同的专业价值观	服务大众；践行社会公正；强调服务对象个人的尊严和价值；注重服务中人与人之间关系的重要性；待人真诚和守信；注重能力培养和再学习	★★★
	我国社会工作专业实践的价值观	以人民为中心，回应社会需要；接纳和尊重；个别化和非评判；注重和谐有序，促进社会共融与发展；平等待人，注重民主参与；权利与责任并重；个人的发展机遇、潜能提升与国家的社会发展进程相结合	★★★

习题精练

一、单项选择题

1. "每个人不仅可以选择自己的人生目标，而且在选择实现目标的手段上有充分的自主性"，这种观点突出体现的社会工作价值观是（　　）。（2019）

A. 尊重服务对象个人权利　　　　B. 推动服务对象人际交往

C. 对待服务对象真诚守信　　　　D. 注重服务对象能力培养

2. 关于社会工作价值观与专业伦理的说法正确的是（　　）。（2022）

A. 社会工作者与服务对象之间的反移情必然会发生

B. 社会工作者在服务的同时必须具备自我照顾能力

C. 社会工作者在服务中任何情况都要对服务对象信息保密

D. 社会工作者在服务时，要将部门的评估标准置于首位

3. 小李从戒毒所回到社区后，下定决心重新生活，但家人不相信他，邻居也疏远他。小李感到很无助，向社会工作者小王求助。小王对小李说："我认为你过去吸毒是不对的，不过改了就好。我们聊聊怎么改变家人和邻居对你的看法吧。"从社会工作价值观的操作原则看，小王的表达突出体现的是（　　）。

A. 接纳　　　　B. 自我决定　　　　C. 保密　　　　D. 知情同意

4. 社会工作者在提供服务时，强调要尊重服务对象，充分考虑服务对象的年龄、性别、种族、文化背景和社会地位等的差异。这表明在建立和发展社会工作价值观时应坚持（　　）的原则。

A. 个别化　　　　B. 权责并重　　　　C. 关系和谐　　　　D. 民主参与

5. 下列关于社会工作价值观作用的说法，正确的是（　　）。

A. 社会工作价值观的维系和发展，仅强调社会对个人的责任

B. 社会工作价值观源于社会价值观，两者应始终保持一致

C. 社会工作价值观能规范社会工作者的行为，促进专业健康发展

D. 社会工作价值观要求社会工作者在服务中，满足服务对象提出的所有需求

6. 社会工作者不因服务对象的性别、年龄、种族、宗教信仰和政治倾向等对其歧视或拒绝为其提供服务。这一准则体现了社会工作价值观的（　　）内容。

A. 以人为本，回应需要　　　　　　B. 践行社会公正

C. 接纳和尊重　　　　　　　　　　D. 关系的重要性

7. 某一个社会工作机构最近在开展老年社会工作这一项目。他们在制定统一的服务规划的同时，针对不同老人的需求，制订了详细的工作计划，以保证让每一位老人满意。这一做法体现了社会工作价值观的（　　）。

A. 个别化　　　　　　　　　　　　B. 尊重

C. 接纳　　　　　　　　　　　　　D. 以人为本，回应需要

8. 小王的服务对象是一名离婚女性。这位服务对象家庭开支较大，生活拮据，经常会从工作的超市偷一些东西以减少生活开支。得知这一情况后，小王一方面同情这位女士的遭遇，另一方面又认为这位女士长期的偷盗行为违反法律。在这两难的境地中，社会工作价值观可以发挥（　　）的作用。

A. 保护服务对象权益　　　　　　　B. 帮助社会工作者解决伦理难题

C. 促进专业的健康发展　　　　　　D. 促进社会服务机构的能力建设

二、多项选择题

9. 在专业实践中，社会工作者应遵循的价值观操作原则有（　　）。

A. 尊重和接纳服务对象　　　　　　B. 真诚对待服务对象的问题

C. 充分理解服务对象的个别差异　　D. 尊重服务对象个人的意见和决定

E. 劝说服务对象接受有益建议

10. 社会工作价值观早期受到（　　）理论思潮的影响。

A. 儒家哲学　　　　　　B. 人道主义　　　　　　C. 实用主义

D. 实证主义　　　　　　E. 集体主义

11. 下列选项中，对我国社会工作价值观描述正确的是（　　）。

A. 具有很强的自下而上的色彩　　　B. 以人为本，回应需要

C. 权利与责任并重　　　　　　　　D. 接纳和尊重

E. 个别化和非评判

参考答案

一、单项选择题

1. A　　考点：社会工作价值观的内容
2. B　　考点：社会工作价值观与专业伦理
3. A　　考点：社会工作专业实践的价值观
4. A　　考点：社会工作价值观的操作原则
5. C　　考点：社会工作价值观的作用
6. C　　考点：社会工作专业实践的价值观（接纳与尊重）
7. A　　考点：社会工作专业实践的价值观（个别化）
8. B　　考点：社会工作价值观的作用

二、多项选择题

9. ABCD　考点：社会工作价值观的操作原则
10. BCDE　考点：社会工作价值观
11. BCDE　考点：社会工作价值观

第二节　社会工作专业伦理

考纲		重要考点	星级标记
社会工作专业伦理	社会工作专业伦理的主要内容	基本原则；基本内容	★★
	伦理议题的主要内容	服务对象自决、保密议题、双重关系、知情同意、多元文化、专业能力	★★★
	社会工作实践中的伦理决定	保护生命原则；差别平等原则；自由自主原则；最小伤害原则；生命质量原则；隐私保密原则；真诚原则	★★★

习题精练

一、单项选择题

1. 社会工作者老张在与服务对象小王会谈时得知他近期失业了，无力偿还房贷，生活压力很大。小王向老张表示活着真没意思，透露出自杀的想法，还准备收集安眠药，并要求老张为其保密。此时，老张在服务中首先应当遵循社会工作伦理原则中的（　　）。（2023）

    A. 保护生命原则　　　　　　　　　B. 隐私保密原则

    C. 最小伤害原则　　　　　　　　　D. 差别平等原则

2. 社会工作者小李在为65岁的低保对象老林提供服务的过程中，得知老林最近在照顾瘫痪在床的哥哥。虽然他经济上有压力，照顾起来力不从心，但也不忍心将哥哥送到养老院，更不愿意麻烦别人，从未对别人说起过自己的困难。根据社会工作伦理决定的核心价值观，小李最适宜的做法是（　　）。（2022）

    A. 尊重老林的决定，协助其学习照顾失能老人的技巧

    B. 相信老林是可以改变的，积极引导其改变传统观念

    C. 保护老林的隐私，不向他人透露其照顾哥哥的困难

    D. 征得老林的同意，通过机构内筹款缓解其经济压力

3. 丧偶多年的尹奶奶一直独自居住，半年前入住养老机构，认识了同样单身的陈爷爷，两人一见如故，交往半年后决定结婚，但遭到尹奶奶儿女的反对。尹奶奶为此情绪消沉，陈爷爷很是着急，便向社会工作者小王求助。小王为尹奶奶制订了个案服务方案，又向尹奶奶的儿女了解反对的原因，通过沟通取得他们对尹奶奶的理解。从社会工作专业伦理角度出发，小王在服务中遵循的是（　　）。（2022）

    A. 保护生命原则　　　　　　　　　B. 差别平等原则

    C. 最小伤害原则　　　　　　　　　D. 生命质量原则

4. 某街道困难群众救助中心的常规服务之一是定期电话访问服务对象。社会工作者小陈致电社区低保人员大强，询问其近期生活状况时被拒绝。大强表示，不清楚街道有电话访问服务，也不愿接受陌生人的访问。根据社会工作者对服务对象的伦理责任，此时小陈最恰当的做法是（　　）。（2021）

    A. 尊重大强的个人意愿，日后不再打电话向他询问生活状况

    B. 对服务内容的真实性作出说明，并承诺帮助大强解决困难

    C. 恳请当地社区工作人员告知大强此项服务后，再次访问大强

    D. 向社区工作人员反映大强拒访情况，请社区工作人员代为访问

5. 下列关于社会工作专业价值观与伦理之间关系的说法，正确的是（　　）。（2020）

    A. 价值观是一种偏好，伦理是对好坏、善恶的选择

    B. 价值观关注实践的标准，伦理关注如何确定标准

    C. 价值观与伦理关联紧密，二者实质上并没有差异

    D. 伦理是操作层面的价值观，是实践中的行为守则

6. 社会工作者小邓在社区开展服务时，一直严格遵守机构的要求，与服务对象保持专业界限。今年春节时，他接到了好几个服务对象发来的微信拜年红包，这让他左右为难：接收红包违反机构规定；不接收又怕服务对象没面子，导致关系疏远。小邓面临的社会工作伦理难题是（　　）。

    A. 制度规定与人情的矛盾　　　　　B. 信息披露与保密的矛盾

    C. 价值介入与中立的矛盾　　　　　D. 职业责任与利益的矛盾

7. 社会工作者老赵在社区养老服务中心的服务深受老年人的好评，服务对象冯奶奶

为表示感谢，给老赵的女儿买了价值 50 元左右的玩具，老赵一再推辞，冯奶奶说，老赵不收就是看不起她，不给她面子。下列做法中最适合的是（　　）。（2023）

A. 收下冯奶奶送的玩具，并保守冯奶奶送礼的秘密

B. 收下冯奶奶送的玩具，在以后的服务中对冯奶奶更加照顾

C. 拒绝冯奶奶送的玩具，在以后的服务中减少与冯奶奶的互动

D. 收下冯奶奶送的玩具，买一份价格相近的礼物回送给冯奶奶

8. 社会工作者小赵的服务对象是一家健身中心的总经理。得知小赵喜欢健身运动后，他赠送给小赵一些优惠券。根据社会工作专业伦理，小赵正确的做法是（　　）。

A. 婉拒赠送，表示感谢　　　　B. 接受赠送，转赠同事

C. 婉拒赠送，结束服务　　　　D. 接受赠送，表示感谢

9. 某社区的老年人向社会工作者反映，该社区周边的便民服务点太少，老年人购物困难。针对这一情况，社会工作者给予的恰当回应是（　　）。

A. 劝导反映问题的老年人不要着急，建议老年人可以让儿女帮忙

B. 坦诚告知老年人已有居民反映该情况，但社区无力解决此类问题

C. 尊重并热情接待反映问题的老年人，告知其该问题在相邻社区同样存在

D. 感谢老年人及时反映情况，告诉老年人会尽快向有关部门反映并参与讨论解决方案

10. 社会工作专业是为整体社会服务的。为了维护社会工作专业的整体形象，每一个社会工作者都必须对专业负责。进一步说，对专业负责也是对服务对象负责，更是对国家和社会负责。下列选项中，（　　）属于社会工作者对专业的伦理责任。

A. 加强专业评估与研究　　　　B. 能力

C. 保密性　　　　D. 教育与培训

11. 社会工作者主要受雇于社会工作专业机构。从社会工作行政的角度来说，社会工作者必须遵守机构的规章制度，在伦理上也要对机构负责。社会工作者对机构负有的伦理责任是（　　）。

A. 促进公共参与　　　　B. 促进机构与政府及其他机构的合作关系

C. 在公共危机情形下提供介入与救助措施　D. 减少社会不平等、反对歧视

12. 社会工作者在提供专业服务时，应不断规范自己的行为，践行价值理念和服务承诺，这体现了社会工作者（　　）。（2021）

A. 对服务对象的伦理责任　　　　B. 对专业的伦理责任

C. 对服务机构的伦理责任　　　　D. 对社会的伦理责任

二、多项选择题

13. 某养老机构的社会工作者大明在巡视老人房间时，发现服务对象孙奶奶正对着镜子看自己的头，经询问后得知，孙奶奶昨天在房间里摔了一跤，头上碰了一个包。孙奶奶担心被人笑话，嘱咐大明千万不要告诉别人。根据社会工作专业伦理难题处理原则，大明恰当的做法有（　　）。

A. 积极做好防跌倒服务　　　　B. 嘱咐孙奶奶在房间里走动要小心

C. 劝说孙奶奶去医院检查　　　　D. 提醒其他老人吸取孙奶奶的教训

E. 建议机构检查设施情况

14. 某养老服务机构的社会工作者计划组织老人外出春游。机构为安全起见，将报名

人数控制在 20 人以内，并要求老人身体情况良好，有子女的老人还需子女签订知情同意书。宣传海报发出后，报名人数达到了 50 人。其中，有的老人身体情况不允许出游；有的老人提出子女在外地出差，无法签字。根据社会工作对服务对象的伦理责任要求，下列社会工作者的做法中，正确的有（   ）。

    A. 在确认老人身体状况良好的前提下，机构为其签署知情同意书

    B. 根据所有报名老人的身体情况，设计不同的外出活动路线

    C. 对于子女不能来签字的老人，由社会工作者代为签字

    D. 招募志愿者分工负责老人安全，预防风险发生

    E. 对身体状况差的老人，劝其不参加本次活动

15. 下列关于社会工作伦理责任的说法，正确的有（   ）。

A. 社会工作者对服务对象负有伦理责任，当服务对象难以作决定时，应尽量代替其作决定

B. 社会工作者对同事负有伦理责任，在开展服务过程中，当同事遇到工作困难时应鼎力相助

C. 社会工作者对全社会负有伦理责任，在专业范围内，应尽心尽力促进整体社会福利的发展

D. 社会工作者对社会工作专业负有伦理责任，在开展服务时，应保证专业的完整性和遵循专业的评估

E. 社会工作者对服务机构负有伦理责任，当服务对象需求与机构服务宗旨冲突时，应遵守机构的规定

16. 下列说法中正确的是（   ）。

A. 即使社会工作者处理同样的问题，但是其所使用的工作方法也是不一样的

B. 社会工作专业价值观主要受个人主义观点的影响，个人主义属于社会学范畴

C. 社会工作者在处理不同问题时，所受到的伦理约束也是不同的

D. 社会工作的两个主要焦点分别是个案工作和小组工作

E. 中国的社会工作专业伦理守则已经完善

参考答案

一、单项选择题

1. A   考点：社会工作实践中的伦理决定

2. A   考点：社会工作实践中的伦理决定

3. D   考点：生命质量原则

4. D   考点：社会工作者对服务对象的伦理责任

5. D   考点：社会工作专业伦理的含义

6. A   考点：社会工作实践中面临的伦理难题

7. D   考点：社会工作实践中的伦理决定

8. A   考点：社会工作专业伦理的主要内容

9. D   考点：社会工作者对服务对象的伦理责任

10. A　考点：社会工作者对专业的伦理责任
11. B　考点：社会工作者对机构的伦理责任
12. B　考点：社会工作者对专业的伦理责任

二、多项选择题

13. ABCE　考点：社会工作实践过程中的伦理决定
14. DE　考点：社会工作对服务对象的伦理责任
15. CD　考点：社会工作专业伦理的主要内容
16. AC　考点：社会工作实践中的伦理决定

第三节　社会工作专业的伦理守则

考纲		重要考点	星级标记
社会工作专业伦理守则	社会工作专业伦理守则的内涵	伦理是指一种专业范围内的价值观和道德约束	★
	社会工作专业伦理守则的内容与作用	国际惯例：承认人类与生俱来的尊严；促进人权；促进社会正义；促进自决的权利；促进参与的权利；尊重保密和隐私；把人视为全人；合理使用科技和社交媒体；专业诚信	★★★
		建立原则：现实需要和未来发展相结合；本土社会的伦理实践与国际社会工作专业伦理规则相结合；专业实践与政治实践互不冲突	★★★
	社会工作专业伦理守则的内容	尊重服务对象，全心全意服务；信任支持同事，促进共同成长；践行专业使命，促进机构发展；提升专业能力，维护专业形象；勇担社会责任，增进社会福祉	★★
	社会工作专业伦理守则的作用	保护服务对象的权益；帮助社会工作者解决伦理难题；促进专业的健康发展；促进社会服务机构的能力建设；维护社会正义	★★

习题精练

一、单项选择题

1. 赵爷爷住院期间对医院按要求制定的家属探视制度非常不满，找到医务社会工作者小颖，说自己要向相关部门投诉。小颖了解情况后，根据社会工作专业伦理守则，适当

的做法是（　　）。（2022）

  A. 支持赵爷爷的做法，向医院提出制度修订意见

  B. 理解赵爷爷的心情，向赵爷爷说明制度制定原因

  C. 保持中立的态度，让赵爷爷自我决定是否投诉

  D. 尊重赵爷爷的决定，劝说赵爷爷尽快办理出院

  2. 社会工作专业伦理对社会工作者具有强制性的要求和规定。社会工作者如果违背专业伦理是会受到处罚的。社会工作专业伦理守则作为处罚违背专业伦理的依据，通常由（　　）制定。

  A. 社会工作机构   B. 专业协会

  C. 社会工作从业人员   D. 国家司法部门

  3. 小学六年级的小明对社会工作者老张说："如果你不告诉别人，我就告诉你一个大秘密。"下列老张的回应中，遵循社会工作伦理守则的是（　　）。

  A. "好吧，我会替你保密。"

  B. "那不行，我不会答应你的。"

  C. "我得先看看是什么事情，然后再和你商量是不是替你保密。"

  D. "我可以不告诉别人，但必须告诉你的家长和老师。"

  4. 社会工作专业伦理守则是社会工作专业发展成熟的标志，同时是正确处理社会工作专业与社会大众、服务对象关系的准则。关于社会工作专业伦理守则，以下说法中表述正确的是（　　）。

  A. 它是社会共同遵守的行为规范   B. 它对社会工作者和服务对象都有约束力

  C. 它由权威的社会工作行业组织制定   D. 它是由政府主管部门制定

二、多项选择题

  5. 三个月前，社会工作者小刘推荐服务对象阿强参加了技能培训课程。最近，小刘发现阿强经常迟到、旷课，精神萎靡不振。在小刘的一再追问下，阿强承认自己一个月前开始吸毒，但表示已经开始努力改正，希望小刘不要告诉其母亲，也不要向公安机关报告。下列小刘的做法中，符合社会工作专业伦理守则的有（　　）。（2019）

  A. 阿强已经知道错了，也表示要努力悔改，小刘不再告知任何第三方

  B. 阿强已经在努力悔改中，小刘应答应替他保密并负责监督他的行为

  C. 与阿强一起分析吸毒的危害，但对于是否向公安机关报告不作承诺

  D. 向阿强说明家人可以督促其改正，是否告知家人由阿强自己来决定

  E. 报告公安机关前，告知阿强有限度公开其信息的必要性及保密措施

  6. 医务社会工作者小张在为某服务对象开展服务时得知，该服务对象认为在医院接受治疗的过程中，由于医生的诊断失误，致使其留下残疾。该服务对象私下收集了很多"证据"，准备起诉医院及相关责任医生。此时，小张面临的社会工作专业伦理难题有（　　）。

  A. 是否对医院保密   B. 是否立即结案

  C. 是否对医生保密   D. 是否立即转介

  E. 是否支持服务对象起诉

  7. 社会工作伦理守则的作用有（　　）。

A. 提高机构知名度　　　　　　B. 保护服务对象的权益

C. 帮助社会工作者解决伦理难题　　D. 促进社会服务机构的能力建设

E. 维护社会正义

8. 社会工作的伦理守则基本内容包括（　　　）。

A. 服务　　　　　　B. 社会正义　　　　C. 人的尊严和价值

D. 人类关系的重要性　　E. 保护生命原则

参考答案

一、单项选择题

1. B　　　考点：社会工作专业伦理守则
2. B　　　考点：社会工作专业伦理守则
3. C　　　考点：尊重保密权和隐私权
4. C　　　考点：社会工作专业伦理守则

二、多项选择题

5. CDE　　考点：社会工作实践中的伦理决定
6. ACE　　考点：社会工作专业伦理难题
7. BCDE　考点：社会工作专业伦理守则的作用
8. ABCD　考点：社会工作专业伦理守则

3

第三章
人类行为与社会环境

【本章复习提示】

本章主要考查人类行为与社会环境的相关知识，重要考点包括：人类需要的层次和类型、人类行为的类型和特点、社会环境的构成要素及其影响、人类行为与社会环境的基本关系、人生发展各阶段的特征和主要问题等。

考生在复习中应注意：重点概念和理论要熟练背诵，如马斯洛的需要层次论、家庭的功能等；可通过多做题来掌握人生各个发展阶段的特点，能做到正确判断个体所处发展阶段的生理、心理、社会性发展特征，掌握各发展阶段可能面临的主要问题，能准确判断案例中的问题所属类别；理解人们如何适应社会环境，社会环境如何影响个人行为，以及人类行为与社会环境的非平衡性等；能分析选择题案例材料中的相关社会环境要素，理解这些要素对个体行为的影响。

摸底自测

一、单项选择题

1. 为了帮助小雯更快适应幼儿园生活，小雯妈妈扮演幼儿园老师，与小雯玩"快乐幼儿园"的游戏；爸爸叮嘱女儿见到老师和同学要主动问好，告诉她过马路一定要遵循交通信号灯的指引。小雯父母的上述行为，主要体现的家庭功能是（   ）。(2023)

　　A. 社会化　　　　B. 繁衍后代　　　　C. 情感支持　　　　D. 经济支持

2. 张叔叔非常喜欢旅游，在旅游中认识了来自各行各业、具有相同爱好的朋友，他们经常分享彼此的旅游经验，并结伴到各地旅游，这体现了同辈群体的（   ）。(2022)

　　A. 平等性　　　　B. 开放性　　　　C. 认同性　　　　D. 独特性

3. 小学三年级学生娜娜学习成绩优异，每天除完成功课外，还坚持练习演讲，一个雨天，娜娜在放学路上发现有个小妹妹正在哭泣，就猜想她是遇到了什么事情。上述情形反映出娜娜这个年龄阶段孩子的主要心理发展特征是（   ）。(2022)

　　A. 口头表达能力正日益增强　　　　B. 抽象逻辑思维发展已成熟

　　C. 通过他人立场来考虑问题　　　　D. 能够通过观察来思考问题

4. 小伟父母彼此尊重，经常沟通孩子的教育问题，对于是否报兴趣班也会征求小伟的意见。他们鼓励小伟主动找同学玩耍，也嘱咐小伟要按时回家。小伟父母的教养模式属于（   ）。(2021)

　　A. 娇纵型　　　　B. 支配型　　　　C. 放任型　　　　D. 民主型

5. 80岁的王爷爷家庭条件不错，儿女也很孝顺。最近王爷爷的老伴去世了，他提出想去养老院住，儿女和亲戚都不理解。王爷爷说："我一个人在家，生病了没人照顾，万一哪一天摔倒了都没有人发现，去养老院住我更安心。"根据马斯洛的需要层次论，王爷爷的说法反映其当前最迫切的需要是（   ）。(2020)

　　A. 生理的需要　　　　　　　　B. 安全的需要

　　C. 归属的需要　　　　　　　　D. 尊重的需要

6. 小李从部队退役后到某物业管理公司工作。为了尽快适应新的工作岗位，小李认真阅读该公司近5年来的资料，积极参加公司组织的培训，周末他还到驻点服务的小区走访，了解居民的具体需求。一年工作下来，小李得到公司领导和居民的一致好评，还被评为"年度优秀员工"。从社会环境对人类行为影响的角度看，小李的做法说明（   ）。(2020)

　　A. 部队环境让小李有强烈的归属感　　　B. 部队经历使小李能够胜任工作

　　C. 工作岗位促使小李加强学习实践　　　D. 小李的主观努力改变着外部环境

7. 王大爷身体一向很好。最近突发中风瘫痪在床后，脾气变得很暴躁，经常与家人吵架。根据上述情况，社会工作者小李认为王大爷出现了行为问题。小李作出这种判断的依据是（   ）。

　　A. 统计学标准　　　　　　　　B. 内省经验标准

　　C. 行为适应性标准　　　　　　D. 社会规范标准

8. 刘老太今年已经70岁了，她和大儿子以及大儿媳妇居住在一起。大儿媳妇嫌刘老太退休金太少，自己还要整天照顾她，于是时不时言语上辱骂刘老太，有时甚至打刘老太。在此案例中，刘老太正面临（   ）问题。

A. 失智失能
B. 老年歧视和被虐待
C. 精神健康
D. 死亡问题

9. 小庆家庭经济困难，父母长年在外打工，很少与家里联系。小庆的母亲和奶奶有矛盾，关系很僵。小庆和爷爷奶奶一起生活，爷爷奶奶年事已高，无力管教小庆的学习。小庆最近迷上了去网吧玩网络游戏，常常彻夜不归。造成小庆上述行为的主要家庭原因是（   ）。

A. 家长疏于管教
B. 婆媳关系不佳
C. 经济状况不好
D. 隔代关系疏离

10. 老杨自从前年退休后一直很不习惯，社会活动减少，后来发展成经常为小事与妻子争吵，两人关系越来越紧张。社会工作者小王家访时，老杨吐露了自己的苦闷。针对老杨的情况，小王制订了服务方案。根据老年发展阶段特征，小王最宜提供的服务是（   ）。

A. 引导老杨参与社区活动
B. 引导老杨改变个人性格
C. 协助老杨处理负面情绪
D. 协助老杨增强独立意识

11. 晓琳是一名留守儿童。据她所描述，她的母亲远在广东打工，从她一岁后几乎就没怎么见过妈妈。在晓琳3岁以前，主要是由她的爷爷奶奶代为照料。题目中，晓琳在婴幼儿阶段面临的问题是（   ）。

A. 弃婴问题
B. 哺乳问题
C. 母爱剥夺
D. 疏于照顾问题

12. 目前，国内有些火车站、飞机场没有母婴休息室，给带婴儿出行的母亲造成不便，使部分母亲不得不减少外出次数。上述现象反映了人类行为与社会环境的基本关系的是（   ）。

A. 人的行业不能适应社会环境
B. 社会环境影响人的行为
C. 人类行为能够改变社会环境
D. 社会环境决定人类行为

二、多项选择题

13. 中学生小刚放暑假后，天天沉迷网络游戏，既不学习，也不外出锻炼身体。针对小刚的行为，社会工作者适宜的做法有（   ）。（2021）

A. 了解小刚的想法
B. 建议小刚父母帮孩子报培训班
C. 建议小刚父母多陪伴孩子
D. 和小刚一起制订改变计划
E. 帮助小刚认识过度游戏的危害

14. 为了保障弃婴的生存权利，我国部分城市做了一些保护工作的探索和尝试。为进一步保障弃婴的权利，政府相关部门可采取的有效措施有（   ）。

A. 健全相关法律法规
B. 完善困难家庭医疗救助体系
C. 积极开展宣传工作
D. 制定更严格的弃婴收养制度
E. 加强残疾儿童社会保障

15. 50岁的高先生是某企业高管，不仅经常加班加点，下班后还要喝酒应酬，导致血脂、血压都不正常。最近，高先生与妻子因女儿的教育问题发生激烈争执，妻子斥责他对自己和家庭不负责任，要跟他离婚。上述情况反映出高先生目前面临的主要

问题有（　　　）。（2019）

　　A. 更年期综合征　　　　B. 婚姻危机　　　　C. 家庭经济负担重

　　D. 工作压力大　　　　　E. 生活习惯不良

16. 小明，18 岁，父亲是长途卡车司机，母亲是商店售货员，对小明管教较少。小明小学阶段成绩较好，毕业后升入一所寄宿中学。由于他认识了一伙爱玩网络游戏的朋友，加之他自律性比较差，整日沉迷网络，经常逃学，成绩也一落千丈，常常受到老师的批评，最终不得不退学回家，现在整天在社区和街头游荡。从社会工作者的角度分析，小明的成长过程中，（　　　）因素导致了现存问题。

　　A. 家庭管理　　　　　　B. 学校教育　　　　C. 同辈群体

　　D. 社区邻里　　　　　　E. 街头报摊

参考答案

一、单项选择题

1. A　　　考点：家庭的功能

2. C　　　考点：同辈群体的特点

3. D　　　考点：学龄阶段儿童的主要特征

4. D　　　考点：家庭教养模式的类型

5. B　　　考点：马斯洛的需要层次论

6. C　　　考点：社会环境影响个人行为

7. C　　　考点：划分正常行为和偏差行为的常用标准

8. B　　　考点：老年阶段面临的主要问题

9. A　　　考点：家庭对人类行为的影响

10. A　　考点：老年阶段社会性发展的特征

11. C　　考点：婴幼儿阶段面临的主要问题

12. B　　考点：人类行为与社会环境的基本关系

二、多项选择题

13. ACDE　考点：青少年阶段面临的网络成瘾问题

14. ABCE　考点：婴幼儿阶段面临的弃婴问题

15. BDE　考点：中年阶段面临的主要问题

16. ABC　考点：社会环境的主要构成要素

第一节　人类行为

考纲		重要考点	星级标记
人类需要的层次和类型	含义	人类需要的含义、社会性与生物性、需要的作用和意义	★
	层次	马斯洛的需要层次论（5种层次的基本需要）	★★★
		阿尔德弗尔的ERG理论（生存的需要、关系的需要和成长的需要）	★★★
		莱恩·多亚尔和伊恩·高夫的需要理论（基本需要和中介需要）	★★★
	类型	生理性需要和社会性需要；物质需要和精神需要；生存性需要和发展性需要	★★★
人类行为的类型和特点	含义	广义与狭义的界定、行为主义学派的观点、德国社会心理学家勒温的观点	★★
	类型	本能行为和习得行为	★
		亲社会行为和反社会行为	★★
		正常行为和偏差行为	★
	特点	人类行为的5个特点	★
	影响人类行为的因素	生理因素、心理因素和社会因素	★

习题精练

一、单项选择题

1. 根据阿尔德弗尔的ERG理论，下列陈述中，最能反映"成长的需要"的是（　　）。（2023）

A. 小张租住在青年公寓　　　　　　B. 小王购买了人身保险

C. 小李参加社区举办的快闪交友活动　　D. 小赵报名参加了高等教育自学考试

2. 服务对象老马近期体检时被查出患有重度脂肪肝，他因此下定决心开始健康饮食、规律运动，在社会工作者的帮助下，他加入了社区马拉松团体。老马的上述情形，体现的人类行为特点是（　　）。（2023）

A. 适应性　　　B. 发展性　　　C. 多样性　　　D. 可控性

3. 马斯洛需要层次论中维持人类自身生存的最基本需要是（　　）。（2022）

A. 生理的需要　　B. 安全的需要　　C. 归属的需要　　D. 尊重的需要

4. 社会工作者小李经多方链接资源，推动项目顺利完成，在同事中树立了自己的威

35

信，也让机构负责人和项目落地社区的领导更加信任他。根据马斯洛的人类需求层次理论，上述情形满足了小李（   ）。(2021)

    A. 尊重的需要   B. 归属与爱的需要   C. 安全的需要   D. 自我实现的需要

5. 小林生孩子后辞职在家，专心做起了全职妈妈，在孩子过完 5 周岁生日后，小林在日记里这样写道："与孩子在一起的日子是开心的，可终究还是有放飞的一天，这些年我为家庭倾注了太多心血，感觉像蜡烛一样被耗竭，每天在家面对的都是几张熟悉的面孔。我不想再像囚鸟似的困在笼中，我想出去看看外面的世界。"根据阿尔德弗尔的 ERG 理论，小林的日记中反映出她目前主要的需要是（   ）。(2019)

    A. 生存的需要   B. 尊重的需要   C. 成长的需要   D. 关系的需要

6. 小明参加数学建模小组，认识了很多志趣相投的小伙伴，小明十分开心。上述活动满足了小明的（   ）。

    A. 尊重需要   B. 生理需要   C. 安全需要   D. 归属与爱的需要

7. 小丽大学毕业后进入社会工作服务机构工作，由于当地社会工作刚刚起步，社会工作服务机构不多，同行之间互动很少。为了更好地融入这个群体，她报名参加了社会工作者协会的继续教育培训，并注册成为该协会会员。根据马斯洛的需要层次论，小丽追求的是（   ）的需要。

    A. 安全   B. 归属与爱   C. 尊重   D. 自我实现

8. 近年来，大气污染问题逐渐受到社会的关注，很多社会组织和个人呼吁政府加大污染治理力度，倡导绿色环保出行。根据莱恩·多亚尔和伊恩·高夫的需要理论，这种行为反映出的"中介需要"是（   ）。

    A. 重要的初级关系   B. 适当的教育环境

    C. 自然环境的安全   D. 良好的社会环境

9. 小梦总是在课余时间参加各种活动，加入各种社团，在社团和活动中结交朋友。这体现了马斯洛需要层次理论的（   ）的需要。

    A. 尊重   B. 发展   C. 归属与爱   D. 安全

10. 小欣在舞蹈课上，总是不断超越自己，挑战一个又一个的高难度动作。经过几年的不懈努力，终于站在自己梦寐以求的国家大剧院的舞台上进行表演，展现自己的舞姿，实现了自己的梦想。这体现了马斯洛需要层次理论中的（   ）。

    A. 自我实现的需要   B. 归属与爱的需要

    C. 成长的需要   D. 尊重的需要

11. 初中生小影平时学习很紧张，但她还是希望能挤出时间和同学们一起去唱歌、打球。根据马斯洛的需要层次理论，小影的这种想法是出于（   ）的需要。

    A. 尊重   B. 发展   C. 归属与爱   D. 安全

12. 小孙是某中学初三年级的学生，最近常常无缘无故地破坏公物。从人类行为性质和后果看，这属于一种（   ）行为。

    A. 利己   B. 利他   C. 亲社会   D. 反社会

二、多项选择题

13. 下列关于阿尔德弗尔的 ERG 理论的说法，正确的有（   ）。

A. 人类需要不强调需要层次的顺序

B. 生存需要包括身体健康和自主两方面

C. 关系的需要包括自我发展和自我完善

D. 某种需要在得到基本满足后还可能会增强

E. 人类需要分为生存需要、关系需要和成长需要

14. 在生存—关系—成长理论中，阿尔德弗尔提出了人的三种基本需要：生存的需要、关系的需要和成长的需要。其中，成长的需要主要对应的是马斯洛需要层次论中的（　　）。

A. 生理的需要　　　　　　B. 安全的需要　　　　　　C. 归属的需要

D. 尊重的需要　　　　　　E. 自我实现的需要

15. 下列选项中，（　　）是莱恩·多亚尔和伊恩·高夫的需要理论的基本内容。

A. 对自身所处的文化以及自己在所处文化中应该做什么的理解水平是影响一个人自主性的因素之一

B. 基本需要包括身体健康和自主两个方面

C. 某种需要得到满足后，其强烈程度不仅不会减弱，还有可能增强

D. 中介需要是指在文化中能够促进身体健康和人的自主的产品

E. 基本需要没有得到满足也可以产生高等需要

16. 学校社会工作者为刚入学的外来务工人员子女提供服务，服务内容包括讲授人际交往技巧，协助他们与其他同学建立伙伴关系，促进他们成为班级的一员，辅导学业和培养兴趣，帮助他们建立自信，获得同学的认可。该服务直接满足了外来务工人员子女的（　　）需要。

A. 生理的需要　　　　　　B. 安全的需要　　　　　　C. 爱与归属的需要

D. 尊重的需要　　　　　　E. 自我实现的需要

参考答案

一、单项选择题

1. D　考点：阿尔德弗尔的 ERG 理论

2. D　考点：人类行为的特点之"可控性"

3. A　考点：马斯洛的需要层次论

4. A　考点：马斯洛的需要层次论

5. D　考点：阿尔德弗尔的 ERG 理论

6. D　考点：马斯洛的需要层次论

7. B　考点：马斯洛的需要层次论

8. C　考点：中介需要的种类

9. C　考点：马斯洛的需要层次论

10. A　考点：马斯洛的需要层次论

11. C　考点：马斯洛的需要层次论

12. D　考点：人类行为的类型

二、多项选择题

13. ADE　　考点：阿尔德弗尔的 ERG 理论
14. DE　　考点：阿尔德弗尔的 ERG 理论与马斯洛的需要层次论的相关
15. ABD　　考点：莱恩·多亚尔和伊恩·高夫的需要理论
16. CD　　考点：马斯洛的需要层次论

第二节　社会环境

考纲		重要考点	星级标记
社会环境的含义和特点	含义	社会环境的含义、人造物质环境和纯社会环境的内容	★
	特点	社会环境的 5 个特点	★
社会环境的主要构成要素	家庭	家庭的含义	★★
		家庭的类型（5 种）	★★★
		家庭教养模式（6 种）	★★★
		家庭的功能（5 种）	★★
		家庭对人类行为的影响	★★★
	同辈群体	同辈群体的含义	★★
		同辈群体的特点（4 个特点）	★★★
		同辈群体对个体行为的影响	★★★
	学校	学校含义	★★
		学校对人类行为的影响（4 种因素）	★★★
	工作单位	工作单位的含义	★★
		工作单位的类型（4 种类型及其包含的子类型）	★★★
		工作单位对人类行为的影响	★★★
	社区	社区的含义	★★
		社区的类型（3 种分类方法及其内容）	★★★
		社区对人类行为的影响（4 个方面）	★★★
	文化	文化的含义	★★
		文化的类型（3 种分类方法及其内容）	★★★
		文化对人类行为的影响	★★★
	大众传媒	大众传媒的含义	★★
		大众传媒的类型	★★★
		大众传媒对人类行为的影响	★★★

续表

考纲		重要考点	星级标记
人类行为与社会环境的基本关系	关系	人们要适应社会环境；社会环境影响个人行为；社会环境和生物遗传共同对人类行为产生影响；人类能够改变社会环境；人类行为与社会环境关系的非平衡性	★★★

习题精练

一、单项选择题

1. 小明的父母对他的日常生活照顾得非常用心，几乎包揽了一切事务；在学习上对小明非常严厉，要求小明的学习成绩一定要保持在班级前五名，对此小明感到压力很大。小明父母的教养方式属于（   ）。（2023）

A. 娇纵型   B. 支配型   C. 专制型   D. 放任型

2. 关于人类行为与社会环境基本关系的说法，正确的是（   ）。（2022）

A. 个人行为对社会环境有决定性的影响

B. 社会环境决定着人类行为的行为规范

C. 人类行为与社会环境相互影响的力度是不平衡的

D. 各年龄阶段的人受到社会环境的影响是一样的

3. 小明学习成绩优异，在考试中经常获得第一名，但小明的妈妈看到邻居的孩子都报了培训班，于是也给小明报了很多培训班，结果使自己和小明都很疲惫。从上述情况分析，影响小明妈妈决定的社会环境是（   ）。（2021）

A. 社区   B. 学校   C. 工作单位   D. 大众传媒

4. 某社区有一个青少年音乐社团，成员的服装、发型、饰品、言行均与其他同龄人明显不同，社区一些居民见到他们感到很新奇。上述情况体现同辈群体的特点是（   ）。（2021）

A. 支配性   B. 独特性   C. 开放性   D. 平等性

5. 小张是独生子，大学毕业后回老家工作，成家后与父母同住。婚后小张和妻子育有二女，在孩子的教育问题上经常与父母产生分歧，于是小张和妻子购买了商品房，带着孩子搬出去居住。目前小张的家庭类型属于（   ）。

A. 核心家庭   B. 主干家庭   C. 联合家庭   D. 原生家庭

6. 社会工作者小王在社区走访时发现，有一群年轻人经常聚在一起玩轮滑。他们彼此熟悉，对群体也有一定的归属感。小王从这一特点出发，组织这群年轻人成立了"轮滑俱乐部"。小王的做法主要考虑了同辈群体的（   ）特点。

A. 平等性   B. 开放性   C. 独特性   D. 认同性

7. 小苗的父母在国外工作，他与妹妹住在叔叔家，一起住的家庭成员还包括爷爷、婶婶和堂妹。这样的家庭属于（   ）。

A. 核心家庭　　　　B. 主干家庭　　　　C. 联合家庭　　　　D. 扩展家庭

8. 李先生认为自己的孩子现在小，还不懂事，要严格管教，不能由着孩子。因此，孩子一犯错就打一顿。根据上述情况，李先生的教养模式属于（　　）。

A. 专制型　　　　B. 支配型　　　　C. 娇纵型　　　　D. 放任型

9. 初中生小强的父母常因吵架而闹离婚，家庭成员之间关系紧张，家庭气氛压抑。根据上述情况，社会工作者在帮助小强时尤其要注意（　　）。

A. 小强是否有自我中心心态　　　　B. 小强是否缺乏安全感
C. 小强是否有胆小懦弱的行为　　　　D. 小强是否有自卑心理

10. 初二学生小军脾气暴躁，经常因为一点儿小事和同学打架。学校社会工作者小陈先和小军进行了两次面谈，然后与小军的父亲取得联系，期望进行家访。上述工作过程中，小陈主要关注的社会环境构成要素是（　　）。

A. 家庭　　　　B. 社区　　　　C. 同辈群体　　　　D. 文化

11. 下列说法中，关于大众传媒的描述正确的是（　　）。

A. 大众传媒提供的信息真实可信，对人类的影响都是积极影响
B. 我们所使用的传媒主要是新传媒
C. 大众传媒不会改变人们的行为
D. 大众传媒具有传播信息速度快、范围广、影响大的特点

12. 城市社区和农村社区，二者是根据社区的空间特征来划分的，那么按照空间特征划分的社区属于（　　）。

A. 功能性社区　　　　B. 地域性社区　　　　C. 现代社区　　　　D. 经济型社区

二、多项选择题

13. 某社会工作服务机构在一个新建居民小区开展服务。社会工作者小李面对社区居民不太了解社会工作服务的情况，计划通过大众传媒宣传，促进居民对社会工作的认识。此时，小李的适当做法有（　　）。

A. 拜访社区居委会主任和各楼楼长　　　　B. 到居民家中走访宣传项目
C. 为居民开办社会工作知识普及班　　　　D. 通过短信平台宣传项目
E. 利用社区公益广告牌进行宣传

14. 社会工作者可以利用同辈群体的正向功能开展工作，因为同辈群体对个人的（　　）有直接影响。

A. 认知发展　　　　B. 行为塑造　　　　C. 精神追求
D. 生理发育　　　　E. 情绪表达

15. 孙某刑满释放后被父母拒之门外，邻居也躲着他。社会工作者小黄说服孙某的父母重新接纳儿子回家，并邀请孙某参加社区青年社交小组。在社区宣传活动中，小黄还特别向居民讲述关于刑满释放人员改过自新的案例。在小黄的帮助下，很多邻居开始逐渐接纳了孙某，孙某也逐渐树立起生活的信心。在上述工作中，小黄的工作改变了孙某与（　　）之间的互动。

A. 文化　　　B. 同辈群体　　　C. 家庭　　　D. 工作单位　　　E. 社区

16. 以下理解人类行为与社会环境之间关系的说法中，正确的是（　　）。

A. 处于一定社会环境中的人需要改变自己的行为以符合社会期待

B. 各年龄段人士所受社会环境的影响相同

C. 社会环境对人类行为的影响不能脱离遗传禀赋的制约

D. 人类行为也能在一定程度上改变社会环境

E. 人类行为与社会环境相互影响的力度相等

参考答案

一、单项选择题

1. B	考点：	家庭教养模式的类型
2. C	考点：	人类行为与社会环境的基本关系
3. A	考点：	社会环境对人类行为的影响
4. B	考点：	同辈群体的特点
5. A	考点：	家庭的类型
6. D	考点：	同辈群体的特点
7. C	考点：	家庭的类型
8. A	考点：	家庭教养模式的类型
9. B	考点：	冲突型家庭教养方式对孩子的影响
10. A	考点：	社会环境的主要构成要素
11. D	考点：	大众传媒
12. B	考点：	社区的类型

二、多项选择题

13. DE	考点：	大众传媒
14. ABCE	考点：	同辈群体对个体行为的影响
15. BCE	考点：	社会环境的主要构成要素
16. ACD	考点：	人类行为与社会环境的基本关系

第三节　人生发展阶段及其主要特征

考纲	重要考点		星级标记
婴幼儿阶段	婴幼儿阶段的主要特征	生理发展；心理发展；社会性发展	★★★
	婴幼儿阶段面临的主要问题	哺乳问题；母爱剥夺；弃婴问题	★★★
学龄前阶段	学龄前阶段的主要特征	生理发展；心理发展；社会性发展	★★★
	学龄前阶段面临的主要问题	挑食偏食；攻击行为；电子产品依赖；自闭症	★★★

考纲	重要考点		星级标记
学龄阶段	学龄阶段的主要特征	生理发展；心理发展；社会性发展	★★★
	学龄阶段面临的主要问题	儿童意外伤害；校园欺负；儿童性伤害	★★★
青少年阶段	青少年阶段的主要特征	生理发展；心理发展；社会性发展	★★★
	青少年阶段面临的主要问题	网络成瘾；青少年犯罪；青少年性行为	★★★
青年阶段	青年阶段的主要特征	生理发展；心理发展；社会性发展	★★★
	青年阶段面临的主要问题	婚恋问题；性别歧视；就业问题	★★★
中年阶段	中年阶段的主要特征	生理发展；心理发展；社会性发展	★★★
	中年阶段面临的主要问题	早衰综合征；更年期综合征；婚外恋；家庭暴力	★★★
老年阶段	老年阶段的主要特征	生理发展；心理发展；社会性发展	★★★
	老年阶段面临的主要问题	失智和失能；精神健康问题；死亡问题；老年人被歧视和被虐待	★★★

习题精练

一、单项选择题

1. 青少年阶段是人生发展的重要阶段之一，下列特征中，属于青少年发展阶段的是（   ）。（2021）

  A. 开始发展符合实际的自我观念 B. 人生观会更加稳定和成熟

  C. 能够熟练地处理各种社会关系 D. 情绪发展比较丰富和强烈

2. 晚上睡觉时，两岁半的苗苗会和自己的小熊玩偶安静地躺在床上听妈妈讲故事，听完故事后，苗苗和小熊说晚安。根据婴幼儿社会性发展的特点，上述苗苗的行为，反映出她正处于社会化基本过程中的（   ）。（2019）

  A. 区分他我与自我阶段 B. 单纯社会化反应阶段

  C. 社会性感情连接建立阶段 D. 伙伴关系发展阶段

3. 某学校今年连续发生了三起校园欺凌事件，为了杜绝校园欺凌现象，营造和谐的校园氛围，社会工作者与学校一起开展"平安校园计划"，从学生、家庭和学校三个方面进行干预。下列措施中，属于从家庭层面进行干预的是（   ）。

  A. 协助受欺凌者提高自我保护能力

  B. 鼓励家长在网上批评欺凌者的攻击行为

  C. 建议家长委员会协助学校制定严惩制度

  D. 要求家长监管子女的欺凌行为

4. 初中二年级学生小宁个子较矮，近几个月以来他经常被学校几名高年级同学打骂或拦住要钱。为了寻求保护，他加入了一个"哥们儿"小团体，也开始欺负他人，并从这一过程中获得满足。针对小宁的情况，社会工作者从个体层面应开展的工作是（   ）。（2020）

　　A. 纠正攻击行为，培养社交技能　　　　　B. 强化家校联络，及时实施干预

　　C. 加强校园监控，保护学生安全　　　　　D. 改善亲子关系，纠正教养方式

5. 学校社会工作者小李为小学生提供小组服务，针对煤气使用、交通出行、游泳等日常生活中的安全隐患进行教育，提高学生的安全意识。从学龄儿童的特点看，该小组的主要目的是（   ）。

　　A. 防范校园暴力问题　　　　　　　　　　B. 避免儿童性侵问题

　　C. 减少儿童攻击行为　　　　　　　　　　D. 预防儿童意外伤害

6. 初二（3）班的班主任向学校社会工作者小吴反映，班里学生小涛最近与同学关系紧张，学习成绩下滑。家长也反映小涛最近爱与家长顶嘴，总说："这是我自己的事情，你们凭什么替我拿主意！"根据小涛身心发展的特点，小吴正确的判断和建议是（   ）。

　　A. 小涛出现学习障碍问题，需首先介入

　　B. 小涛的情绪出现两极化发展特征，需严格管控

　　C. 小涛的自我意识进一步发展，需加强人际沟通

　　D. 小涛的心理和行为出现问题，需转介接受治疗

7. 个体发展的每个阶段都有其不同的特征。下列关于青少年阶段特征的说法正确的是（   ）。

　　A. 情绪出现两极发展特征　　　　　　　　B. 认知发展处于感觉运动阶段

　　C. 智力发展达到高峰　　　　　　　　　　D. 社会角色最为丰富

8. 下列说法中，关于婴幼儿阶段的描述正确的是（   ）。

　　A. 脑重量已经接近于成年人的水平

　　B. 婴幼儿能够控制自己的身体以达到某种目的

　　C. 开始形成内部语言

　　D. 自我意识经历游戏伙伴阶段、退缩阶段、自我意识出现阶段

9. 下列关于学龄前儿童的攻击行为描述正确的是（   ）。

　　A. 学龄前儿童的攻击行为一般在 6 岁至 10 岁出现第一个高峰

　　B. 学龄前儿童的攻击行为一般在 10 岁至 11 岁出现第二个高峰

　　C. 男孩多以语言攻击居多，女孩多以暴力攻击居多

　　D. 电影以及电视中的攻击行为对孩子没有什么影响

10. 学校社会工作者小王发现所服务的小学里有高年级学生向低年级学生索要财物的现象。针对这一问题，小王制订了干预方案，其中属于针对学校进行的干预措施是（   ）。

　　A. 纠正欺凌者的攻击行为

　　B. 帮助学生家长改变错误的教育方式

　　C. 提升受欺凌儿童的自信心和社交技能

　　D. 指导教师在班级内开展"反欺凌行为"班会

11. 小张今年 24 岁，下列选项中，属于小张所处人生发展阶段的特征是（   ）。

A. 固定智力继续上升，流动智力缓慢下降

B. 青年阶段的机械记忆、思维敏捷性虽然略有下降，但是心智活动的效率达到最高水平

C. 青年的基本特征是思维，包括理解、命题、分析等

D. 婚外恋是青年阶段的人们主要面临的问题

12. 人到中年的李女士最近求助社会工作者大兵，向他诉说生活中的苦恼，希望可以找到解决的办法。大兵了解到，李女士最近经常加班，工作压力很大，生活开始没有规律；同时，在家庭中她不仅要处理与丈夫的关系，还要照顾孩子和父母，这让她觉得心力交瘁，感觉烦躁不安。大兵针对这种情况，如果在社会层面采取措施，较为合适的是（　　）。

A. 普及更年期健康知识，协调、整合社会资源为服务对象服务

B. 可以运用个案工作或小组工作的方法与技术对更年期女性的紧张、焦虑和恐惧等消极情绪进行疏导

C. 通过整合社会力量帮助中年人解决社会生活中的难题，为他们营造一个舒心的工作生活环境，保持积极健康的心态

D. 和她家人联系，给予更多的情感支持，帮助她渡过难关

二、多项选择题

13. 随着互联网的普及和智能产品的发展，儿童过度依赖电子产品的现象较为普遍，影响了儿童的身心健康。针对这一问题，社会工作者宜开展的工作有（　　）。（2023）

A. 引导儿童积极参加户外活动

B. 建议家长禁止儿童使用电子产品

C. 组织社区内的家庭开展亲子阅读活动

D. 建议政府禁止商家线上销售儿童电子产品

E. 建议家长与儿童约定电子产品的使用时长

14. 近年来，以大学毕业生为主体的青年群体就业难度增加，就业压力较大。为了推动青年就业，社会工作者适宜采取的措施有（　　）。（2022）

A. 增强青年的社会责任意识，促进其自我反思

B. 倡导完善国家法律法规，加大性别平等宣传

C. 协助青年缓解焦虑情绪，促使其作理性思考

D. 了解就业市场供需矛盾，充分链接就业资源

E. 提高青年灵活就业能力，创新就业方式方法

15. 为了保障弃婴的生存权利，我国部分城市作了一些弃婴保护工作的探索和尝试。下列做法中，可以有效减少弃婴问题发生的有（　　）。

A. 健全相关法律法规　　　　　　　　B. 完善困难家庭医疗救助体系

C. 积极开展宣传工作　　　　　　　　D. 制定更严格的弃婴收养制度

E. 加强残疾儿童社会保障

16. 刘女士今年52岁，最近经常出现失眠、乏力、情绪不稳定等不良症状。刘女士是公司里的骨干，承担了公司主要的工作任务，由于工作劳累，她的体质以及心理都出现了衰老现象。最近她发现她的丈夫和别的女子有了一段新的感情，这让她痛苦不堪。题目中的刘女士面临的问题有（　　）。

A. 家庭暴力　　　　　　B. 更年期综合征　　　　　C. 早衰综合征

D. 精神健康问题　　　　E. 婚外恋

参考答案

一、单项选择题

1. D　　考点：青少年发展阶段的主要特征

2. D　　考点：婴幼儿阶段社会性发展的特征

3. D　　考点：在家庭层面对校园欺凌进行干预

4. A　　考点：学龄阶段的校园欺凌问题

5. D　　考点：预防学龄阶段儿童意外伤害的工作内容

6. C　　考点：青少年阶段社会性发展的特征

7. A　　考点：青少年阶段的主要特征

8. D　　考点：婴幼儿阶段的主要特征

9. B　　考点：学龄前阶段的攻击行为问题

10. D　　考点：在学校层面对校园欺凌进行干预

11. B　　考点：青年阶段的主要特征

12. C　　考点：在社会层面预防和干预更年期综合征

二、多项选择题

13. ACE　考点：儿童电子产品依赖及社会工作者的任务

14. CDE　考点：针对青年阶段就业问题的干预措施

15. ABCE　考点：预防婴幼儿阶段弃婴问题的发生

16. BCE　考点：中年阶段面临的主要问题

第四章
个案工作方法

【本章复习提示】

本章主要聚焦个案工作的专业知识、方法和技巧，重要考点包括：个案工作的主要模式、个案工作各阶段的工作重点、个案工作的常用技巧。

考生在复习时，应注重以下几点：①深入理解与记忆个案工作的主要模式（重点是心理社会治疗模式与危机介入模式），掌握每种模式的基本假设、治疗技巧和特点；②清晰了解个案工作五个阶段的工作重点和步骤，可重点结合每节考点的"星级标记"进行复习；③精确掌握个案工作的专业技巧（重点是支持性、引导性、影响性技巧的具体内容），着重应对考题在案例情境中的应用；④建议考生在复习时，多结合本章相应习题中的案例情境加强理解。此外，考生还应关注教材中的重要概念和相应的举例说明，理解并运用这些概念和例子解决实际个案工作情境中的问题。

摸底自测

一、单项选择题

1. 小费幼年时母亲病逝，后与父亲相依为命，初中时父亲也因车祸离世，只能由 80 岁的奶奶照顾。因缺乏管教，小费结识了一些"小混混"，偶尔小偷小摸，在学校还经常与其他同学发生冲突。社会工作者小汪了解情况后，对其问题进行诊断，分析他的行为问题与其生活经历相关。小汪运用的上述诊断方式属于（　　）。（2023）

　　A. 心理诊断　　　　　　B. 缘由诊断　　　　　　C. 人格诊断　　　　　　D. 分类诊断

2. 小婷是一名大二学生，平时喜欢独来独往。室友都觉得她难以接近，不愿与她交往，甚至还出现了孤立她的情况。小婷心情郁闷，向社会工作者小王求助。小王从小婷的环境系统入手开展服务，邀请小婷的室友参与谈论，一起分析有些人喜欢独来独往的原因，并通过角色扮演，让室友体验被孤立的感觉。在链接社会资源的过程中，小王所采用的主要方式是（　　）。（2023）

　　A. 服务的协调　　　　　　　　　　　B. 需求的表达
　　C. 利益的协调　　　　　　　　　　　D. 权益的保护

3. 初三学生小林的父母离异后，各自又很快组建了新的家庭，小林无法接受父母离婚的现实，感到自己被抛弃，十分绝望，无心学习，并在社交平台上多次表现出厌世的想法。学校社会工作者小夏发现后，决定采用危机介入模式帮助小林，小夏首先要做的是（　　）。（2022）

　　A. 与小林的父母探讨原因　　　　　　B. 纠正小林的错误认知
　　C. 安抚小林绝望的心情　　　　　　　D. 及时进行危险性评估

4. 小宁是一名留守儿童，功课没人辅导，学习成绩不佳。社会工作者小王了解到小宁的情况后，找来大学生志愿者辅导她学习。根据上述内容，小王在服务中的角色是（　　）。（2022）

　　A. 教育者　　　　　　B. 治疗者　　　　　　C. 倡导者　　　　　　D. 联系人

5. 大学生小宋因经常通宵玩游戏，屡屡旷课，考试不及格，班主任将其介绍给社会工作者小陈。在个案会谈时，小宋反复强调自己深感后悔和自责，觉得对不起父母，可又管不住自己。小陈发现小宋时常言行不一，寻找借口。于是，他对小宋说："你每次都说想改变，要好好学习，可是我没有看到你的实际行动，像这样只有想法，一直找理由不行动，你的成绩会变好吗？"此时，小陈运用的会谈技巧是（　　）。（2021）

　　A. 对焦　　　　　　B. 澄清　　　　　　C. 忠告　　　　　　D. 对质

6. 小花是一位 8 岁的白血病患儿，入院后，她不适应医院的陌生环境，对治疗有恐惧和抵触心理，变得沉默寡言。为此，病房的护士将小花转介给医务社会工作者小乔。接案后，小乔采用游戏方式引导小花说出入院后的感受，并运用儿童医疗恐惧量表了解其害怕程度。上述服务过程中，小乔收集资料的方式是（　　）。（2021）

　　A. 自我陈述和非结构式调查表　　　　B. 自我陈述和结构式调查表
　　C. 对答方式和非结构式调查表　　　　D. 对答方式和结构式调查表

7. 小李读初中时父母因家庭矛盾离异，母亲搬离后再无消息，父亲再婚，他一直跟爷爷奶奶生活在一起。青少年时期的特殊经历令小李一直振作不起来，频繁更换工作，收入不稳定。经社区居委会介绍，社会工作者小王主动联系了小李。为了建立专业关系，小王首先要做的是（　　）。（2020）

A. 专注倾听小李的困扰　　　　　　　　B. 明确小李问题的表现

C. 阐明小李的权利责任　　　　　　　　D. 确认小李的受助身份

8. 社会工作者老高对某社区矫正对象开展个案辅导，老高尊重服务对象，相信他有改变自我的愿望与能力，并积极促进服务对象外部环境的改善，促使服务对象积极改变、融入社区。从心理社会治疗模式看，上述老高做法的理论假设是（　　）。

A. 每个人都要重拾希望　　　　　　　　B. 每个人都有成长的潜力

C. 每个人都要面对问题　　　　　　　　D. 每个人都要学会沟通

9. 服务对象："……我总是这样，我有时候想我是不是疯了。"

社会工作者："您刚才说的意思是，您一遇到反对的意见，就觉得受不了吗？"

上述对话中，社会工作者使用的引领性技巧是（　　）。

A. 对焦　　　　　　B. 澄清　　　　　　C. 摘要　　　　　　D. 对质

10. 张大妈最近被医院确认患上了阿尔茨海默病，当获悉所在社区有针对该类患者的社会工作专业服务后，她的老伴张大爷来向社会工作者小李求助。在讲述了张大妈的情况后，小李对张大爷说："您说的情况我都清楚了，先填个表吧。"根据上述情境，此时处于个案工作阶段中的（　　）。

A. 申请接案　　　B. 问题研究　　　C. 制订计划　　　D. 开展服务

11. 社区居民小朱向青少年活动中心的社会工作者寻求帮助，社会工作者因小朱住在中心服务区域外，于是将她转介到其他机构。在转介前，社会工作者需要（　　）。

A. 促使小朱成为服务对象　　　　　　　B. 详细收集小朱的个人资料

C. 和小朱签订一份服务协议　　　　　　D. 征得小朱的同意并说明转介的理由

12. 社会工作者："我为你提供的辅导今天就结束了，我相信你也感受到了自己的变化。你今后有什么打算，可以说说吗？"

服务对象："我现在就是担心辅导结束后不能坚持，又回到之前的老样子，前功尽弃。"

社会工作者："那这样吧，我会安排一些日常的练习给你，把具体的要求告诉你的父母，请他们来协助你，过一段时间我们再看效果。你觉得怎么样？"

根据上述对话，该个案即将进入（　　）。

A. 转介阶段　　　B. 结案阶段　　　C. 评估阶段　　　D. 追踪阶段

二、多项选择题

13. 刘女士唯一的女儿去世后，她与丈夫相依为命，失去独生女的痛苦让他们每日以泪洗面，不愿与人接触，两人的健康状况每况愈下。社会工作者老秦得知他们的情况后，决定为他们提供服务，并在多次上门后制订了完整的服务计划。在进入服务开展阶段后，老秦适宜的做法有（　　）。（2023）

A. 缓解刘女士夫妇的悲伤情绪　　　　　B. 帮助刘女士夫妇改善健康状况

C. 联系志愿者定期陪伴刘女士夫妇　　　D. 向刘女士夫妇介绍所在机构的优势

E. 与刘女士夫妇一起分析面临的主要问题

14. 社会工作者为患有慢性病的救助对象老李及其家庭提供服务时，除了家访和邀请老李参与社区活动外，还注重对相关文献记录的收集和分析。下列文献记录中，属于老李及其家庭相关生活状况的有（　　　）。（2022）

A. 老李家的低保证明　　　　　　　B. 妻子的就业证明

C. 孩子的学习成绩单　　　　　　　D. 老李的体检报告

E. 老李家的门牌号码

15. 35 岁的齐女士长期忍受丈夫家庭暴力，但她由于种种顾虑一直没有离婚。最近，齐女士又一次被丈夫施暴，她忍无可忍，向社会工作者老郝求助。在建立关系的会谈中，老郝恰当的做法有（　　　）。（2021）

A. 制定双方认可的谈话规则　　　　B. 创造宽松舒适的谈话氛围

C. 让齐女士自由地表达感受　　　　D. 质疑齐女士未离婚的想法

E. 建议齐女士与丈夫多交流

16. 小强今年 13 岁，正处于青春期，他在学校中总是惹是生非，让家长、老师还有同学头痛不已。社会工作者对小强开展个案工作，通过分析社会工作者了解到，小强的父亲长期酗酒，回家经常打骂母亲；小强平时特别喜欢玩网络游戏，而如今的网络游戏多以暴力为主。了解到上述原因之后，社会工作者联系了小强的父亲，希望他改变酗酒的问题，并且停止打骂小强的母亲；同时，社会工作者和小强沟通交流，帮助小强重新认识和评价自己以往的经历，调整自己的人格。请问上述案例中，社会工作者运用了心理社会治疗模式中的（　　　）技巧以及诊断模式。

A. 人格发展反思性直接治疗　　　　B. 缘由诊断

C. 社会诊断　　　　　　　　　　　D. 间接治疗

E. 心理动态治疗

参考答案

一、单项选择题

1. B　　考点：心理社会治疗模式的特点

2. B　　考点：链接社会资源的方式（需求的表达）

3. D　　考点：危机介入模式

4. D　　考点：社会工作者在服务过程中的专业角色

5. D　　考点：个案会谈的技巧

6. B　　考点：个案工作收集资料的方式

7. A　　考点：个案工作申请与接案阶段专业关系的建立

8. B　　考点：心理社会治疗模式的理论假设

9. B　　考点：个案会谈的引导性技巧

10. A　　考点：个案工作各阶段的工作重点

11. D　　考点：专业关系建立阶段的转介服务

12. B　　考点：个案工作各阶段的工作重点

二、多项选择题

13. ABC   考点：服务开展阶段社会工作者的任务
14. ABCD   考点：个案工作资料收集方式（文献记录）
15. BC   考点：建立关系的会谈技巧
16. ABD   考点：心理社会治疗模式的治疗技巧及诊断方式

第一节　个案工作的主要模式

考纲		重要考点	星级标记
心理社会治疗模式的内容及特点	心理社会治疗模式的内容	心理社会治疗模式的理论假设；心理社会治疗模式的治疗技巧	★★★
	心理社会治疗模式的特点	注重从人际交往的场景中了解服务对象；运用综合的诊断方式确定服务对象问题的原因；采用多层面的服务介入方式帮助服务对象	★★★
危机介入模式的内容及特点	危机介入模式的内容	危机介入理论；危机介入的基本原则	★★★
	危机介入模式的特点	迅速了解服务对象的主要问题；快速作出危险性判断；有效稳定服务对象的情绪；积极协助服务对象解决当前问题	★★★
行为治疗模式的内容及特点	行为治疗模式的内容	3种学习理论；5种治疗技术	★
	行为治疗模式的特点	行为评估；行为修正；修正行为效果的评估	
人本治疗模式的内容及特点	人本治疗模式的内容	理论假设；治疗策略	★
	人本治疗模式的特点	注重社会工作者自身的品格和态度；强调个案辅导关系；关注个案辅导过程	

习题精练

一、单项选择题

1. 17岁的服务对象小张因聚众打架斗殴致他人重伤，被移交检察院进行观护帮教。在帮教过程中，社会工作者老黎除对小张进行日常行为矫正外，还发现他很讲义气，对朋友很真诚，而且擅长制作手工包。老黎在帮助小张认识到自己优势的同时，还为他提供相关就业岗位信息。老黎的上述做法，符合心理社会治疗模式假设中的（　　）。(2023)

　　A. 个体具有独特的潜在能力　　　　B. 个体自我选择与环境无关

　　C. 个体具有过分依赖的人格　　　　D. 个体行为与他面临的压力无关

2. 张奶奶两年前来省城帮儿子带小孩。最近张奶奶的儿子发现她精神状态变得不太好，经常抱怨待在这里没意思，因一点小事就大发脾气，为此，张奶奶的儿子向社会工作者小王求助。为了解决张奶奶的问题，从"人在情境中"的观点看，小王最适宜的做法是（　　）。（2021）

A. 与张奶奶一起回顾过往生活经历　　B. 帮助张奶奶适应大城市生活节奏

C. 鼓励张奶奶参加社区娱乐活动　　D. 协助张奶奶学习新的生活技能

3. 小芸失恋后，整日以泪洗面，闭门不出。一天，她服用了大量安眠药企图自杀，幸好被朋友及时发现，送到医院抢救才挽回生命。医务社会工作者小赵了解情况后到病房陪伴小芸，协助她渡过难关。从危机介入的角度，小赵除需要迅速了解小芸的主要问题外，更重要的工作是（　　）。（2020）

A. 危险性评估　　B. 安抚悲伤情绪

C. 联系其家人　　D. 转介心理咨询

4. 小丽最近刚刚离婚，她不能接受婚姻失败的现实，将自己关在家中，其正常生活受到了严重影响。为此，她感到十分绝望但又无能为力。根据危机介入理论，小丽正处于危机发展的（　　）。（2019）

A. 解组阶段　　B. 危机阶段　　C. 恢复阶段　　D. 重组阶段

5. 服务对象小陆说自己在恋爱过程中总是患得患失，谈过两个女朋友都分手了，经过几次会谈后，社会工作者了解到小陆幼年时父母离异，被送到乡下奶奶家生活。于是，社会工作者帮助小陆一起回顾其成长经历，探讨他童年发生的重要事件对现在生活的影响。依据心理社会治疗模式，这种治疗技巧是（　　）。（2019）

A. 非反思性技巧　　B. 反思性技巧

C. 非影响性技巧　　D. 影响性技巧

6. 得知父母已经离婚的消息后，小明难以接受这样的事实，做出了自残身体等高风险行为。社会工作者小张经过评估后，对小明说："虽然你现在还难以接受爸爸妈妈离婚的现实，但我相信你是有能力自己走出来的……"小张的上述说法突出体现了危机干预的（　　）。

A. 及时处理原则　　B. 限定目标原则

C. 重构目标原则　　D. 输入希望原则

7. 小强近期迷恋手机游戏，无心学习。班主任向社会工作者小张求助，与小强交谈几次后，小张对影响其行为的生理、心理和社会因素作出了专业分析与诊断。根据上述情况，小张运用的诊断方式是（　　）。

A. 缘由诊断　　B. 临床诊断　　C. 分类诊断　　D. 心理动态诊断

8. 小云最近和恋爱了三年的男朋友分手了，小云的情绪十分低落，什么也不想做，感觉生活没有什么意思。社会工作者小平了解到相关情况后，上门看望小云，并对小云说："我知道你很难受，但是你还有你的家人，你以后还能遇到更适合你的人，会有更美好的生活。"社会工作者的上述做法符合危机介入的（　　）原则。

A. 限定目标　　B. 及时处理

C. 输入希望　　D. 培养自主能力

9. 小美一直都是班里的佼佼者，但是张老师说小美最近经常逃课。学校社会工作者通过对小美开展服务，才得知小美的父母最近在闹离婚，小美感到十分抑郁，根本无心上课。社会工作者联系了小美的父母，告诉他们小美的现状，并希望他们能妥善解决自己的婚姻问题，从而给小美一个幸福美满的生长环境。在本题中社会工作者运用心理社会治疗模式中的（　　）治疗技巧开展服务。

  A. 谈话分析   B. 间接治疗技巧

  C. 反思性治疗技巧   D. 非反思性治疗技巧

  10. 张先生经历了工厂火灾事件后，常常从噩梦中惊醒，身心极度紧张。依据危机介入理论，目前张先生面临的是（　　）。

  A. 家庭危机   B. 普通生活经历的危机

  C. 成长危机   D. 特殊生活经历的危机

  11. 社会工作者为了克服服务对象的恐惧，从服务对象担心忧虑程度最高的开始采取治疗，迫使服务对象直接面对最担心的处境，最终让服务对象对害怕的处境变得习以为常。这属于行为治疗模式的（　　）治疗技术。

  A. 系统脱敏   B. 厌恶疗法   C. 满灌疗法   D. 放松练习

  12. 下列选项中，（　　）符合人本治疗模式的要求。

  A. 社会工作者李某在为王某提供服务的过程中带入了强烈的个人价值观

  B. 社会工作者在服务中的重点是在辅导过程中与服务对象建立伙伴关系，以及注重双方情感的交流

  C. 张同学长期逃学，社会工作者王某在为其提供服务的过程中，与其父母谈话；社会工作者告知其父母需要多关注张同学，用爱心和耐心感化他，而不是训斥他

  D. 社会工作者在为服务对象提供服务的过程中，并不注重服务对象的感受，主张提供非反思性直接治疗

二、多项选择题

  13. 社会工作实习生小袁为脑瘫儿童冬冬提供了一次服务后，就不想再继续，督导者老宣了解到小袁是认为服务脑瘫儿童工作效果不明显才想放弃。为此，老宣引导小袁认识到，为建立积极有效的专业关系，社会工作者应做到无条件关怀，之后小袁的工作态度有明显改善。下列做法中，体现了"无条件关怀"的有（　　）。（2022）

  A. 对冬冬保持尊重   B. 评估冬冬的需求

  C. 对冬冬不进行评价   D. 相信冬冬能够改变

  E. 分析冬冬的家庭

  14. 某学校班主任向社会工作者小陈反映，学生小星最近变得沉默寡言，学习成绩明显下降。小陈了解到小星的父母平时忙于工作，很少与孩子交流，拟运用心理社会治疗模式对小星父母进行服务。下列谈话中，体现非反思性技巧的有（　　）。

  A. "你们平时都忙于工作，一定很辛苦吧，晚上一般几点回家？"

  B. "你们平时工作都很忙，建议让孩子来我们机构参加'四点半课堂'，对她可能会有帮助。"

  C. "你们平时工作都很忙，我其实也很理解和同情你们的现状。"

  D. "小星妈妈，您要是有什么情绪，就直接说出来吧，有时候压力太大是需要宣泄一下的。"

  E. "你们平时都忙于工作，没时间管孩子，是不是你们小时候也这样？"

  15. 小刚出生在一个经济困难家庭，他的父母学历较低，所得工资只能维持正常生

计。小刚的家里破败不堪，居住环境十分恶劣。因为家庭的困境，小刚一直都有一种耻辱感，但是为了压抑这种耻辱感，小刚一直都拼命学习，最终考入了一所"211"学校。在学校他舍不得买东西，于是同学经常嘲笑他抠门。久而久之，小刚无法再继续抑制内心的不安和耻辱，于是他退学了。按照心理社会治疗模式对服务对象问题的假设，小刚退学的原因主要是由于（   ）。

A. 不成熟的超我功能　　　　　　　B. 不良的现实环境

C. 不成熟的自我功能　　　　　　　D. 过分严厉的自我防御机制和超我功能

E. 强烈的自尊感

16. 危机介入的基本原则有（   ）。

A. 及时处理　　　　　B. 直接治疗　　　　　C. 限定目标

D. 输入希望　　　　　E. 恢复自尊

参考答案

一、单项选择题

1. A　　　考点：心理社会治疗模式的理论假设

2. C　　　考点：心理社会治疗模式的理论假设

3. A　　　考点：危机介入模式的特点

4. A　　　考点：危机发展的阶段

5. B　　　考点：心理社会治疗模式（直接治疗技巧）

6. D　　　考点：危机介入的基本原则

7. C　　　考点：心理社会治疗模式的特点

8. C　　　考点：危机介入的基本原则

9. B　　　考点：心理社会治疗模式的治疗技巧

10. D　　　考点：危机的分类

11. C　　　考点：行为治疗模式的治疗技术

12. B　　　考点：人本治疗模式的特点

二、多项选择题

13. ACD　　考点：专业合作关系的维持

14. BCD　　考点：心理社会治疗模式的非反思性技巧

15. BD　　考点：心理社会治疗模式对服务对象问题的假设

16. ACDE　考点：危机介入的基本原则

第二节　个案工作各阶段的工作重点

考纲		重要考点	星级标记
申请与接案	求助者的服务申请	详见教材	★★
	接案	详见教材	★★★
	专业关系的建立	详见教材	★★★
预估与问题分析	服务对象有关资料的收集	详见教材	
	服务对象问题的预估	详见教材	★★★
	服务对象问题的分析	详见教材	
制订计划	服务计划的制订	详见教材	★★★
	服务面谈内与服务面谈外的安排	详见教材	★★★
	服务协议的签订	详见教材	★★
开展服务	服务的推进	遵守3项原则	★★★
	专业角色的扮演	5种专业角色	★★★
	专业合作关系的维持	接纳；无条件关怀；真诚	★★
	链接社会资源与协调服务	社会资源的类型；链接社会资源的方式；服务的协调	★★★
评估与结案	结案	可以结案的5种情况；结案处置4项工作；结案3种形式	★★★
	成效评估	涉及3个方面	★★★
	跟踪服务	3个方面的任务	★★

习题精练

一、单项选择题

1. 许女士的儿子患有先天性脑瘫，一直由孩子的奶奶帮忙照顾，最近她丈夫被查出患有癌症，需要做手术，全家因而陷入混乱和痛苦中。许女士不知道如何是好，便找社会工作者老吕帮忙。根据个案工作各阶段的工作重点，此时老吕首先要做的是（　　）。(2023)

A. 肯定许女士的求助并确认求助意向　　　B. 与许女士商讨之后的个案服务计划

  C. 将许女士转介给医院的社会工作者 D. 对许女士的家庭情况开展问题评估

2. 14岁的小包与姐姐、祖父母一起生活，关系融洽。小包的父亲长年在外地打工，每逢春节才能回家，加上半年前姐姐突发疾病离世，小包心情沮丧，无心学习。小包的爷爷很担心孙子的未来，遂求助社会工作者小邱。小邱在预估和问题分析的基础上，着手制订服务计划。小邱的下列做法中，正确的是（ ）。（2023）

  A. 鼓励小包参与服务计划的制订过程 B. 小邱根据自己的技术特长制订计划

  C. 以小包爷爷的想法为重点制订计划 D. 以小包父亲的意见为主制订计划

3. 王女士找社会工作者小赵反映，她读初二的儿子沉迷手机游戏，不爱与人交流，希望小赵帮助他。经过预估与问题分析，小赵认为应将此案转介到其他机构。根据上述内容，小赵下一步最适宜的做法是（ ）。（2022）

  A. 直接告知王女士本机构不处理青少年网瘾问题

  B. 告知王女士能处理青少年网瘾问题的机构信息

  C. 邀请王女士到机构与其进行详细的预估会谈

  D. 与机构督导商量确定是否拓展相关戒瘾服务

4. 小徐今年35岁，有吸毒史，强制隔离戒毒后一直与父母生活在一起。目前，小徐已戒断毒瘾5年多，其间多次尝试寻找工作，但由于就业技能不足，均以失败告终。社会工作者小齐了解情况后，准备链接一些资源帮助小徐就业。从链接正式资源的角度，小齐适宜的做法是（ ）。（2021）

  A. 争取父母关心，给予鼓励支持 B. 积极联系朋友，拓展同伴资源

  C. 寻找相关机构，提供指导服务 D. 发动邻里捐款，提供经济援助

5. 社区社会工作者老齐在走访社区高龄老人时，发现85岁的秦爷爷有一个22岁的孙子小兵赋闲在家。秦爷爷悄悄告诉老齐，小兵游手好闲，还抽烟吸毒，家人都拿他没办法，请老齐帮助小兵。与小兵进行耐心细致的沟通交流后，老齐证实了秦爷爷的说法。针对上述情况，老齐恰当的做法是（ ）。（2020）

  A. 评估小兵问题的严重性 B. 告诉秦爷爷自己解决此问题

  C. 为小兵拟订服务计划 D. 转介小兵给禁毒社会工作者

6. 社会工作者："服务期间我们的谈话内容都会保密，没有您的书面同意，绝对不会泄露给无关人员。但是，如果有自我伤害或危及他人的情况，就不能保密。关于保密的规定，您需要我再解释吗？"上述会谈内容表明该个案服务正处于（ ）。（2019）

  A. 接案阶段 B. 诊断阶段

  C. 制订计划阶段 D. 评估阶段

7. 李大爷与邻居关系紧张，为此感到烦恼。一次与邻居吵架后，李大爷向社会工作者小张求助，小张热情接待了李大爷，并听他讲述了事情发展的整个过程。接下来，小张首先要做的是（ ）。

  A. 对其问题进行预估 B. 对其提供资源信息

  C. 对其制定干预目标 D. 与其签订服务协议

8. 服务对象孙大爷手术后回家休养，行动不便，社会工作者小马协助他联络到社区食堂送餐，并安排社区志愿者老李陪同孙大爷就医。上述服务中，社会工作者小马扮演的角色是（ ）。

  A. 使能者 B. 联系人 C. 倡导者 D. 治疗者

9. 个案的结案形式多种多样。在最后一次服务面谈中，下列做法中最适宜的结案形式是（　　）。

   A. 由社会工作者直接告诉服务对象需要结束服务

   B. 由社会工作者的同事告诉服务对象需要结束服务

   C. 由社会工作者的督导告诉服务对象需要结束服务

   D. 由社会工作者的领导告诉服务对象需要结束服务

10. 在预估与诊断阶段，社会工作者王某通过收集到的资料对服务对象李某进行问题成因分析。社会工作者王某首先分析服务对象问题发展变化的过程，看有哪些重要事件影响了服务对象李某。社会工作者王某主要采取了（　　）方式对李某进行了分析。

   A. 历史分析　　　B. 横向分析　　　C. 纵向分析　　　D. 缘由诊断

11. 社会工作者最近在撰写一份与服务对象张某有关的书面内容。在这份书面内容中，包括如下信息：

   （1）张某：男，江苏人，34岁，离异……

   （2）张某希望解决自己在离婚后酗酒的问题以及打骂孩子的问题

   （3）社会工作者主要采取：心理社会治疗模式解决张某的问题

   （4）服务的总目标是：解决张某酗酒问题和打骂孩子问题

   （5）服务的基本阶段以及采取的主要方法：×××××

   （6）服务开展的期限：××××

   （7）联系方式：×××

   请问，这份书面内容是（　　）。

   A. 个案资料　　　B. 服务计划　　　C. 问题分析　　　D. 服务协议

12. 在结案后，社会工作者针对服务对象的状况安排一些巩固练习并调动服务对象周围的资源，以及持续评估服务工作的效果。那么，社会工作者提供的以上服务属于（　　）方面的重要任务。

   A. 结案　　　B. 跟踪服务　　　C. 链接资源　　　D. 成效评估

二、多项选择题

13. 居委会工作人员向社会工作者小陆反映，居民马女士经常被丈夫殴打，想离婚但又担心无法应对未来的生活，希望小陆能帮助她。小陆计划为马女士开展个案服务，关于她与马女士建立专业关系的表述，正确的有（　　）。（2023）

   A. 小陆鼓励马女士要对自己有信心

   B. 小陆特别专注地倾听马女士诉说困扰

   C. 小陆应该接纳马女士对丈夫的依赖心理

   D. 小陆与马女士建立信任关系有助于服务开展

   E. 小陆与马女士专业关系的建立完全取决于她的合作意愿

14. 社会工作者老刘在个案服务的最后阶段，需要对服务效果进行评估。此时，老刘的评估内容有（　　）。（2021）

   A. 服务对象的改变状况　　　　　B. 个案服务目标的实现程度

   C. 个案服务的资源投入　　　　　D. 个案服务运用的策略

   E. 服务对象是否还存在其他问题

15. 张先生无业，文化程度低，自信心不足。社会工作者小刘对其开展服务时，一方面鼓励他建立自信，帮助他掌握新信息和知识；另一方面帮助他联系社区资源，为其提供就业机会。上述服务中，小刘扮演的角色有（　　　）。

A. 使能者 　　　　　B. 联系人 　　　　　C. 治疗者

D. 倡导者 　　　　　E. 教育者

16. 在个案服务中，社会工作者在收集完资料并对服务对象的问题进行评估之后，与服务对象一起制订计划。为了保证计划的完备，社会工作者应做到（　　　）。

A. 说明需要转介的情况

B. 准确分析服务对象的需要

C. 明确服务工作的目标、阶段和方法

D. 熟悉服务机构提供的具体服务

E. 了解服务对象拥有的资源

参考答案

一、单项选择题

1. A 　　考点：个案工作接案阶段的任务

2. A 　　考点：服务计划的制订

3. B 　　考点：接案工作中的转介

4. C 　　考点：社会资源的类型

5. D 　　考点：申请与接案阶段专业关系的建立

6. A 　　考点：个案工作各阶段的工作重点

7. A 　　考点：个案工作各阶段的工作重点

8. B 　　考点：开展服务阶段扮演的专业角色

9. A 　　考点：结案的形式

10. C 　　考点：服务对象问题的预估

11. B 　　考点：个案服务计划的基本内容

12. B 　　考点：评估与结案阶段的重要任务

二、多项选择题

13. ABCD 考点：个案工作申请与接案阶段（专业关系的建立）

14. ABC 　考点：评估与结案阶段评估的主要内容（正确运用评估类型）

15. ABE 　考点：开展服务阶段扮演的专业角色

16. BCDE 考点：服务计划的制订

第三节 个案工作的常用技巧

考纲		重要考点	星级标记
会谈	个案会谈的类型	5 种类型	★★
	个案会谈的安排	3 个方面的任务	★★
	个案会谈的技巧	支持性技巧：专注、倾听、同理心、鼓励	★★★
		引导性技巧：澄清、对焦、摘要	
		影响性的技巧：提供信息、自我披露、建议、忠告、对质	
记录	个案记录方式	文字记录、录音和录像	★
	个案记录的要求	详见教材	
	个案记录的作用	详见教材	
收集资料	会谈的运用	自我陈述；对答方式	★★
	调查表的运用	结构式调查表和非结构式调查表	
	观察的运用	参与观察和非参与观察	
	现有资料的运用	文献记录和实物	
制订服务计划	目标清晰而且现实	可观察；可测量；积极正向	★★★
	服务对象的范围明确	以服务对象为主；以服务对象身边的重要他人为参与者；以其他重要他人为支持者	
	策略合理	服务策略与服务目标一致；服务策略之间的协调	
评估	正确运用评估类型	详见教材	★★
	合理运用评估的方法	行为评估、问卷评估和心理测量相结合；问卷评估与心理测量相结合	★★★

习题精练

一、单项选择题

1. 在一次个案工作面谈中，社会工作者与服务对象有如下对话：

服务对象："最近我的状态不太好，快要到期末了，估计又有三门课要不及格了。我担心再这样下去，学校会让我退学，我其实也很想好好学习。"

社会工作者："我能理解，但您的想法与行动有一定的差距，您对此有什么打算吗？"

上述对话体现社会工作者运用的专业技巧是（　　）。（2023）

A. 对质　　　　B. 建议　　　　C. 忠告　　　　D. 对焦

2. 汪女士因遭受丈夫家暴，向社会工作者小华求助。在个案服务的第七次会谈中，汪女士和小华对话如下：

汪女士："谢谢你！因为有你的帮助我才可以面对被家暴这件事。"

小华："是你自己有勇气面对的。"

汪女士："我也不知道哪里来的勇气。"

小华："你能选择主动求助，就说明一直都很有勇气，只是你自己没发现而已。"

根据上述对话，小华采用的会谈技巧是（　　）。（2022）

A. 专注　　　　B. 倾听　　　　C. 同理心　　　　D. 鼓励

3. 服务对象小吴向社会工作者小张倾诉："我从来没有担心过高考，但是没想到考得这么差，平常不如我的同学都考得比我好，我挺难过的。不过后来觉得读大学不是唯一出路，不如直接去工作好了。但我父母一定要让我复读，他们觉得考上大学人生才有希望。我和他们吵了好几次，真的很烦。"小张运用同理心技巧，最适宜的回应是（　　）。（2021）

A."你本来学习挺好的，高考成绩却出乎意料，觉得自己非常失败，是吗？"

B."因为一次高考的失败，别人都比你考得好，你为什么就感到这么难过？"

C."因为你高考没考好，与父母之间的想法有冲突，所以你感到很难过。"

D."因为你高考不理想，所以你很失望和难过，对于未来，内心也有些矛盾。"

4. 王先生40岁，未婚，年幼时父母离异并各自重组家庭。最近，王先生身体不适，去医院检查后被诊断患有胃癌，需要手术治疗。他备受打击，心情烦闷。社会工作者介入后，为了帮助王先生应对这一变故，引导他说出了自己的成长过程及压力感受、与家人的关系以及对未来的期望。上述服务过程中，社会工作者运用的收集资料的方法是（　　）。（2020）

A. 结构访谈　　　B. 自我陈述　　　C. 评估调查　　　D. 直接观察

5. 在个案会谈中，针对服务对象错综复杂的情况，社会工作者与服务对象一起进行深度探索和分析，逐渐明确问题。这种会谈属于（　　）。（2019）

A. 治疗性会谈　　　　　　　　　B. 收集资料的会谈

C. 诊断性会谈　　　　　　　　　D. 一般性咨询会谈

6. 下列社会工作者的回应中，运用对焦技巧的是（　　）。（2019）

A."您提到与家人关系紧张和工作压力大，请具体讲一讲好吗？"

B."您提到与家人关系紧张和工作压力大，您还有其他需要补充的吗？"

C."您提到与家人关系紧张和工作压力大，请您说说最困扰的是哪个问题？"

D."您提到与家人关系紧张和工作压力大，但我觉得您最想说的不是这些问题。"

7. 服务对象："我就是想不通，我辛辛苦苦在家伺候老的小的，每天累个半死，还没人说我好。现在老公嫌我太土气，孩子觉得我唠叨，我也嫌自己没出息，怎么办呢？"

社会工作者："你真不容易！这些年你为家庭付出那么多却感觉没有被承认和尊重，你觉得很委屈和无奈，感觉自己的付出没有意义，是吗？"

这段对话中社会工作者运用的技巧是（　　）。

A. 鼓励和对焦　　　　　　　　　B. 同理心和对焦

C. 摘要和澄清　　　　　　　　　　　D. 同理心和澄清

8. 服务对象郭奶奶向社会工作者小王抱怨女儿几乎不来看她，她觉得自己被遗弃了，特别伤心和气愤，甚至提出要起诉女儿，希望得到小王的帮助。小王在安抚郭奶奶情绪的同时，对她说："女儿家庭负担很重，工作忙，可能对您关心不够，如果你们之间还没好好谈谈就采取法律手段，会激化矛盾，恶化关系。"小王采用的面谈技巧是（　　）。

A. 支持性技巧——鼓励　　　　　　　B. 引导性技巧——对质

C. 影响性技巧——忠告　　　　　　　D. 影响性技巧——中立

9. 实习生小张对督导说："为什么在个案会谈中，要求社会工作者看着服务对象，并有眼神交流，还要有上身略微前倾等这样的身体语言呢？"督导说："……这样你可以让服务对象感受到你对他的关心。"这属于支持性技巧中的（　　）。

A. 同感　　　　　B. 鼓励　　　　　C. 认同　　　　　D. 专注

10. 社会工作者小李对某服务对象说："我也有过和你差不多的经历，我可以对你说说我当时是怎么处理的，看看对你有没有帮助。不过这只是我的个人经验，不一定完全适合你。"上述对话中，小李采用的是影响性技巧中的（　　）。

A. 自我披露　　　B. 提供信息　　　C. 提供建议　　　D. 提出忠告

11. 社会工作者最近为一名长期对妻子实施家暴的男性开展个案会谈，在对其资料的记录中，社会工作者先这样写道：这位男性身材魁梧，其妻子娇弱可怜；这位男性长期酗酒，也没有正式工作；在访谈过程中，这名男性口口声声说爱自己的妻子。随后，社会工作者在记录本上又写道：该男子的妻子性格软弱，害怕自己的丈夫，但又不敢离他而去；该男子用酗酒来麻痹自己，逃避现实，说明其总是回避问题，不能完全发现自己的潜能。在这一段描述中，社会工作者的记录主要符合个案记录要求的是（　　）。

A. 个案记录的基本格式　　B. 事实与推断　　C. 现实与理想　　D. 缘由分析

12. 社会工作者采用"控制自己暴力行为的提升"作为服务目标，而不是"打骂孩子次数的减少"。社会工作者的这种服务目标，体现了服务目标制定的（　　）要求。

A. 可测量　　　　　B. 可改变　　　　　C. 可观察　　　　　D. 积极正向

二、多项选择题

13. 大学毕业生小云长得漂亮，身材高挑，刚入职就被已婚的部门领导看中。之后的两年该领导不断骚扰她，甚至在单位的公开场合也不避讳。这让小云非常苦恼，同事的议论更让她羞愧难当，为此她向社会工作者小汪求助。在与小云的会谈中，小汪运用了影响性技巧。下列回应中，属于该技巧的有（　　）。（2020）

A. "听了您刚才的话，我的理解是，您对领导的行为一直比较隐忍，是吗？"

B. "从法律上讲，您领导的行为违反了妇女权益保障法。"

C. "您可以礼貌拒绝或者告知他自己已有男友，让他知难而退。"

D. "如果您一直隐忍他，他可能会做出更加出格的事情。"

E. "遇上这样的人，而且还是自己的领导，真令人苦恼。"

14. 社会工作者小李在与流动儿童阳阳一家会谈的过程中，了解了阳阳的学习生活状况，与阳阳的父母讨论亲子沟通问题，布置家庭作业，鼓励阳阳父母陪伴孩子学习，并推荐阳阳一家参加亲子沟通训练营。在后续的服务中，小李跟进阳阳父母的家庭作业完成情况，并给予了进一步的辅导。小李与阳阳一家的会谈中，属于治疗性会谈的有（　　）。

A. 了解阳阳的学习和生活情况　　B. 与父母讨论亲子沟通面临的困扰

C. 鼓励阳阳父母陪伴孩子学习　　D. 跟进了解家庭作业任务完成情况

E. 提供亲子沟通训练营的资讯

15. 社会工作者制订个案服务方案的关键在于目标的设定。在制定服务目标时应注意的原则有（　　）。

A. 清晰具体　　　B. 现实可行　　　C. 灵活可变

D. 可以测量　　　E. 积极正向

16. 80岁的王先生丧偶多年，子女均在外地工作，他最近经历了一次轻微中风，经住院治疗后回到家中。医务社会工作者上门向他的护工了解其身体恢复情况和情绪状况，并察看其家具的摆放。另外，社会工作者还联系他的主治医生，看了他的病历，以便摸清王先生的需求，为他制订服务计划。在收集资料中，这位社会工作者运用的技巧有（　　）。

A. 会谈　　　　B. 观察　　　　C. 运用现有资料

D. 同理心　　　E. 澄清

参考答案

一、单项选择题

1. A　考点：影响性技巧（对质）
2. D　考点：个案会谈的支持性技巧
3. C　考点：个案会谈的技巧（同理心）
4. B　考点：个案工作中收集资料的技巧
5. C　考点：个案会谈的类型
6. C　考点：个案会谈的技巧
7. D　考点：个案会谈的技巧
8. C　考点：个案会谈的技巧
9. D　考点：个案会谈的支持性技巧
10. A　考点：个案会谈的影响性技巧
11. B　考点：个案记录的要求
12. D　考点：制定服务目标的要求

二、多项选择题

13. BCD　考点：个案会谈的影响性技巧
14. BCD　考点：治疗性会谈的目的与要求
15. ABDE　考点：制定服务目标的要求
16. ABC　考点：收集资料的技巧

第五章
小组工作方法

【本章复习提示】

本章主要介绍社会工作三大工作方法之一的小组工作方法，重要考点包括小组工作的类型、主要工作模式、各阶段小组工作的重点及常用技巧。

为有效复习，建议考生注意以下几个方面：①了解教育小组、成长小组、支持小组和治疗小组的特点，能结合具体的案例准确地区分；②掌握互动模式、发展模式的定义、特点和实施原则；③熟悉小组工作的各个阶段（准备阶段、开始阶段、转折阶段、成熟阶段和结束阶段）的特征，以及在这些阶段中社会工作者的任务和角色；④精确掌握小组工作的专业技巧（重点是沟通互动技巧、小组讨论技巧、小组活动设计技巧、小组评估技巧），着重应对考题在小组情境中的应用性考查。

摸底自测

一、单项选择题

1. 某医院妇产科开展了准妈妈小组活动，医务社会工作者小童通过交流分享、角色扮演等活动，让准妈妈们了解孕中、孕后可能产生的各种需求，并学习新的知识和解决问题的办法。从小组工作类型的角度看，该小组属于（　　）。（2023）

　　A. 成长小组　　　　B. 教育小组　　　　C. 支持小组　　　　D. 治疗小组

2. 在一次家庭育儿经验的小组讨论中，小组成员有以下对话：

　　组员甲："双十一，我囤了些果泥。"

　　组员乙："活动力度大吗？我买了2箱奶粉。"

　　组员丙："我也买了奶粉，比平时优惠了不少。"

　　随后，其他组员也纷纷推荐起自己购买的母婴产品。面对这种情况，社会工作者正确的做法是（　　）。（2023）

　　A. 及时小结　　　　B. 自我表露　　　　C. 及时限制　　　　D. 帮助梳理

3. 针对大四学生的就业压力问题，社会工作者老许开展了主题为"扬帆起航"的小组服务。在小组中，老许带领组员开展了一系列减压活动，运用示范、催化等技巧促使组员分享减压活动的感受，并针对组员在就业过程中遇到的问题提供咨询。上述小组活动主要体现了互动模式实施原则中的（　　）。（2022）

　　A. 开放性互动原则　　　　　　　　B. 使能者原则

　　C. 封闭性互动原则　　　　　　　　D. 积极参与原则

4. 在青少年艺术治疗小组中，社会工作者小徐和组员一起用手工材料制作了名为"我的力量来源"的作品。但在分享环节，组员因为不知道如何进行分享而陷入沉默。下列小徐的回应中，能够体现示范引导技巧的是（　　）。（2022）

　　A. "在分享环节，请大家先将自己的作品放在桌子上，然后用3分钟时间介绍一下作品。"

　　B. "我看到小汪制作了一本书，你能跟大家说说为什么会觉得书能给你带来力量吗？"

　　C. "我做的是一颗发芽的种子，它冲破束缚，茁壮成长，给逆境中的我带来向上的力量。"

　　D. "我发现大家都心灵手巧，做出了能够给自己力量的作品，哪位组员愿意分享一下？"

5. 社会工作者小胡为社区内的退役军人开展了"勇往直前"职业规划小组，旨在协助组员提升信心，适应角色变化并融入社会。在小组中，小胡带领组员分析了退役后自身的优势、劣势、机会和风险，激发组员的主观能动性，鼓励相互支持，规划事业发展方向。依据小组工作模式，该小组最有可能采用的是（　　）。（2020）

　　A. 互动模式　　　　B. 治疗模式　　　　C. 发展模式　　　　D. 社会目标模式

6. 社会工作者小顾在某养老机构开展了"朝花夕拾"高龄老人支持小组。下列场景中，可能出现在小组转折阶段的是（　　）。（2020）

A. 个别组员不愿结束小组，反映自己的问题没有解决，希望增加 1 次小组活动

B. 小顾与组员约定两个月之后举行"银龄聚会"，承诺自己会持续跟进服务

C. 组员行为拘谨、沉默被动，小顾运用"击鼓传花"游戏让组员进行自我介绍

D. 个别组员在"往事回顾"环节发生争执，小顾带领组员重温并调整小组契约

7. 社会工作者小刘为社区的残障人士开展了一系列的小组服务，经过几次小组活动，小组整体的开展状况良好，组员们变得更愿意交流沟通，并开始形成相互支持的局面。组员们自己商量、通过了议事机制，并在每次小组讨论中自觉运用。在担任小组工作员的这一阶段，社会工作者的角色是（　　）。

A. 处于核心位置，扮演领导者角色　　B. 处于边缘位置，扮演协调者角色

C. 处于边缘位置，扮演同行者角色　　D. 处于核心位置，扮演引导者角色

8. 社会工作者阿英为重症病人照顾者开展支持性小组。在第一次活动中，她先通过破冰游戏帮助组员相互认识，然后引导组员讨论小组的期望，最后通过组员们的分享，小组目标逐渐清晰。上述阿英的做法，体现本阶段小组工作的重点是（　　）。

A. 促进组员相互信任　　B. 促进阿英和组员相互信任

C. 促进组员相互支持　　D. 促进组员沟通能力逐步提升

9. 社会工作者小王正在开展一个外来务工人员子女成长小组。在其中一个小组活动中，小王安排了一个"T恤秀"的游戏，让组员在自己的T恤衫上画出自己印象中老家的房子，并向其他组员介绍自己的家乡。小王设计的这个游戏，有助于（　　）。

A. 促进组员积极表达，增进相互理解与支持

B. 应对抗拒行为，协调和处理组员间的冲突

C. 推动组员间形成相对稳定的关系结构

D. 保持小组经验，更好地适应社会生活

10. 社会工作者为社区服刑人员开设了厨师技能培训小组。在小组工作后期，社会工作者到多家餐厅探访，了解餐厅厨师的数量以及对厨师业务技能的要求，并将相关情况及时告知小组组员，以帮助组员将来顺利就业。社会工作者在以上工作中所扮演的角色是（　　）。

A. 信息的提供者　　B. 小组的领导者

C. 能力的促进者　　D. 组员的引导者

11. 在某个青少年网瘾治疗小组的结束阶段，组员小王不愿意接受小组即将结束的事实，在活动中对其他组员不理不睬，并出现因通宵上网而迟到的现象。为了让小王巩固已经改变了的行为，社会工作者应当（　　）。

A. 与小王一起制定小组规范　　B. 协助小王寻求家人和朋友的支持

C. 协助小王将认知转变为行为　　D. 与小王成为好朋友

12. 在某支持小组关于家庭关系的讨论中，有以下对话：

小组成员甲："我觉得生活压力太大了，每个月我要还3000多元的房贷，可我一个月才挣4000元多一点。我觉得活得太累了。"

小组成员乙："我不明白人为什么不能活得轻松一些。我也活得累，但我真不知道我为什么活得这么累。"

小组成员丙："每个人都不想累，可是累可能就是生活本来的状况，我找不到解决的办法。"

其他组员随后也议论纷纷。面对这种情况，社会工作者应该（　　）。

A. 及时进行小结　　　　　　　　B. 摘述成员表述

C. 适当自我表露　　　　　　　　D. 用引导的技巧指出讨论的方向，提示讨论的重点

二、多项选择题

13. "金彩生活"高龄老人支持小组即将进入尾声，组员纷纷表示不想结束小组，面对这一情境，下列社会工作者的做法中，正确的有（　　）。（2022）

A. 带领组员回顾小组契约，重申小组规则

B. 邀请组员分享在小组中的收获，巩固组员的改变

C. 营造开放气氛，协助组员探索内在恐惧和防御机制

D. 向组员建议可自行组织今后的活动，保持彼此之间的联系

E. 带领组员一同回顾小组历程，邀请组员分享未来生活规划

14. 社会工作者小冯在社区开展"美丽家园"垃圾分类志愿者骨干培育小组，在每一节小组中，小冯均安排了小组讨论与分享环节。下列情境中，需要小冯运用限制技巧的有（　　）。（2021）

A. 组员老张性格内向，不愿在小组中分享自己的观点

B. 组员完成了对垃圾分类志愿者职责分工的小组讨论

C. 组员老赵在志愿者排班问题上侃侃而谈，发言超过规定时间

D. 老郑和老魏对垃圾房开放时间意见不同，竞相争取小冯支持

E. 在讨论垃圾的区分方法时，组员老孙谈论哪种垃圾袋更好用

15. 社会工作者小田计划开展一个乳腺癌病友支持小组，旨在为初次手术存在紧张和忧虑情绪的乳腺癌病友提供支持。小田通过多种渠道招募小组成员，下列对象中，符合该小组组员筛选条件的有（　　）。（2020）

A. 甲，无法接受乳腺癌复发及二次手术后对身体形象的再次损伤，情绪低落

B. 乙，新确诊为乳腺癌且完成手术，但她不能接受身体残缺事实，经常流泪

C. 丙，三年前患食管癌，此次肿瘤转移，确诊为乳腺癌且完成手术，情绪稳定

D. 丁，新确诊为卵巢癌且完成手术，担心肿瘤复发，经病友推荐报名参加小组

E. 戊，新确诊为乳腺癌且完成手术，但不放心，看到招募海报，报名参加小组

16. 小组工作的展开和继续，需要有丰富多彩的小组活动的支持。因此，小组活动的设计就成为小组工作的一个重要技巧。下列关于小组活动设计考虑因素的说法中，正确的有（　　）。

A. 小组活动是实现小组目标的最主要工具

B. 小组活动的设计要考虑组员的个体性特征

C. 在小组中期转折阶段，可设计角色扮演以引导成员换位思考

D. 小组活动方案必须与小组目标保持一致

E. 不同阶段的小组活动都应包含分享环节，总结有益的经验

参考答案

一、单项选择题

1. B	考点：小组工作类型（教育小组）	
2. C	考点：限制的技巧	
3. A	考点：互动模式的实施原则	
4. C	考点：小组沟通与互动技巧	
5. C	考点：小组工作的模式	
6. D	考点：转折阶段组员的常见特征	
7. C	考点：成熟阶段社会工作者的角色和责任	
8. A	考点：开始阶段社会工作者的任务	
9. A	考点：小组各阶段社会工作者的任务	
10. A	考点：成熟阶段社会工作者的角色和责任	
11. B	考点：协助组员保持小组经验	
12. D	考点：小组工作技巧	

二、多项选择题

13. BDE	考点：小组结束阶段社会工作者的任务
14. CE	考点：小组讨论的限制技巧
15. BE	考点：小组准备阶段的组员招募与遴选
16. BCDE	考点：小组活动设计技巧

第一节 小组工作的概念、类型与特点

考纲		重要考点	星级标记
小组工作的概念界定	小组工作的概念	由社会工作者指导，将两个以上具有共同需求或相似社会问题的成员组织在一起而开展互动性活动的团体	★
	学术界对小组工作的内涵和外延的解释	内森、法利等对小组工作的界定	★
	小组工作的要素	小组工作定义包含4个要素	★★
	小组工作的综合定义	教材对小组工作的综合性定义	★★

续表

考纲		重要考点	星级标记
小组工作的类型	教育小组	教育小组的宗旨、应用领域、工作过程和需要重视的问题	★★★
	成长小组	成长小组的应用领域、目的、焦点、成长过程界定、典型案例	★★★
	支持小组	支持小组的界定、任务、典型案例，社会工作者在支持小组中的角色	★★★
	治疗小组	治疗小组的应用领域、对社会工作者的要求，社会工作者在治疗小组中的角色、典型案例	★★★
小组工作的特点与功能	小组工作的特点	4个特点	★★
	小组工作的功能	4个功能	★

习题精练

一、单项选择题

1. 某医院的社会工作者小王在调研乳腺癌患者需求时发现，很多患者存在焦虑情绪，并对自我产生怀疑，此外还缺乏医疗常识，经常会胡思乱想。为此，小王决定开设乳腺癌病友小组，帮助组员了解自身问题及其背后的社会原因，协助组员管理情绪和改变认知。该小组的类型是（　　）。（2021）

A. 教育小组　　　　B. 成长小组　　　　C. 治疗小组　　　　D. 支持小组

2. 社会工作者小张最近开设了一个小组，每周将医院里的白血病患儿的家长召集在一起，带领他们沟通交流照顾经验，共同探讨缓解心理压力的办法。该小组的类型是（　　）。

A. 教育小组　　　　B. 支持小组　　　　C. 成长小组　　　　D. 治疗小组

3. 社会工作者小张最近针对慢性病患者开展了小组工作。在小组中，组员们聚在一起，讨论病情，获得医疗信息，分享自己在治疗过程中的经验和体会，在交流中不断提升生活的信心。该小组的工作类型是（　　）。

A. 教育小组　　　　B. 成长小组　　　　C. 支持小组　　　　D. 治疗小组

4. 针对新手妈妈常见的育儿问题，社会工作者小张开设了一个主题为"新手妈妈训练营"的小组。在小组中，小张与医生、心理咨询师合作，为新手妈妈普及科学育儿、新生儿常见疾病预防、新生儿护理及行为等方面的知识。该小组的类型是（　　）。（2019）

A. 教育小组　　　　B. 成长小组　　　　C. 支持小组　　　　D. 治疗小组

5. 在小组工作的过程中，社会工作者小燕首先帮助小组中的成员认识到自我存在的问题；其次，帮助小组中的成员树立新的观念和新的视野；最后，小燕开展干预服务，降低组员的问题行为特征，从而达到改变组员自我的目的。请问，小燕开展的小组类型是（ ）。

  A. 支持小组   B. 教育小组   C. 成长小组   D. 学习小组

  6. 社会工作者拟为某监狱的服刑人员开展一个小组，目标是矫正他们的违纪行为。社会工作者最宜选择的小组类型是（ ）。

  A. 互助小组   B. 成长小组   C. 支持小组   D. 治疗小组

  7. 社会工作者小王最近在学校里为部分学生开展青春期教育小组工作，教育小组的宗旨是（ ）。

  A. 发挥自己的潜能

  B. 相互理解、相互支持

  C. 学习新知识，改变原来不正确的看法和解决方式

  D. 重塑人格

  8. 社会工作者小方最近为所在社区内的农民工开展小组工作。在小组工作的过程中，小方旨在帮助这些农民工了解、认识和探索自己；帮助他们最大限度地运用自己的内在以及外在资源，从而充分发挥他们的潜能，解决自身所存在的问题。社会工作者小方开展的是（ ）。

  A. 社交小组   B. 支持小组   C. 教育小组   D. 成长小组

  9. 社会工作者小慧最近为医院中的部分癌症患者开展了小组工作。在小组工作的过程中，组员们相互交流、相互支持，表达自己经历癌症的情绪感受。在小组中，组员们相互支持，相互理解，获得感情的慰藉。社会工作者小慧开展的是（ ）。

  A. 正式小组   B. 支持小组   C. 治疗小组   D. 成长小组

  10. 社会工作者晓婷最近为一个班的部分学生开展了小组工作。在工作过程中，晓婷将工作的焦点放在组员个人的成长和正向改变上。在晓婷看来，每个人都会遇到逆境，每个人都有潜能，我们要学会在逆境中挖掘自己的潜能并且提升自己的能力。社会工作者晓婷开展的是（ ）。

  A. 成长小组   B. 教育小组   C. 支持小组   D. 治疗小组

  11. 在小组工作的过程中，小组组员对其他成员的成长予以真诚和诚实的回应，对彼此表达接纳和肯定。通过这种接纳以及肯定，从而使小组中的成员彼此乐于学习并帮助他人，实现了小组成员的共同成长。同时，社会工作者作为指导者也会促进小组组员的相互学习以及相互合作。这体现了小组工作的（ ）功能。

  A. 提供被肯定的社会场景   B. 创造相互帮助、共同学习的机会

  C. 打造增能的社会支持网络   D. 塑造组员的平等意识

  12. 社会工作者小崔计划运用小组工作方法为大学新生提供一系列服务，下列针对大学新生开展的小组中，最能体现成长小组特点的是（ ）。（2021）

  A. "社交技能训练" 小组   B. "心理知识科普" 小组

  C. "自我管理" 小组   D. "守望相助" 小组

二、多项选择题

  13. 小组工作是社会工作的基本方法之一，它可以发挥多方面的作用，其基本特征包括（ ）。

A. 运用小组治疗性因素促进个体的改变与成长

B. 注重运用团体的动力

C. 组员之间有共同目标，相互依存和影响

D. 组员间必须共同进退，组员个别需要并不重要

E. 小组过程中，组员学会完全认同小组工作者的决策

14. 小悠是一名社会工作者，最近她准备为单亲家庭的孩子开展小组工作。请问这一小组工作大致涉及（   ）要素。

A. 社会工作者按照既定的目的带领和引导组员的过程

B. 小组工作是一种社会工作的专业方法

C. 社会工作者在小组工作中处于绝对的领导地位

D. 小组组员相互影响，通过面对面的互动共同解决面临的问题

E. 小组成员之间经验的相互影响，从而改善服务对象的社会功能

15. 社会工作者最近为社区矫正对象开展"星星点灯"小组工作。以下说法中，正确的是（   ）。

A. 该小组最适合的类型是支持小组

B. 强调组员之间关系建构，达到组员的相互支持，获取共同体的归属感

C. 强调组员充分发挥自己的潜能

D. 治疗组员的心理和社会行为问题

E. 该小组是治疗小组

16. 下列关于小组工作的定义虽然各不相同，但大致涉及（   ）要素。

A. 小组工作是一种社会工作的专业方法

B. 小组工作是社会工作者按照既定目标带领和引导的一个过程

C. 小组组员在小组过程中面对面地互动，互相影响，共同解决所面对的问题

D. 小组以组员之间经验的相互影响和分享，从而达到改善服务对象的社会功能，促进个人或群体的健康成长的社会目标

E. 小组可以划分为不同类型

参考答案

一、单项选择题

1. C   考点：小组工作的类型
2. B   考点：小组工作的类型
3. C   考点：小组工作的类型
4. A   考点：小组工作的类型
5. B   考点：小组工作的类型
6. D   考点：小组工作的类型
7. C   考点：教育小组的宗旨
8. D   考点：小组工作的类型

9. B　　考点：小组工作的类型
10. A　　考点：小组工作的类型
11. B　　考点：小组工作的功能
12. C　　考点：成长小组的特点

二、多项选择题
13. ABC　　考点：小组工作的特点
14. ABDE　考点：小组工作的要素
15. DE　　考点：小组工作的类型
16. ABCD　考点：小组工作的要素

第二节　小组工作的模式

考纲	重要考点		星级标记
互动模式	互动模式的含义	互动模式的目的、焦点	★★
	互动模式的实施原则	服务对象、目标、社会工作者的角色	★★
		3个实施原则	★★★
发展模式	发展模式的定义	目的、应用领域	★★
	理论基础	发展模式的理论基础	★★★
		发展模式的核心、焦点	★★★
		服务人群的特点	★★
	发展模式的实施原则	发展模式下小组工作的特点	★★
		2个实施原则	★★★

习题精练

一、单项选择题

1. 社会工作者小程计划运用发展模式，为社区内亲子关系紧张的家庭开展小组活动。下列小组活动中，体现发展模式中"使能者"原则的是（　　）。（2023）

A. "七嘴八舌话困境"：讨论家庭当前面临的亲子问题

B. "换个角度看家庭"：以角色扮演再现家庭沟通模式

C. "齐心协作立契约"：开放讨论小组应当遵循的约定

D. "立足当下寻资源"：发掘自身资源并寻找解决方案

2. 社会工作者小魏计划为社区中刚退休的居民开设了一个主题为"金色年华"的小组，协助他们较好地度过退休生活适应期，促进退休人员继续社会化，提升其社会功能。小魏最有可能运用的小组工作模式是（　　）。（2021）

　　A. 治疗模式　　　B. 社会目标模式　　C. 互动模式　　　D. 发展模式

3. 社会工作者老刘发现社区中部分中年人文化程度低，职业技能不足，缺乏职业信心，为此，老刘为他们开设了一个小组。在小组中，老刘讲述了低保对象老梁自强自立，通过培植多肉植物成功创业的故事，启发组员重新认识自我，积极寻找战胜困难的办法。上述老刘的做法，体现小组工作发展模式的实施原则是（　　）。（2019）

　　A. 开放互动　　　B. 迅速解决问题　　C. 激发潜能　　　D. 促进平等参与

4. 针对儿童养育过程中父亲参与度不足的问题，社会工作者小罗开设了主题为"携手共成长"的小组，旨在搭建沟通平台，帮助父亲更多地交流养育经验，参与孩子培养。该小组属于（　　）。

　　A. 互动模式　　　B. 行为治疗模式　　C. 发展模式　　　D. 社会目标模式

5. 社会工作者小李拟为社区青年志愿者开展小组服务。在小组活动中，小李计划让组员交流志愿服务中积累的经验和体会，表达遇到的困惑，依托集体的力量，激发组员的潜能。小李的设计是以（　　）为基础的。

　　A. 发展模式　　　B. 任务中心模式　　C. 治疗模式　　　D. 社会目标模式

6. 社会工作者小张采用互动模式开展了一个"睦邻屋"小组，旨在增加流动儿童与本地儿童的交流，促进流动儿童的社区适应与融合。下列关于该小组的说法，最准确的是（　　）。

　　A. 该小组虽然是个互动小组，但仍应考虑服务流动儿童的补救性目标

　　B. 鉴于儿童的性格和行为特征，小张在带领小组时应做好控制者角色

　　C. 小组主要围绕社区适应问题，小张应将其目标主要聚焦于流动儿童

　　D. 小张可以运用激励和示范等技巧，提高组员之间互动的频率和质量

7. 学校社会工作者张某招募10名高二学生，就如何提高学习动力，运用互动模式开展小组工作。下列说法正确的是（　　）。

　　A. 互动模式旨在帮助组员了解、认识和探索自己

　　B. 在互动模式中组员一般来自行为出现问题的人群

　　C. 互动模式强调组员间的平等以及个体独立性

　　D. 互动模式主要帮助组员学习新知识和新方法

8. 社会工作者开设残疾人就业援助小组，刚开始时，组员很少主动讲话，更不愿意谈就业中遇到的失败经历。社会工作者运用催化、示范、提升咨询等方法和技巧，促使组员获得更多与社会良性互动的体验，社会工作者鼓励组员不断积累找工作的经验，让部分获得工作的组员在小组中分享其成功经验。上述过程中，社会工作者遵循了小组互动模式中的（　　）原则。

　　A. 封闭性互动　　　　　　　　　B. 平等性互动
　　C. 开放性互动　　　　　　　　　D. 个别性互动

9. 在互动模式下，小组成员通过与其他组员的沟通、理解、互动达成共识，共同实现小组的目标并由此获得个人的发展。这体现了小组互动模式中的（　　）原则。

　　A. 开放性的互动　　　　　　　　B. 平等性的互动

C. "面对面"的互动 　　　　　　　　D. 全面性的互动

10. 社会工作者肖某准备运用发展模式为家庭暴力的受害者开展小组工作，在工作中，肖某关注的焦点是（　　　）。

A. 家庭暴力受害者社会功能的提升

B. 家庭暴力受害者身体受伤情况

C. 家庭暴力受害者和配偶及其他人的互动情况

D. 家庭暴力受害者潜力的发掘和应用

11. 社会工作者小张在开展小组工作的过程中，鼓励组员积极参与小组内的活动，并且鼓励组员积极表达自己，在小组中找出共同的兴趣和目标，形成一种积极的互助关系。小张运用（　　　）开展小组工作。

A. 社会目标模式 　　　　　　　　　B. 互动模式

C. 治疗模式 　　　　　　　　　　　D. 发展模式

12. 社会工作者小柳为其所在社区的退休老人开展了退休生活适应小组。小柳协助这些老人正视自己的角色变化，学习适应退休后的生活。在小组内，有些退休老人主动表达自己的困惑，有些老人提出发展的意见，在小组内各位老人积极分享和学习发展的经验。小柳也提出一些发展性的意见，最后提升了这些老人适应退休生活的能力。题目中的小组属于（　　　）下的小组工作。

A. 行为治疗模式 　　　　　　　　　B. 互动模式

C. 发展模式 　　　　　　　　　　　D. 心理社会治疗模式

二、多项选择题

13. 社会工作者小赵设计了"爱的沟通"亲子平行小组。在第四节小组活动中，小赵设计了"今天我是你：亲子换位角色扮演""我想对你说：亲子沟通零距离""家庭辩论赛：良好的亲子关系关键在于谁？""齐心议对策：专家指导共建良好的亲子沟通模式"等环节，邀请家长和子女共同参与。上述小组活动的设计，主要体现了互动模式中的（　　　）。（2020）

A. 开放性原则　　　B. 平等性原则　　　C. "面对面"原则

D. 建构性原则　　　E. "使能者"原则

14. 发展模式的假设前提包括（　　　）。

A. 人有潜力做到自我意识、自我评价和自我实现

B. 人能够意识到他人的价值、评价他人，并与他人形成互动

C. 小组工作的焦点在于互动关系及其效果

D. 人能够意识到小组的情境，评估小组的情境，并在小组中采取行动

E. 小组目标是促使组员之间、组员与小组和社会系统之间达到开放，实现良性的互动

15. 社会工作者吴某最近为社区内的低收入人群开展小组工作，吴某运用发展模式为其开展活动。下列选项中，符合发展模式实施原则的是（　　　）。

A. 帮助组员学习新知识、新方法和新观点，改变过去错误的观点和行为

B. 倡导组员积极参与，主动表达自己的困惑或关于发展的建议

C. 促使组员之间、组员与小组和社会系统之间达到开放

D. 社会工作者扮演使能者的角色，支持组员通过活动，相互帮助，激发潜能

E. 社会工作者扮演协调者的角色，在小组中处于"边缘化"位置，让组员协商问题，并促进问题的解决

16. 社会工作者小王计划运用互动模式设计戒毒康复人员互助小组。小王设计的下列小组活动内容中，符合互动模式实施原则的有（　　　）。

A. "角色模拟"：在高危情境中学会拒绝

B. "巧舌如簧"：就尿检利弊问题展开辩论

C. "同伴示范"：同伴分享戒毒的心路历程

D. "授业解惑"：专家讲述戒毒过程中的生理反应

E. "回报社会"：重阳节组织组员为敬老院老人服务

参考答案

一、单项选择题

1. D　　考点：发展模式的实施原则

2. D　　考点：小组工作的模式

3. C　　考点：小组工作的发展模式

4. A　　考点：小组工作的模式

5. A　　考点：小组工作的模式

6. D　　考点：互动模式的实施原则

7. C　　考点：互动模式的实施原则

8. C　　考点：互动模式的实施原则

9. B　　考点：互动模式的实施原则

10. A　　考点：发展模式关注的焦点

11. D　　考点：小组工作的模式

12. C　　考点：小组工作的模式

二、多项选择题

13. ABC　　考点：互动模式的实施原则

14. ABD　　考点：发展模式的假设前提

15. BD　　考点：发展模式的实施原则

16. ABC　　考点：互动模式的实施原则

第三节 小组工作的过程

考纲	重要考点		星级标记
准备阶段	组员的招募及遴选	招募成员的 5 个渠道	★★
		遴选和评估的 6 个要件	★★★
		确定组员依据及后续工作	★
	确定工作目标	总目标与具体目标的定义与区别	★★
		具体目标中，沟通目标、过程目标、实质目标和需求目标的定义与区别	★★★
		确定小组目标需要遵循的 5 个原则	★★★
	制订工作计划	小组工作计划书的内容框架	★★★
	申报并协调资源	申报资源的内容，申报的意义、影响和限制	★
	小组的规模与工作时间	影响小组规模大小的 6 个因素，学者存在的争论，不同规模的小组具有不同的功能	★★
		小组工作的时间包含 4 个方面的内容	★★
	活动场地及设施的选择和安排	3 项前期性的物资准备事宜	★★
开始阶段	开始阶段组员的一般特点	4 个特点	★★★
	社会工作者的任务	社会工作者应重点做 6 项工作	★★★
	社会工作者的角色和责任	社会工作者需要扮演的工作角色	★★★
转折阶段	组员的常见特征	最常见的 3 项显著特征	★★★
	社会工作者的任务	5 项工作任务	★★★
	社会工作者的角色和责任	社会工作者权利、地位和角色的演变	★★★
成熟阶段	小组的后期工作阶段也是小组的成熟阶段	良性的成熟阶段的标志	★
	小组及组员的一般特点	这一时期小组的 4 个主要特点	★★★
	社会工作者的任务	社会工作者 4 个方面的工作重点	★★★
	社会工作者的角色和责任	社会工作者在此阶段 3 个主要责任和角色	★★★

续表

考纲	重要考点		星级标记
结束阶段	小组及组员的一般特点	组员情绪和小组结构的具体变化表现	★★★
	社会工作者的任务	处理好组员的离别情绪与感受，协助组员保持小组经验	★★★
	做好小组评估	社会工作者自评、组员自评和观察人员或督导评估的具体做法	★★
	社会工作者的角色和责任	重回中心地位，社会工作者主要的责任和角色	★★★

习题精练

一、单项选择题

1. 在某儿童家庭照顾者小组组员招募过程中，社会工作者小范正对组员候选人进行遴选和评估。通过梳理总结，小范发现候选人希望通过小组活动学习儿童心理健康知识、儿童兴趣爱好培养的方法和儿童家庭照顾技巧等内容。上述内容主要体现了小组工作组员遴选和评估的条件是（   ）。(2023)

A. 文化水平
B. 共同的兴趣或愿望
C. 家庭状况
D. 对某些问题的认知

2. 某社区青年志愿者成长小组处于结束阶段。下列回应中，最能体现该阶段社会工作者任务的是（   ）。(2023)

A. "今天我们进行角色扮演，分享一下大家当下的心理感受吧。"
B. "为了帮助我们今后更好地开展服务，请大家填写一份小组评估问卷。"
C. "大家对志愿服务意义达成了共识，今天我们讨论如何更好地开展服务。"
D. "大家在小组中很有收获，今天我们再谈谈如何在生活中保持小组经验。"

3. 社会工作者小乔在某中学为老师开设性别平等教育小组。小乔在一次小组活动结束后撰写小组记录，回顾和梳理组员的表现：组员沉默、观望者较多，有的组员经常询问在小组中应该做什么；组员之间比较客气礼貌，相互之间讨论较少。此时，该小组最有可能处于（   ）。(2022)

A. 开始阶段   B. 转折阶段   C. 成熟阶段   D. 结束阶段

4. 在小组活动开展过程中，社会工作者老汤发现组员莉莉最近经常迟到，分享也不如以前积极，有时还会故意转移话题，影响活动进程。为了改变这种状况，老汤最适宜的做法是（   ）。(2022)

A. 放任莉莉，把关注重点转移至其他的组员
B. 运用游戏活跃气氛，以鼓励莉莉回归小组
C. 制订新计划，让莉莉和其他组员协作完成

D. 调整活动时间和地点，方便莉莉参与活动

5. 社会工作者小戴为酗酒成瘾者开设了一个戒除酒瘾的匿名小组。在制订小组计划时，小戴围绕戒除酒瘾的总目标确定了阶段性目标。下列目标设置中，属于阶段性目标的是（　　）。（2021）

    A. 降低组员的饮酒频率　　　　　　　B. 协助组员面对人格缺陷

    C. 改善组员的人际沟通　　　　　　　D. 协助组员参与志愿服务

6. 社会工作者小吴面向失智老人照顾者开设了一个6节的小组活动，在第3节小组活动中，组员小华和小郑在分享照顾失智老人经验时发生争执，双方都认为自己的照顾方法是最好的。针对小组这一阶段的特点，小吴恰当的做法是（　　）。（2021）

    A. 了解小华和小郑各自对失智老人照顾者小组的期望和目标

    B. 帮助小华和小郑把小组中学到的照顾技巧转变为实际行动

    C. 帮助小华和小郑理解照顾失智老人经验背后的价值观差异

    D. 帮助小华和小郑寻求重要他人支持以维持在小组中的改变

7. 社会工作者小石面向住院肠癌患者开展了病友支持小组。目前小组进入尾声，组员即将离开小组，个别组员产生失落感，希望小组能够继续。下列小组活动中，适合在这一阶段开展的是（　　）。（2021）

    A. 认识你：进行自我介绍　　　　　　B. 契约权：制定小组契约

    C. 空椅子：对话内心深处　　　　　　D. 向前看：模拟出院生活

8. 在一次小组服务中，社会工作者对组员说："为了确保每次小组都能顺利进行，接下来，请大家在贴纸上写下你认为在小组中应遵守的规则，写好后贴在白板上。"社会工作者的这段话最有可能出现在小组工作的（　　）。（2020）

    A. 准备阶段　　　　　　　　　　　　B. 开始阶段

    C. 中期转折阶段　　　　　　　　　　D. 后期成熟阶段

9. "粉红丝带"乳腺癌病友小组的最后一节活动中，有组员表示定期参加小组活动已成为日常生活的组成部分，小组结束后，自己感到很失落。其他组员也纷纷表示不愿意结束小组。对此，社会工作者应该（　　）。（2020）

    A. 开展"医患面对面"活动，让医生分享康复期用药、运动的知识

    B. 开展"我与你同在"活动，邀请已康复的病友分享战胜病魔的经验

    C. 开展"破茧成蝶"活动，邀请组员分享对未来的期望和信心

    D. 开展"我和乳腺癌病的故事"，讲述乳腺癌病对生活造成的影响

10. 某社会工作服务机构开设了夫妻关系协调小组，社会工作者以家庭生命周期为主线，带领组员分享夫妻沟通的经验，探索解决夫妻矛盾的方法。在小组的结束阶段，社会工作者的主要任务是（　　）。（2019）

    A. 模拟生活环境，让组员巩固学习到的夫妻沟通技巧

    B. 营造开放气氛，帮助组员探索内在恐惧和防卫机制

    C. 鼓励组员进一步自我探索，反省夫妻矛盾的成因

    D. 重新调整小组的规范和契约，鼓励组员独立自主

11. 社会工作者小关开设了一个青少年同辈关系改善小组。经过四次小组活动，组员关系更为亲密，对小关的依赖逐渐减弱，小关也致力于提升组员的自我管理和自我决策能力。此时，小关的主要角色是（　　）。

A. 促进者　　　　B. 辅导者　　　　C. 调解人　　　　D. 决策者

12. 在外来务工妇女支持小组的第一次活动中，面对组员的沉默谨慎和被动，社会工作者的工作重点是（　　）。

A. 帮助组员建立信任关系　　　　B. 协助组员解决问题

C. 帮助组员保持小组经验　　　　D. 协助处理小组冲突

二、多项选择题

13. 在一个亲子关系小组中，社会工作者小杨正在与组员一起制定小组规范，以管理和协调组员行为。下列小组规范的内容中，属于秩序性规范的有（　　）。

A. 小组的基本精神是平等、开放、保密、非批判及团结合作

B. 当遇到意见分歧时，大家必须就事论事，不能进行人身攻击

C. 在组员发言时，其他组员应该认真聆听，尽量不要交头接耳

D. 每位组员都是小组不可或缺的一分子，是小组活动的参与者

E. 组员应该是小组的主导者，由大家共同设计和把握小组过程

14. 社会工作者小刘为家暴受害妇女开设支持性小组，旨在提升她们的自尊感及面对家庭暴力的勇气和能力。在小组开始时有些组员因相互不熟悉，怕说错话，表现出小心谨慎与相互试探。为营造信任的小组气氛，下列小刘的做法中，正确的是（　　）。

A. 强调组员的相似性，以增强小组的凝聚力

B. 适当控制小组进程，倾听组员诉说受暴经历

C. 运用角色扮演的方法，重现组员当时受暴的情境

D. 创造机会让组员表达想法，促进相互回馈和关怀

E. 主动与组员沟通，运用同理心，倾听并真诚回应

15. 社会工作者小燕带领的"幸福家庭学习小组"进入结束阶段，她组织组员进行了自评。下列属于小组自评内容的有（　　）。

A. 小组的效能　　　　B. 参加小组过程的感受

C. 工作人员的技巧运用　　　　D. 组员之间的互动过程

E. 参加小组的目标是否达成

16. 在小组转折阶段，组员之间的沟通和互动比初期有所增强，但自我肯定、安全感与良好互动尚未完全实现，组员之间会在价值观、权利位置等方面产生矛盾和争执。这一阶段，小组的常见特征有（　　）。

A. 多数组员认同小组　　　　B. 小组的凝聚力极大增强

C. 组员互动中表现出防卫心理　　　　D. 角色竞争中存在冲突

E. 小组的关系结构趋于稳定

参考答案

一、单项选择题

1. B　　考点：小组工作组员遴选和评估

2. D　　考点：小组结束阶段社会工作者的任务

3. A 考点：小组开始阶段组员的一般特点

4. B 考点：社会工作者在小组转折阶段的任务

5. A 考点：小组工作过程（确定工作目标）

6. C 考点：小组转折阶段社会工作者的任务

7. D 考点：小组结束阶段社会工作者的任务

8. B 考点：小组工作过程的开始阶段

9. C 考点：小组结束阶段社会工作者的任务

10. A 考点：小组结束阶段社会工作者的任务

11. A 考点：社会工作者在小组各阶段的角色

12. A 考点：小组开始阶段社会工作者的任务

二、多项选择题

13. BC 考点：小组的秩序性规范

14. ADE 考点：小组开始阶段营造信任的小组气氛的做法

15. ABE 考点：小组结束阶段组员自评的内容

16. ACD 考点：转折阶段组员的常见特征

第四节　小组工作技巧

考纲		重要考点	星级标记
沟通与互动技巧	与组员沟通的技巧	与组员沟通的7个技巧考的频率非常高，尤其是案例情境题，务必达到理解和应用分析的程度	★★★
	促进组员沟通的技巧	促进组员之间沟通的5个技巧	★★★
小组讨论的技巧	小组讨论的事前准备	小组讨论的事前准备6个技巧	★★★
	主持小组讨论	主持小组讨论的10个技巧	★★★
小组活动设计技巧	扣紧小组目标	设计好与这些阶段相适应的小组活动方案，注意能够结合各阶段特点来鉴别不适合的活动	★★★
	考虑组员的特征及能力	注意能够从生理、心理、情绪、教育程度等个体性特征来识别不适合某类群体的小组活动	★★★
	小组活动的基本要素	小组活动设计都必须包含的基本要素	★★
	经验分享环节	经验分享环节的做法	★★

续表

考纲		重要考点	星级标记
小组评估技巧	小组工作的评估类型	过程评估和结果评估的概念与区别	★★
		组前计划评估、小组的需求评估、小组过程评估、小组效果评估的概念、做法和区别	★★★
	评估的一般流程	6个步骤的工作流程	★★★
	评估资料的收集	常用的四种测量工具	★★
		资料收集过程中要考虑3个因素	★★
		资料收集常见的两个问题	★★★

习题精练

一、单项选择题

1. 在某减压小组讨论中，社会工作者与组员有以下对话：

组员："我觉得有些压力是自己造成的，比如说在工作时，如果每一项任务都完成得很顺利、很完美，就会自然而然地要求自己完成下一项任务时也要同样完美。事实上，很多事情并不会像自己想象的那样，因此也没必要设定那么高的期待。"

社会工作者："你觉得有时候对自己要求太高了，也会带来压力，因此要降低自我期待，是这样吗？"

上述对话中，社会工作者所用的技巧是（   ）。（2023）

A. 摘述　　　　　B. 鼓励　　　　　C. 引导　　　　　D. 了解

2. 在"为爱出发"亲子小组中，社会工作者小曹邀请组员分享亲子互动故事以识别并探讨家庭沟通模式。当小曹邀请小姜发言时，小姜还没开口，她妈就抢先说："她一直就是这个样子，不爱搭理人，问她也没用。"小姜对此欲言又止。面对这一情境，小曹最适当的回应是（   ）。（2022）

A. "刚刚小姜妈妈说了小姜的情况，其他家庭是怎么看的？有没有遇到过类似的情况呢？"

B. "小姜妈妈，您可以详细说说女儿的情况吗？她平时在学校和家里也是这样不爱说话吗？"

C. "小姜妈妈，您这样的做法是不恰当的，就是因为您这样的说话方式才让孩子不敢说话的。"

D. "小姜妈妈，我看到小姜这一次好像想要说说自己的观点，让我们听听她怎么说，好吗？"

3. 在小组活动的"生命回顾"分享环节，社会工作者小徐和组员一起听高奶奶分享自己过去的经历，高奶奶的普通话不太标准，担心别人听不懂，越来越着急。针对这一情

况，小徐最恰当的回应是（　　）。（2022）

A. "您说的故事，以前我从来都没有听说过啊！"

B. "我没有听懂您说的话，您再重新说一遍好吗？"

C. "高奶奶您别着急，慢慢说，我们大家都在听。"

D. "高奶奶您先休息一下，再想想，先请张爷爷说。"

4. 下列小组工作记录方法中，属于摘要式记录的是（　　）。（2020）

A. 使用录音录像等手段记录组员表现

B. 叙事性地将小组活动过程记录下来

C. 围绕小组关注的焦点问题进行记录

D. 记录小组过程中已发生的重要事件

5. 在一个情感探索小组中，社会工作者小何发现组员小李每次都想发言。当轮到其发言时，他又常说："我再想想吧。"当这种情况第 3 次出现时，小何说："您可以想到哪儿说到哪儿，如果后面又有新的想法，可以下一次补充。"小何的回应，采用的技巧是（　　）。（2021）

A. 中立　　　　　　B. 鼓励　　　　　　C. 引导　　　　　　D. 澄清

6. 在大学生职业规划小组中，组员小芬和小芳就毕业后直接工作还是继续读研究生产生了争执。社会工作者对此进行了回应："刚才，小芬和小芳分别发表了自己的观点。先工作可以更早适应社会，实现经济独立，但在后期职业晋升时可能会因学历受到限制。继续读研究生则能培养研究能力，提升未来工作的竞争力，但无法积累工作经验。"上述社会工作者的回应，运用的小组工作技巧是（　　）。（2019）

A. 鼓励　　　　　　B. 示范　　　　　　C. 限制　　　　　　D. 中立

7. 社会工作者小常为社区青少年开设了主题为"远离毒品，健康成长"的小组，在小组活动中，小常组织青少年观看禁毒主题动漫宣传片，并带领组员进行讨论，他发现有些组员发言积极，但常常跑题；有些组员很少说话，甚至沉默不语。针对这种情况，小常运用引导性技巧时，最适宜的做法是（　　）。

A. 指定沉默的组员参与轮流发言　　　B. 适时在小组讨论过程中形成真空

C. 提示小组讨论重点与讨论方向　　　D. 邀请每位组员用两分钟的时间分享

8. 社会工作者小刘为老年人开设了园艺小组，旨在加强老年人之间的沟通交流，增强老年人的自信心。在第四节小组讨论时，王爷爷和孙奶奶因种植月季花的方法不同而产生了严重争吵，两人都希望小刘支持自己。这时，小刘适宜的做法是（　　）。

A. 保持沉默不回应，要王爷爷和孙奶奶自己处理争执

B. 保持中立，分析各种种植月季花方法的优点和不足

C. 与王爷爷和孙奶奶澄清冲突本质，让组员表决支持哪一方

D. 婉转地指出王爷爷和孙奶奶的不对之处，并马上结束该小组

9. 社会工作者针对儿童养育中父亲参与程度不足的问题，设计了"携手共成长的亲子训练营"小组活动，招募了社区 10 对父子为小组成员。在设计该小组方案时，社会工作者首先要考虑的是（　　）。

A. 组员的特征　　　B. 小组的目标　　　C. 活动的安排　　　D. 可支配资源

10. 某小组目标旨在提升家长管教子女的技巧，在一次组员分享活动中，组员甲说："我觉得自己真失败，根本无法成为一个好妈妈。"组员乙说："我也有同样感觉，当一个

好家长太难，真是力不从心。"组员丙接着说："我觉得这个社会的问题太多，我不知道怎么才能成为好爸爸。"此时，社会工作者拟用提问技巧深入了解原因，其适当的表述是（　　）。

    A."你们的发言好像跑题了，让我们回到主题好吗？"

    B."你们的发言各有各的道理，家家都有一本难念的经，是不是这样？"

    C."你们的发言说到想做个好爸爸好妈妈真不容易，我们在下周小组活动中将重点讨论这个问题。"

    D."你们的发言说到各种感觉，能不能描述一下让你们产生这种感觉的具体事件？"

11. 在一次小组活动中，一位组员诉说了自己以往遇到挫折时的感受。社会工作者对他表示理解，并说："在过去的两年里，您经历了许多痛苦，失业了，又离婚了。我能体会您的心情。如果我也经历这些事，我不知道会不会处理得像您一样好。"社会工作者的上述回应中，采用与组员沟通的技巧是（　　）。

    A. 交流信息　　　　B. 适当帮助梳理　　　　C. 积极回应　　　　D. 适当自我表露

二、多项选择题

12. 在"医路同行"肿瘤患者照顾者减压小组中，社会工作者小戚设计了"压力面面观"，邀请组员讲述压力来源及减压方法，引发了组员的热烈讨论。在下列情境中，需要小戚运用限制技巧的有（　　）。（2022）

    A. 徐阿姨谈到异地就医中的问题，引发了组员对地区医疗差异的讨论

    B. 吴先生详细介绍了妻子辗转就医的经历，严重超出了规定的发言时间

    C. 陈奶奶讲述了其他年轻病友因患病无法工作并对家人产生的内疚感

    D. 一向沉默寡言的张叔叔首先发言，讲述了儿子病情变化带来的压力

    E. 奚叔叔讲述无法平衡工作和照顾家庭带来的压力，介绍了减压方法

13. 社会工作者小张为社区精神障碍康复者开展职业技能训练小组活动。下列内容中，适宜该小组的有（　　）。（2023）

    A. 职业着装训练　　　　　　　　B. 简历制作学习

    C. 服药时间管理　　　　　　　　D. 面试技巧交流

    E. 运动康复训练

14. 有效的小组评估需要制订一份完整、具体的评估方案。社会工作者在制订小组评估方案时，应该考虑的重点有（　　）。

    A. 督导评价　　　　B. 同事评价　　　　C. 评估对象

    D. 评估指标　　　　E. 评估目的

15. 社会工作者小柳在"大学新生入学适应"小组中，与组员分享了自己上大学的经历，及时向组员传递尊重、接纳与鼓励，并简明扼要复述组员发言中的主要观点和重要信息，使其具有条理性和逻辑性。在此过程中，小柳采用的与组员沟通的技巧有（　　）。

    A. 专注与倾听　　　　B. 鼓励组员相互表达　　　　C. 适当自我表露

    D. 帮助组员相互理解　　　　E. 及时进行小结

参考答案

一、单项选择题

1. A   考点：摘述的技巧
2. D   考点：主持小组讨论的技巧
3. C   考点：与组员沟通的技巧
4. D   考点：评估资料的收集（小组记录方式）
5. B   考点：主持小组讨论的技巧
6. D   考点：主持小组讨论的技巧
7. C   考点：引导的技巧
8. B   考点：主持小组讨论的技巧
9. B   考点：小组活动设计技巧
10. D   考点：提问的技巧
11. C   考点：与组员沟通的技巧

二、多项选择题

12. ABC   考点：主持小组讨论的限制技巧
13. ABD   考点：小组活动设计技巧（紧扣小组目标）
14. CDE   考点：评估方案的制订
15. ACE   考点：与组员沟通的技巧

第六章
社区工作方法

【本章复习提示】

　　本章主要聚焦社区工作方法，考查了社区工作的目标、地区发展模式、社会策划模式和社区照顾模式的特点及实施策略、社区工作各阶段的工作重点和社区工作的常用技巧等内容。考生复习时应注重以下几个方面：①理解社区工作的核心概念，清晰理解社区工作的目标和特点，以及不同社区工作模式的应用和特色；②掌握社区工作主要模式的特点和实施策略，重点是深入理解地区发展模式、社会策划模式和社区照顾模式的实施策略，并能够根据不同社区工作情境选择合适的策略；③理解社区工作从进入社区到评估阶段各个环节的重点；④熟练运用与社区居民开展工作的技巧、社区分析和社区活动策划的技巧；⑤对知识点的掌握应达到对社区工作案例举一反三的程度，建议结合本章习题中的案例，提高分析和应用社区工作方法的能力。

摸底自测

一、单项选择题

1. 社会工作者在"认识社区"阶段，需要对社区问题进行详细分析。下列表述中，属于"描述问题"的是（　　）。（2023）

　　A. 制定解决社区问题的策略　　　　B. 探讨社区问题未来发展变化

　　C. 分析社区问题产生的原因　　　　D. 说明居民对社区问题的感受

2. 社区社会工作者老周正在制订"我爱我家"社区活动计划，以提升社区居民的社区认同感和社区参与度。在计划制订过程中，老周首先应（　　）。（2023）

　　A. 确定主要服务对象招募范围　　　B. 考虑不同活动规模利弊

　　C. 界定活动所想要达到的结果　　　D. 制订整个活动的进度表

3. 社会工作者进入社区之初，应了解社区的基础情况。下列做法中，有助于社会工作者了解社区文化特色的是（　　）。（2022）

　　A. 观察社区活动，发现热心社区事务的居民

　　B. 开展入户调查，掌握社区的人户分离情况

　　C. 访问社区老人，了解社区的历史与习俗

　　D. 走访社区组织，分析社区的资源与需求

4. 社会工作者在社区走访时，有居民反映社区文体活动场地及设施不足。为进一步了解社区居民在这方面是否存在"比较型需要"，社会工作者适宜的做法是（　　）。（2022）

　　A. 向更多居民了解社区文体活动场地是否够用

　　B. 查找有关社区文体设施建设的政策文件规定

　　C. 观察居民使用现有文体活动场地的情况

　　D. 了解其他同类社区文体设施的建设情况

5. 社会工作者小王负责推进小区加装电梯工作。他发现开始的时候居民很积极，一提到自筹资金，有些住户就不愿意了，甚至强烈反对。有些住户持观望的态度。根据地区发展模式，在这种情况下，小王最适宜采取的实施策略是（　　）。（2021）

　　A. 召开座谈会，让居民充分表达自己的想法

　　B. 报告居委会，向政府申请加装电梯的补贴

　　C. 与电梯公司协商，争取降低加装电梯费用

　　D. 向同事求助，重新拟定小区加装电梯方案

6. 社会工作者小王通过调查发现，居民对社区认同感不强的主要原因是大多数居民搬入时间不长，对社区还不太了解。小王希望通过一系列服务，帮助居民了解社区，其合适的做法是（　　）。（2020）

　　A. 手绘地图，了解社区资源分布　　　B. 根据居民需要，开展大型活动

　　C. 整合社区资源，开展互帮互助　　　D. 建立居民小组，改善社区动力系统

7. 某"村改居"社区存在电动自行车失窃、入室偷盗等问题。该社区居委会的社会工作团队经过多次研讨，决定采用社会策划模式开展工作。针对这一治安问题，从社会策

划模式的实施策略角度看，该团队首次开展工作时最先应该做的是（　　）。（2020）

A. 评估社区居委会组织的优点和不足

B. 了解受到治安问题影响的居民人数

C. 预估上级政府能够提供的财政支持

D. 澄清社区居委会的工作目标与责任

8. 下列关于社区工作的过程目标和任务目标的说法，正确的是（　　）。（2020）

A. 过程目标旨在解决社区具体的问题

B. 任务目标旨在提升社区居民的能力

C. 地区发展模式不需要达成过程目标

D. 社会策划模式注重任务目标的实现

9. 幸福家园社区召开居民大会商讨社区垃圾分类问题。居民骨干赵大妈认为应该惩罚那些不遵守垃圾分类要求的居民，李大爷则认为惩罚没有用，反而会增加社区巡逻志愿者的工作难度，两人为此争论不休。社会工作者小张分别澄清了赵大妈和李大爷的观点，将双方意见串联起来找到共同点，从而减少分歧，推动达成共识。小张运用的技巧是（　　）。（2019）

A. 鼓励　　　　　B. 聚焦　　　　　C. 摘要　　　　　D. 综合

10. 某社会工作者主持召开居民会议，讨论社区"无障碍环境建设"和社区安保工作。下列该社会工作者主持会议的做法中，适宜的是（　　）。

A. 无论居民是否到齐，都要严格执行会议既定议程

B. 严格控制每项议程的时间，对与会者意见迅速作出回应

C. 会议讨论中一旦出现分歧，就采取投票表决作出决定

D. 在会议结束之前作简短总结，让居民看到会议的成效

11. 刘大姐是社区助老服务队的队长，一直受到队员的拥戴，最近刚加入的几名新队员与她在志愿服务活动形式上产生分歧，队里的气氛也因此变得有些紧张，刘大姐在与社会工作者小陈交流工作时流露出不想让新队员参加活动的念头。此时，小陈的正确做法是（　　）。

A. 支持刘大姐关于活动形式的意见

B. 帮助刘大姐与新队员之间形成明确分工

C. 鼓励刘大姐与新队员进行充分的沟通讨论

D. 建议刘大姐以少数服从多数的原则作出决定

12. 某社会工作者主持召开居民会议，讨论社区内的治安问题。居民黄女士首先发言，说最近社区连续出现自行车被盗的现象，很令人担忧。此时，社会工作者宜采用的回应是（　　）。

A. 表明自己也是受害者之一　　　　B. 建议组成居民小组进一步了解情况

C. 坦诚说明自己有不同意见　　　　D. 询问其他与会居民对此问题的感受

二、多项选择题

13. 社会工作者在运用社会策划模式开展工作过程中，首先要了解其所服务组织的使命和目标。关于"组织使命和目标"的说法，正确的有（　　）。（2023）

A. 组织的目标是用来表示其存在的价值和提供服务的意义

B. 组织的使命为组织成员指明工作方向和所要解决的问题

C. 组织的使命可以鼓励组织成员产生认同并明确工作意义

D. 组织的目标指出组织所要解决的问题和满足的社会需要

E. 组织的目标代表了组织未来的蓝图并用来指导组织使命的构建

14. 在老年友好社区建设项目即将结束时，社会工作者老王负责对该项目进行过程评估。下列老王的访谈问题中，属于过程评估的有（　　）。（2022）

A. "您是怎么组织建设老年友好社区的？"

B. "您在建设工作中主要取得了哪些成果？"

C. "您在不同工作环节中是如何分配资源的？"

D. "您在工作中投入了多少人力、物力和时间？"

E. "您觉得项目效果和项目投入比例大致如何？"

15. 社会工作者小何在某社区建设认知症友好社区时，注重发挥社区社会组织的作用。经过半年的努力，他最近协助居民登记备案了一个社区社会组织。为了有效管理该组织，推动其健康发展，小何下一步适宜开展的工作有（　　）。（2021）

A. 对组织的长期发展策略进行规划　　　B. 对组织的年度服务方案进行设计

C. 对组织成员和工作分配进行统筹　　　D. 发现和进一步培养组织的领导者

E. 承担财务工作并负责规范化建设

16. 社会工作者小李与社区内一个社会组织的成员约好见面，谈一下对社区事务的看法。初次接触时，小李应该注意（　　）。

A. 穿着得体、整洁、大方

B. 保证接触时能保持热忱、微笑和冷静的态度

C. 对该成员的愤世嫉俗表示不满

D. 对该成员居住的区域情况应有所了解

E. 相信社区的治安，夜间访问也可以一个人前往

参考答案

一、单项选择题

1. D　　考点：社区问题分析（描述问题）

2. C　　考点：社区活动策划的技巧（制订初步计划）

3. C　　考点：认识社区（社区基本情况分析）

4. D　　考点：社区需要分析

5. A　　考点：地区发展模式的实施策略

6. A　　考点：地区发展模式的实施策略

7. D　　考点：社会策划模式的实施策略

8. D　　考点：过程目标和任务目标

9. D　　考点：主持会议的技巧

10. D　　考点：会议技巧

11. C　　考点：居民骨干培养技巧

12. D　　考点：社区问题分析（描述问题）

二、多项选择题

13. CD　　考点：社会策划模式的实施策略
14. ACD　　考点：社区工作评估的分类
15. ABCD　考点：管理社区组织的任务
16. ABD　　考点：与居民接触的技巧

第一节　社区工作的含义、特点与目标

考纲	重要考点		星级标记
社区与社区工作	社区的含义	社区的含义与特征	★
	社区的功能	5个功能	★
社区工作的含义、特点和目标	社区工作的含义	详见教材	★★
	社区工作的特点	4个特点	★★
	社区工作的目标	目标的分类：任务目标和过程目标 社区工作的具体目标（4个）	★★★

习题精练

一、单项选择题

1. 社会工作者小赵发现新建的社区老年活动中心日常管理漏洞较多，打算通过动员社区居民参与解决问题。下列做法中，属于社会工作过程目标的是（　　）。（2021）

A. 调整老年活动中心的开放时间　　B. 鼓励居民自主讨论中心管理规范
C. 增加老年活动中心的安防设备　　D. 让社区居委会派人轮流值班管理

2. 社会工作者小魏面向本地区商户开展了一系列宣传工作，动员他们为社区行动不便的居民提供上门服务。小魏的做法体现的社区工作具体目标是（　　）。

A. 培养民主精神　　　　　　　　　B. 尊重社区自决
C. 善用社区资源　　　　　　　　　D. 提高居民能力

3. 在社区工作中，某社区环境脏乱差，居民多次反映此问题，社会工作者组织居民进行"我爱我家，守护家园"公益活动，以改善居民的居住环境，提高社区居民的幸福感指数。这反映了社区工作中的（　　）。

A. 任务目标　　　　B. 过程目标　　　　C. 伦理目标　　　　D. 政策目标

4. 在社区工作中，社会工作者通过多种途径加强社区居民对自身权利和义务的了解，提升居民解决社区问题的信心，提高居民参与社区事务的能力。这反映了社会工作中的（　　）。

  A. 过程目标   B. 任务目标   C. 伦理目标   D. 评估目标

  5. 针对某社区老年活动室存在日常管理松懈、使用率偏低等问题，社会工作者小刘拟通过动员居民参与来改变这种状况。从社区工作的目标分类看，下列做法中，属于"过程目标"的是（　　）。

  A. 增加老年活动室的活动器材   B. 调整老年活动室的开放时间

  C. 编制老年活动室活动课程表   D. 提高值班志愿者的责任意识

  6. 社区通过成文和不成文的规章、公约和习俗，确保其成员遵守社会规范，承担社会角色，这是社区（　　）功能的体现。

  A. 社会参与   B. 社会化   C. 社会控制   D. 经济

  7. 社会工作者通过对某社区下岗工人的调查，发现虽然下岗工人自身存在受教育水平低、职业技术差等问题，但下岗工人群体的出现，更重要的原因是国有企业的改革政策，国有企业的"关、停、并、转"等政策使部分国企职工下岗。这说明社区社会工作者（　　）。

  A. 关注社区困难群体   B. 分析问题的视角更加趋于结构取向

  C. 具有政治性   D. 介入问题的层面更为宏观

  8. 社区工作者关心社区居民，尤其是困难群体权利的维护，更多时候会采取多种行动为社区居民争取合理的资源分配。这体现了社区工作（　　）。

  A. 富有批判和反思精神   B. 维护社会公平

  C. 具有政治性   D. 关注困难群体

  9. 社区社会工作者将解决社区环境污染问题定为近期工作的目标。在罗斯曼对社区工作目标的分类里，这属于（　　）。

  A. 过程目标   B. 任务目标   C. 阶段性目标   D. 长远目标

  10. 社区社会工作者在工作的开展中非常注重发现和培育社区居民骨干参与社区事务。在罗斯曼看来，这属于社区工作的（　　）目标。

  A. 过程   B. 任务   C. 长远   D. 具体

  11. 社区工作总是试图从根本上找出问题的症结，进而引发对现存社会制度、结构和政策的反思。这体现了社区工作（　　）。

  A. 富有批判和反思精神   B. 介入问题的层面更为宏观

  C. 具有政治性   D. 分析问题的视角更加趋于结构取向

  12. 某社区为改善小区环境，由社区居民代表征求社区居民的意见和建议，建立一个"社区环境保护规范"奖惩制度，鼓励遵守社区规范的社区居民，惩罚违反社区或社会规范的人。通过该制度的建立，大家彼此形成监督，长此以往，小区环境有了明显改善。该小区的做法体现了社区的（　　）。

  A. 心理支持功能和感情功能   B. 社会化的功能

  C. 社会参与和互助的功能   D. 社会控制的功能

二、多项选择题

  13. 针对某社区家庭暴力问题，社会工作者开展了系列服务。下列做法中，更能体现社区工作方法和特点的有（　　　）。

　　A. 为受暴者寻求法律援助

　　B. 为受暴者提供心理辅导

　　C. 倡导尊重、平等、互助的家风建设

　　D. 宣传反家庭暴力法以及求助方式

　　E. 为相关部门和社会组织的工作人员进行反家暴培训

14. 社区具有多重功能，下列描述中正确的是（　　　）。

　　A. 社会参与的功能　　　　　B. 社会化的功能　　　　　C. 互助的功能

　　D. 经济的功能　　　　　　　E. 文化的功能

15. 关于社区工作的具体目标，下列描述中正确的是（　　　）。

　　A. 培养相互关怀和社区照顾的美德　　　B. 推动社区居民参与

　　C. 提高社区居民的社会意识　　　　　　D. 善用社区资源，满足社区需求

　　E. 建立社区内不同群体的合作关系

16. 应届毕业生小枫立志成为一名优秀的社区社会工作者，但是由于缺乏工作经验，需要一些指导。根据社区工作方法的独特性，他在今后的工作中应着重培养自己几方面的素质。对此，以下表述中具有针对性的是（　　　）。

　　A. 在分析问题的时候，视角应该趋向结构取向，而非个人取向

　　B. 注重权力和资源分配公正，介入问题的视角更为宏观

　　C. 不断发现和挖掘居民的潜能

　　D. 注重培养自己的批判和反思精神

　　E. 鼓励居民参与社区共同问题的解决

参考答案

一、单项选择题

1. B　　考点：过程目标

2. C　　考点：社区工作的具体目标

3. A　　考点：社区工作的目标分类

4. A　　考点：社区工作的目标分类

5. D　　考点：过程目标

6. C　　考点：社区的功能

7. B　　考点：社区工作的特点

8. C　　考点：社区工作的特点

9. B　　考点：社区工作的目标分类

10. A　　考点：社区工作的目标分类

11. A　　考点：社区工作的特点

12. D　　考点：社区的功能

二、多项选择题

13. CDE　考点：社区工作的特点
14. ABCD　考点：社区的功能
15. ABCD　考点：社区工作的具体目标
16. ABD　考点：社区工作的特点

第二节　社区工作的主要模式

考纲		重要考点	星级标记
地区发展模式	含义	详见教材	★
	特点	4个主要特点	★★★
	实施策略	5个实施策略	★★★
	社会工作者的角色	社会工作者主要扮演的4种角色	★★★
社会策划模式	含义	详见教材	★
	特点	4个主要特点	★★★
	实施策略	10个实施策略	★★★
	社会工作者的角色	社会工作者主要扮演的2种角色	★★★
社区照顾模式	含义	详见教材	★
	特点	4个主要特点	★★★
	实施策略	3个实施策略	★★★
	社会工作者的角色	社会工作者主要扮演的5种角色	★★★

习题精练

一、单项选择题

1. 某社会工作服务机构承接了"十五分钟生活服务圈"示范街区建设子项目。该机构根据项目办要求，计划运用社会策划模式打造"公共服务空间"的人文关怀氛围。下列做法中，属于该模式实施策略中"分析环境和形势"内容的是（　　）。（2023）

A. 审视现行解决问题的手段有无不足

B. 列出所有能达到目标的可行性方案

C. 了解对计划有影响力的人士和团体的需要

D. 分析所属社会工作服务机构的优点和不足

2. 某农村社区的青壮年大量外出务工，村里留守老人较多，老人们虽然平时生活能够自理，但普遍担心生病后在外工作的子女无法及时赶回，没有人照顾自己。社会工作者老周拟采用社区照顾模式，打消老人们的顾虑。下列老周的做法中，最能体现"由社区照顾"实施策略的是（　　）。（2022）

A. 协助部分老人入住养老机构　　　　　　B. 筹措资金建设社区老年照顾中心

C. 组织留守老人建立互助小组　　　　　　D. 动员外出务工的青壮年返乡工作

3. 社会工作者小顾运用社会策划模式在老旧小区开展适老化改造项目。她既要负责项目执行，也要监督项目进度情况，并及时反馈给相关方。根据社会策划模式，小顾扮演的角色是（　　）。（2021）

A. 政策倡导者　　　　B. 中介者　　　　C. 方案实施者　　　　D. 使能者

4. 某社会工作服务机构租用小区门面房作为活动场所，希望协助大龄自闭症患者锻炼日常生活技能，适应社会生活的最基本要求。社区居民得知消息后，担心自闭症患者在小区附近出入，会给居民尤其是儿童带来安全隐患，因而不愿意让该机构进驻。面对这种情况，该机构应该采取的策略是（　　）。（2020）

A. 建立社区紧急支援网络系统

B. 开展社区倡导并强调社区责任

C. 动员社区居民参与机构志愿服务

D. 承诺对服务对象进行封闭式管理

5. 社会工作者老张完成了某"城中村"的社区服务需求调查。鉴于该村问题的复杂性和紧迫性，老张拟运用社会策划模式开展服务。下列做法中，体现社会策划模式特点的是（　　）。

A. 发动社区居民，推动社区自治

B. 开展志愿服务，服务困难家庭

C. 呼吁政府有关部门，尽快拆迁改造

D. 坚持任务导向，制订社区服务方案

6. 某社会工作服务机构响应当地政府号召，为辖区内的失能老人提供居家照顾服务。为此，该机构与社区居委会、社区卫生服务中心共同商讨制订工作方案。下列做法中，体现"在社区照顾"策略的是（　　）。

A. 动员辖区低龄老人参与志愿服务，定期探访失能老人

B. 邀请律师义务为失能老人及其家属提供法律咨询服务

C. 动员社区合唱团的成员，发挥专长入户陪伴失能老人

D. 请社区卫生站护士定期到失能老人家中进行压疮处置

7. 在整合式社区照顾模式中，社会工作者致力于通过发展整合正式照顾和非正式照顾的资源，帮助服务对象增强社会支持网络。下列服务中属于发展"非正式照顾"资源的方法是（　　）。

A. 协助服务对象成立互助小组

B. 倡导街道建立老人日间照顾中心

C. 协调为老联盟为老人提供送餐服务

D. 联络养老服务组织开展入户探访服务

8. 在社区照顾模式理念的指导下，社会工作者为残障儿童联系特殊学校，协助其接

受文化教育，实现平等参与社会的目标。在这一服务中，社会工作者扮演的角色是（　　）。

  A. 治疗者   B. 使能者   C. 经纪人   D. 教育者

9. 某社会工作服务机构运用社区照顾模式为某社区内精神障碍康复者提供服务。下列做法中，充分体现社区照顾模式特点的是（　　）。

  A. 呼吁建设精神障碍康复者集中供养机构

  B. 动员邻居和志愿者帮助精神障碍康复者

  C. 倡导制定精神障碍康复机构的服务标准

  D. 强调政府应承担照顾精神障碍康复者的主要责任

10. 社会工作者小陶打算利用地区发展模式在一个新建小区开展社区工作。小陶在接触居民时，了解到有些居民反映小区的交通不便，希望有公交线路经过小区。小陶对此也深有体会。小陶的下列做法中，体现地区发展模式特点的是（　　）。

  A. 让居民通过充分的讨论来分析交通不便问题的重要性和紧迫性

  B. 联系公交公司和有关政府部门重新规划本地区的公交线路

  C. 代表居民向公交公司和有关政府部门反映问题

  D. 告知居民该问题难以得到迅速解决并提出替代性的解决方案

11. 社会工作者小颜最近被派到一个新建的居民区工作，他决定运用地区发展模式在本社区开展活动。他向居民们发放了宣传单，让居民们了解社区内各项资源的分布状况，并通过小组课程的形式，指导他们有效利用社区的资源。小颜在工作中运用的是地区发展模式的（　　）策略。

  A. 社区参与   B. 社区教育

  C. 提供服务和发展资源   D. 促进居民的个人发展

12. 某社区中，有些老人在两棵树之间系上绳子，把被子放在上面晾晒。其他居民对于他们的这种做法很是不满，觉得这样做影响了小区的整体环境，还妨碍其他人遮阴纳凉。双方因此发生了争吵。针对社区中存在的问题，社会工作者运用地区发展模式的做法是（　　）。

  A. 撰写居民文明公约，交由社区大会讨论

  B. 召集双方居民代表一起讨论协商解决问题

  C. 建议在小区空地开辟一块专门晾晒衣服的地方

  D. 制订多个解决方案，交由双方居民代表投票

二、多项选择题

13. 黄阿姨今年 65 岁，育有一子一女，老伴去世得早，儿子长期在国外工作。从建立非正式照顾系统的角度看，社会工作者可以动员照顾黄阿姨的人员有（　　）。

  A. 黄阿姨的女儿   B. 黄阿姨的朋友

  C. 黄阿姨的邻居   D. 助餐服务送餐员

  E. 日间照料中心社会工作者

14. 社会工作者小王决定采用社会策划模式在某地区开展活动，在界定和分析问题时，他需要（　　）。

  A. 了解受社会问题影响的人数、人群特征

B. 掌握不同类型人口之间的比例

C. 确定社区需要

D. 分析环境和形势

E. 认识社区问题的严重性

15. 居民骨干的培养是地区发展模式中社会工作者的重要任务，教育的内容主要包括（　　）。

A. 领导策略　　　　　　B. 心理战术　　　　　　C. 行政管理方法

D. 专业特长　　　　　　E. 动员居民的技巧

16. 下列表述中，体现社区照顾模式中"由社区照顾"的服务内容有（　　）。

A. 动员志愿者访问独居老人，帮助其打扫卫生

B. 设立热线电话，为居民提供及时的支援和帮助

C. 建立老人日间照顾中心，缓解家人照顾的压力

D. 成立癌症病人的康复互助小组，促成彼此支持

E. 安排康复护士定期上门服务，为不能自理的老人翻身拍背

参考答案

一、单项选择题

1. C　　考点：社会策划模式实施策略（分析环境和形势）
2. C　　考点：社区照顾模式
3. C　　考点：社会策划模式中社会工作者的角色
4. B　　考点：社区照顾模式的特点
5. D　　考点：社会策划模式的特点
6. D　　考点："在社区照顾"的策略
7. A　　考点：社区照顾模式（非正式照顾资源）
8. C　　考点：社区照顾模式中社会工作者的角色
9. B　　考点：社区照顾模式的特点
10. A　　考点：地区发展模式的特点
11. B　　考点：地区发展模式的策略
12. B　　考点：地区发展模式的特点

二、多项选择题

13. ABC　　考点：社区照顾模式（非正式照顾资源）
14. ABE　　考点：社会策划模式实施策略中的界定和分析问题
15. ACE　　考点：地区发展模式实施策略中的居民骨干的培训内容
16. ABD　　考点："由社区照顾"的服务内容

第三节　社区工作各阶段的工作重点

考纲		重要考点	星级标记
进入社区	进入之前的准备	了解自己所任职的机构、了解机构分工和自己的工作内容、认识同事	★★
	进入社区的方式	通过5种方式让社区认识自己	★★★
认识社区	社区基本情况分析	社区基本情况包括5个方面	★★
	社区问题分析	4个方面	★★
	社区需要分析	4种类型	★★★
建立和发展社区组织	建立社区组织	主要涉及5个程序	★★★
	管理社区组织	应关注5个方面	★★★
制订社区工作计划	明确目标	目标的构成；制定目标原则	★★
	制定策略	3个步骤	★★★
	设计方案	详见教材	★★★
实施社区工作计划	管理社区资源	资源分析、开发、链接、维系	★★
	执行工作方案	3个阶段	★★★
社区工作评估	评估的分类	3种类型	★★
	评估的步骤	5个步骤	★★★

习题精练

一、单项选择题

1. 社区社会工作者小安引导社区居民参与社区环境治理，并培育社区社会组织，形成社区环境治理的可持续性力量。小安在社区社会组织培育建设和发展的不同阶段扮演不同角色，其适宜的做法是（　　）。（2023）

A. 全程直接承担组织管理工作，让组织运行更高效

B. 在组织成立之初，仅仅提供专业咨询和支持服务

C. 在组织发展过程中，不断完善组织内部规章制度

D. 在组织发展成熟后，注重发现和培育组织的领导者

2. 某社区养老院综合改建的申请已获批复同意。近日，院方着手制订改建方案。下

列改建方案内容中，体现表达型需要的是（　　）。（2023）

  A. 应当按市相关文件中的床位比进行人员配置

  B. 建议参照邻市养老机构的标准配备康复器材

  C. 希望在现有基础上大幅缩短入院排队等候时间

  D. 认为综合改建工程完工后应保持长期领先

  3. 某老旧小区因停车难问题屡屡被居民投诉，社会工作者为此召开居民议事会。下列社会工作者的提问中，属于界定问题的是（　　）。（2022）

  A. "咱们社区停车难问题是怎么产生的？"

  B. "停车难问题主要集中出现在哪个时间段？"

  C. "停车难问题对咱们居民的生活有什么影响吗？"

  D. "解决停车难问题会给居民和社区带来什么改变？"

  4. 某社会工作服务机构应街道邀请开展困境儿童服务项目。社会工作者小李及其项目团队在设计好服务方案后，走访了辖区学校、社区卫生服务中心、未成年人保护工作站等多个组织，了解他们为困境儿童提供服务的现状。从管理社区资源角度来看，小李及其项目团队所开展的工作属于（　　）。（2022）

  A. 资源分析   B. 资源开发   C. 资源链接   D. 资源维系

  5. 社会工作者老杨协助社区开设了一间儿童绘本馆，提供免费阅读服务，以培养儿童的良好阅读习惯。但是，绘本馆仅支付了第一年的场地租金，后续的租金还没有着落。为此，老杨作了多种尝试。下列她的做法中，属于资源链接的是（　　）。（2021）

  A. 仔细地阅读社区基金会的资助章程 B. 请居委会帮忙找可无偿使用的空间

  C. 在微信朋友圈吐槽绘本馆场租困境 D. 向场地所有者发送绘本馆工作月报

  6. 社区社会工作者小杨针对"宠物狗随地大小便"问题召开社区居民会议，引导居民对该问题的大小和严重程度进行讨论。从社区分析的角度看，小杨的做法属于（　　）。（2020）

  A. 探寻问题起源 B. 界定问题 C. 明确问题范围 D. 描述问题

  7. 社区高中生、大学生组成志愿服务队，进行一对一帮助低收入家庭学习困难儿童掌握学习方法。结束后进行评估，属于成果评估的是（　　）。（2020）

  A. 志愿者资源配置合理度   B. 工作进度安排

  C. 困难儿童改变程度   D. 资金投入产出效益

  8. 某社会工作服务机构计划在 A 社区为精神障碍康复者家属建立支持网络，为了准确评估该计划行动策略的社区可接受性，该机构适宜的做法是（　　）。（2019）

  A. 考察行动策略是否符合机构使命宗旨 B. 分析社区资源能否满足策略实施需要

  C. 评估社区成员对行动策略的认可程度 D. 确认政府部门对行动策略的支持力度

  9. 某社会工作服务机构应街道邀请推动社区社会组织发展，该机构社会工作者先后对接康乐太极队、绿色家园志愿者服务队、京剧队、柔力球队和摄影俱乐部，发现和培养了组织的骨干及带头人。从社区社会组织管理的角度看，社会工作者还应做的工作是（　　）。（2019）

  A. 掌管社区社会组织的经费收支工作 B. 协助社区社会组织进行规范化建设

  C. 起草社区社会组织的年度工作计划 D. 完成社区社会组织的项目策划工作

  10. 社会工作者小梁准备在社区实施助老服务项目。为合理有效配置资源，保障项目成效，小梁首先要做的是（　　　）。

A. 了解现有资源，并与实施项目所需资源进行对照

B. 通过发布广告、张贴海报等方式招募社区志愿者

C. 充分利用社区内外资源，避免资源的闲置和浪费

D. 加强资源的统筹和协调，发挥资源的整合性效果

11. 了解社区文化特色不仅有利于激发社区居民的参与热情，而且有利于更加深入地了解社区。下列内容中最能体现社区文化特色的是（　　　）。

A. 居民的总体特征　　　　　　　B. 居民的生活习俗

C. 社区的社会服务　　　　　　　D. 社区的自然环境

12. 社会工作者小郭在制定社区工作策略时邀请了居民代表参加策略规划小组，他采取"头脑风暴"的方式让大家畅所欲言，鼓励每个人都提出意见，以便制定出最贴切的行动策略。这是制定策略步骤中的（　　　）。

A. 筛选策略　　　B. 评估策略　　　C. 提出策略　　　D. 商定策略

二、多项选择题

13. 某社会工作服务机构成立后花费了大量时间让所在社区的居民认识和熟悉机构，为今后服务项目的承接与开展奠定基础。下列做法中，适合该机构进入社区的方式有（　　　）。（2022）

A. 参加居民代表大会并且参与讨论

B. 经常与社区居民"话家常"

C. 邀请居民参与趣味活动认识社区

D. 在社区已形成的传统活动中亮相

E. 邀请居民参加机构开放日的活动

14. 建立和发展社区组织是社区工作过程中相当重要的一个环节。社区组织成立后，管理社区组织变得十分重要。"研究与发展"是管理社区组织需要着重关注的内容之一。具体而言，"研究与发展"主要包括（　　　）。（2020）

A. 适应和引领组织变迁　　　　　B. 开发新的服务方案

C. 规划组织长期策划　　　　　　D. 评估服务方案

E. 评估社区组织

15. 某社会工作服务机构招募大学生志愿者深入留守儿童较多的地区开展社会服务，以提升当地居民保护儿童的意识，营造关爱儿童的社区氛围。经过一年时间的工作，项目进入结项阶段，社会工作者拟进行成果评估，其重点评估的内容有（　　　）。

A. 该地区留守儿童人数　　　　　B. 居民保护儿童意识的提升情况

C. 项目目标的实现程度　　　　　D. 机构中注册志愿者的人员数量

E. 工作时间分配合理性

16. 为了提高居民对社区公共环境的关注，社会工作者小余在社区开展了一项"社区随手拍"活动，鼓励居民将自己看到的社区环境中的亮点和问题用手机拍下来上传给社区，并定期将居民的作品制作成海报，张贴在社区宣传栏内。小余发现整理照片需要大量人手，洗印照片和制作海报也需要一笔费用。为了实施这项活动，从社区资源开发的角度，小余可以进行的工作有（　　　）。

A. 联络社区团体和组织，协助招募活动的志愿者

B. 发布社区活动广告，从居民中直接招募志愿者

C. 走访自己熟悉的社区商户，鼓励他们为活动捐款

D. 向所在区政府申请经费，为活动提供全程赞助

E. 申请机构专门款项，购买一台用于活动的照片打印机

参考答案

一、单项选择题

1. C   考点：管理社区组织

2. C   考点：社区需要分析

3. A   考点：社区问题分析

4. A   考点：管理社区资源

5. B   考点：社区的资源链接

6. C   考点：社区问题分析

7. C   考点：社区工作的成果评估

8. C   考点：制定社区工作计划中的评估策略

9. B   考点：管理社区组织

10. A   考点：管理社区资源

11. B   考点：社区基本情况分析（社区文化特色）

12. C   考点：制定策略的主要步骤

二、多项选择题

13. ABDE   考点：进入社区的方式

14. ABDE   考点：管理社区组织中的"研究与发展"的内容

15. BC   考点：成果评估

16. ABCD   考点：管理社区资源

第四节　社区工作的常用技巧

考纲	重要考点		星级标记
与社区居民开展工作的技巧	与居民接触的技巧	事先准备；与社区居民的接触过程；以招募为目的的居民接触技巧	★★★
	会议技巧	会议的过程；主持会议的技巧	★★★
	居民骨干培养技巧	详见教材	★★★

续表

考纲		重要考点	星级标记
社区分析的技巧	收集社区资料的方法	了解社区居民对社区的看法和需要有 5 种方式	★★
	社区动力分析	详见教材	★★
	社区资源分析	详见教材	★★★
社区活动策划的技巧	活动策划的过程	基本过程包括 8 个步骤	★★★
	方案计划书的要素	一份方案计划书通常应具备 12 个要素	★★★

习题精练

一、单项选择题

1. 社区社会工作者针对近期大家关心的居民楼水管改造议题召开议事协商会，邀请街道办事处工作人员、物业公司代表、施工方代表、业主委员会代表和居民代表参会。在会议进行中，社会工作者适宜的做法是（　　）。（2023）

A. 严格限制会议发言人的数量　　　　B. 让参会者充分讨论后作出决定

C. 听到参会者意见后立即表态　　　　D. 提前了解参会者对议程的意见

2. 为了深入了解社区需要并与居民建立关系，社会工作者最适宜采取收集资料的方法是（　　）。（2022）

A. 问卷法　　　　B. 观察法　　　　C. 文献法　　　　D. 访问法

3. 社会工作者老刘正在主持社区居民议事会，就社区空地改造为小花园的计划征求居民意见，有居民认为建小花园可能会"中看不中用"。此时老刘采取"进一步说明"的技巧主持会议，其最适宜的表述是（　　）。（2022）

A. "您希望社区的空地能发挥哪些作用呢？"

B. "您怎么看那些支持建小花园的观点呢？"

C. "非常感谢您提出的宝贵意见，我们会考虑的。"

D. "您提醒得很对，我们要避免华而不实的改造方案。"

4. 社会工作者在培育社区社会组织时发现，某社区文化团队的负责人自我认同感强，严于律己，做事认真负责。由于他在团队中处理问题比较较真，有时会与少数团队成员发生冲突，影响了团结。针对这一情况，社会工作者最适宜的做法是（　　）。（2021）

A. 告诉负责人可以通过投票来争取支持　　B. 引导负责人加强与团队成员讨论沟通

C. 建议负责人充分授权给团队的成员　　　D. 支持负责人管理团队的理念和做法

5. 某社会工作服务机构正在进行社区活动策划，社会工作者在制订初步计划之前应该开展的工作是（　　）。（2019）

A. 比较不同情况下开展活动所需的准确服务时长

B. 评估机构及社区拥有的资源以及可动员的资源

C. 明确招募服务对象的范围以及选择标准

D. 预估计划执行过程中的困难及应对方法

6. 某街道委托社会工作服务机构开展"居民骨干能力提升"项目。针对居民骨干仅凭热情工作、彼此缺乏配合、工作效率低的情况，社会工作者适宜的做法是（　　）。

A. 肯定居民骨干在工作中的积极表现　　　B. 建立居民监督和民主协商工作机制

C. 帮助居民骨干练习培养谈判的技巧　　　D. 增强居民骨干权责分工意识和能力

7. 社会工作者在制订社区活动计划前应首先考虑（　　）。

A. 不同活动方案的可行性　　　　　　　　B. 预期的困难和解决方法

C. 服务对象的特点、需要和兴趣　　　　　D. 大型活动与小规模活动的利弊

8. 社会工作者老陆发现，社区居家养老志愿服务队队长沈大爷有时候不能及时将老人的需求变化反馈给志愿者，造成双方不便。老陆向沈大爷了解情况，得知他最近因忙于安排协调服务队的所有人手和工作，有些顾此失彼。从居民骨干培养的角度看，老陆应帮助沈大爷（　　）。

A. 提升民主协商能力　　　　　　　　　　B. 学习资源动员技巧

C. 增强行政管理能力　　　　　　　　　　D. 灌输当家作主理念

9. 某社区社会工作者召集居民小组长开会，讨论如何整治社区环境卫生的问题，在讨论过程中，大家就一些细节问题争论不休。为了确保会议顺利进行，社会工作者应该（　　）。

A. 总结会议内容，表明自己的立场和观点

B. 复述发言者的想法，帮助他们阐明意见

C. 运用聚焦技巧，把大家的注意力转移到主要问题上

D. 延长会议时间，让每位参会人员充分发言

10. 社会工作者小蒙对一位居民说："您的孩子真可爱，上几年级了呀？"小蒙在与居民接触中处于（　　）阶段。

A. 介绍自己　　　　B. 展开话题　　　　C. 维持对话　　　　D. 结束对话

11. 社会工作者小徐在观察中发现，社区的几个居民骨干非常热心社区事务，在工作中也表现得非常热情，但是彼此之间不懂得分工合作，造成工作效率低下的情况。小徐应该在居民骨干培养中采取的技巧是（　　）。

A. 鼓励参与　　B. 建立民主领导风格　　C. 培训工作技巧　　D. 增强管理能力

12. 社会工作者小黄组织居民在社区消夏晚会上表演节目。他对蒋阿姨说："您和其他几位阿姨平时跳的扇子舞就挺好，稍微排练一下就是个好节目，不参加演出太可惜了。"在这里，小黄运用的社区工作技巧是（　　）。

A. 探索感受　　　　B. 重述　　　　C. 展开话题　　　　D. 鼓励参与

二、多项选择题

13. 在老旧小区改造过程中，加装电梯是社区居民关注的议题。为了全面准确把握社区居民对加装电梯的意见，社会工作者小王决定运用多种方法收集资料，进行社区分析，其适宜的做法有（　　）。（2023）

A. 收集业主微信群里业主对加装电梯的看法

B. 查阅讨论加装电梯议题的居民议事会的会议记录

C. 召开居民座谈会，征询居民对加装电梯的意见和建议

D. 设计居民加装电梯意愿问卷调查表，开展逐门逐户的调查

E. 访问承接老旧小区电梯安装公司的负责人，了解其对加装电梯的意见

14. 社区老年文艺队的队长常阿姨因为要去外地照顾孙女儿，由夏阿姨暂时担任文艺队队长。夏阿姨带领文艺队参加街道组织的广场舞大赛，结果成果不如以往，为此她很内疚，找到社会工作者老张诉苦，并流露出不想当队长的想法。老张肯定了夏阿姨在关键时刻能够主动担当，并与她一起分析这次参赛失利的原因，建议她将部分工作分配给队里的几位积极分子。上述老张的做法，运用的居民骨干培养技巧有（　　）。（2022）

A. 结成联盟　　　　　　　　　　B. 鼓励参与

C. 培训工作技巧　　　　　　　　D. 增强管理能力

E. 建立民主领导风格

15. 社会工作者小刘就高空抛物问题举行社区居民会议。开始大家都沉默不语，小刘就点名让平时较活跃的老张先发言。老张讲了小区里一个高空抛物致人受伤的例子，引起共鸣。大家围绕这是违法行为还是违背公德行为展开激烈争论。小刘最后对大家的争论内容进行了梳理总结。在此次居民会议中，小刘运用的技巧有（　　）。（2021）

A. 关注　　B. 邀请发言　　C. 摘要　　D. 转述　　E. 聚焦

16. 居民是社区工作中最有价值的资源，与居民初次接触时，社会工作者要介绍自己的情况和机构的任务，听取居民的意见等。在结束谈话时，社会工作者适宜的做法有（　　）。

A. 总结彼此的谈话，给予积极反馈

B. 通过对质，帮助居民明确社区问题

C. 感谢居民提供有价值的信息和资料

D. 主动发放活动资料让居民知晓，以增进信任

E. 留下自己和机构的联系方式，鼓励居民主动联系自己

参考答案

一、单项选择题

1. B　考点：会议技巧

2. D　考点：收集社区资料的方法

3. A　考点：主持会议的技巧（进一步说明和转述）

4. B　考点：居民骨干培养技巧

5. B　考点：社区活动策划的过程

6. D　考点：居民骨干培养技巧

7. C　考点：社区活动策划的过程

8. C　考点：居民骨干培养技巧

9. C　考点：主持会议的技巧（聚焦）

10. B　考点：与社区居民的接触过程

11. D　考点：居民骨干培养技巧

12. D　考点：居民骨干培养技巧

二、多项选择题

13. ABCD　考点：收集社区资料的方法
14. BCD　考点：居民骨干培养技巧
15. BC　　考点：主持会议的技巧
16. ACE　考点：与社区居民接触的技巧

第七章
社会工作行政

7

【本章复习提示】

　　本章主要介绍社会工作行政的含义与功能、社会服务方案策划、社会服务机构的类型与运作、社会服务机构志愿者管理和社会服务机构的筹款方式。考生首先要掌握本章的基本概念。同时，根据近年来试题的特点，建议考生关注社会工作行政实施过程中的细节，如从功能上总结社会政策执行经验，提出修订建议的具体表现、社会服务方案策划的各个阶段与环节等。特别需要提醒的是，要关注我国社会福利行政体系的最新改革动向。

摸底自测

一、单项选择题

1. 某企业以"共创财富，公益社会"为使命，每年将利润的1%捐赠给当地的儿童福利院，目的是通过帮助困难群体，履行企业的社会责任，提升企业良好声誉。该企业的捐款动机属于（　　）。（2023）

　　A. 市场营销　　　　　　　　　　　B. 自我利益

　　C. 公共关系　　　　　　　　　　　D. 社会联谊

2. 某社会工作服务机构开展听障人士就医支持服务项目时，服务策划过程是：认识听障人士就医现状→界定听障人士就医需求→探索听障人士就医解决方法→认识就医解决方法可能存在的限制→选取应对办法→设计完整计划→发起评估计划。该方案策划的类型是（　　）。（2021）

　　A. 战略性策划　　　　　　　　　　B. 创新性策划

　　C. 问题解决策划　　　　　　　　　D. 方案发展策略

3. 随着志愿者参与机构服务类型与方式的多样化，社会工作服务机构应更好地规范志愿者的责任和权利。从志愿者管理的"工作发展与设计"角度出发，机构应完成的工作是（　　）。（2020）

　　A. 制订志愿者服务动机评估方案　　B. 编写志愿者服务岗位说明书

　　C. 规范志愿服务档案建设　　　　　D. 完善志愿者表彰办法

4. 在很多情况下，社会工作者服务需要组织多功能型团队，关于多功能型团队的说法，正确的是（　　）。（2021）

　　A. 团队成员来自不同专业领域，共同完成某项任务

　　B. 团队是自然形成的工作小组，被赋予较大自主权

　　C. 团队成员间能快速建立信任关系，实现真诚合作

　　D. 团队的成员具有临时性特点，任务完成后即解散

5. 某养老院为提升内部服务规范性，由院长牵头召集机构各部门不同专业人员组成了标准化工作建设团队，定期召开研讨会，组织外出调研学习，制订工作方案，建立服务标准。该团队的结构类型是（　　）。（2022）

　　A. 多功能型团队　　　　　　　　　B. 自我管理型团队

　　C. 问题解决型团队　　　　　　　　D. 垂直管理型团队

6. 社会工作者小林是养老院新入职的员工。在入职第一周，督导者老杨向他讲解了养老院里老人的生活规律、饮食习惯和兴趣爱好。老杨的讲解内容属于（　　）。（2022）

　　A. 行政性督导　　　　　　　　　　B. 教育性督导

　　C. 支持性督导　　　　　　　　　　D. 调解性督导

7. 对社会服务机构而言，志愿者绩效评估的核心目的是（　　）。

　　A. 了解志愿者的技能成长　　　　　B. 保证机构的服务质量

　　C. 强化志愿者的利他行为　　　　　D. 满足志愿者的社交需要

8. 黄先生自筹资金开办了有100张床位的养老院。根据当地政策，每张床位补贴1万

元，黄先生得到了 100 万元的一次性财政补贴。根据资助方式，当地政府扮演了（　　）。

A. 伙伴角色
B. 委托人角色
C. 奖励者角色
D. 监督者角色

9. 社会服务机构筹募捐款时，需了解捐助人的动机和行为。以下属于个人捐款动机的是（　　）。

A. 市场营销
B. 公共关系
C. 利他助人
D. 社会联谊

10. 某社区地处郊区，集中居住了较多外来人口。社会工作者小马走访部分家庭时发现，夫妻来自不同地域的家庭矛盾较多，于是决定策划一个家庭综合服务项目。小马首先要做的工作应是（　　）。

A. 明确服务目标
B. 界定问题和评估需求
C. 寻求社会资源
D. 制订可行性方案

11. 社会工作者小张负责某社会工作服务机构的志愿者管理。下列小张的工作，属于志愿者管理中"工作发展与设计"的是（　　）。（2021）

A. 评估志愿者参与服务动机
B. 撰写志愿服务工作说明书
C. 开展迎新说明与志愿者训练
D. 进行志愿者绩效评估和激励

12. 由于政府购买社会组织服务资金减少，某社会工作服务机构陷入财政危机。机构理事会决定扩大个人捐赠，与具有公募资格的筹款平台合作，发起"让爱传递"劝募活动，招募"爱心大使"动员身边的亲朋好友发起"一起捐"。从个人捐款动机分析，该劝募活动主要利用的是（　　）。（2021）

A. 市场营销
B. 自我利益
C. 外界影响
D. 个人需要

二、多项选择题

13. 某社会工作服务机构根据社区老年人的需求，设计了一个以维护老年人财产权益为目标的服务方案。该服务方案应包含的内容有（　　）。（2021）

A. 方案执行情况的监测和评估方法
B. 符合老年人特点的主题活动和宣传形式
C. 方案实施中可能遇到的困难和应对措施
D. 与目标对象数量相匹配的工作人员分工原则
E. 机构员工学习老年人权益保障法的安排

14. 社会工作者老王负责社区困境儿童关怀服务项目。在项目结束阶段，老王应该完成的工作有（　　）。（2020）

A. 将困境儿童监护人纳入服务对象范畴
B. 完成每一位困境儿童的服务档案建设
C. 调整项目经费预算，合理地控制支出
D. 反思项目执行过程对困境儿童产生的影响
E. 培训项目工作人员推演整个工作的流程

15. 社会工作者小张设计了一份项目申请书用于参加社区公益创投活动。在该项目申请书中，需要重点说明的内容有（　　）。

A. 项目的政策意义和实践意义
B. 项目的主要目标和成效目标

C. 项目的主要内容和实施策略　　　　D. 项目的盈利模式和社会影响

E. 项目的经费预算和交代方式

16. 某社会工作服务机构分析了最近一批新加入志愿者的服务动机。下列分析结果中，属于自我为中心型服务动机的有（　　　）。

A. 实现"善有善报"　　　　B. 获得新的工作经验

C. 认识更多的新朋友　　　　D. 表达对弱者的同情

E. 履行社会责任

参考答案

一、单项选择题

1. C　　考点：企业捐款动机

2. C　　考点：社会服务方案策划（问题解决策划）

3. B　　考点：志愿者管理的步骤

4. A　　考点：社会服务机构的团队式结构（多功能型团队）

5. A　　考点：社会服务机构的团队式结构（多功能型团队）

6. B　　考点：教育性督导

7. B　　考点：志愿者绩效评估

8. C　　考点：社会服务机构的资金来源

9. C　　考点：个人捐款动机

10. B　　考点：社会服务方案的策划步骤

11. B　　考点：志愿者管理的内容和过程

12. C　　考点：个人捐款动机

二、多项选择题

13. ABCD　考点：社区活动策划的技巧

14. BD　考点：社会服务方案的策划步骤和方法

15. AE　考点：项目申请书的内容

16. AB　考点：志愿者参与社会服务的动机

第一节 社会工作行政的含义与功能

考纲		重要考点	星级标记
社会工作行政的含义与功能	含义	间接的实务方法，将社会政策转化为社会服务的过程；由社会政策到具体的社会服务；反馈政策效果以修订政策	★★
	特征	价值导向性；目标、策略的不确定性；介入过程的持续动态性；资源运用的协调性、合作性和依赖性；领导与管理者素质的综合性	★
	功能	将社会政策变为社会服务行动；合理运用资源，促进有效服务；总结社会政策的执行经验，提出修订建议	★★
	一般程序	组织分析；方案策划；人力组织；效能发挥与资金运作；评估总结	★★
	我国社会福利行政体系	我国社会福利行政体系的构成；我国社会福利行政体系运作的基本方式	★★

习题精练

一、单项选择题

1. 社会工作分为直接服务方法和间接服务方法。以下选项中，属于间接服务方法的是（   ）。

A. 个案工作　　　　　　　　　B. 小组工作

C. 社区工作　　　　　　　　　D. 社会工作行政

2. 社会工作行政是社会工作专业的重要组成部分，但社会工作行政与其他具体的社会工作方法的工作方式是不同的。一般来讲，在社会工作行政中，如果忽视了（   ），最终会导致伦理困境的形成。

A. 价值导向性　　　　　　　　B. 目标、策略的不确定性

C. 介入过程的持续动态性　　　D. 资源运用的协调性、合作性和依赖性

3. （   ）在将社会政策转变为具体服务的过程中要将宏观政策具体化，因而具有解释政策的功能。

A. 社会工作研究　　　　　　　B. 社会工作行政

C. 社会工作教育　　　　　　　D. 社区工作

4. 社会工作行政具体配置各种资源，形成社会服务的能力，监督社会服务的进程，

并对其进行评估来提高服务效率。这说明社会工作行政具有（   ）的功能。

  A. 将社会政策变为社会服务行动

  B. 挖掘服务对象的潜能，实现助人自助

  C. 合理运用资源，促进有效服务

  D. 总结社会政策的执行经验，提出修订意见

5. 组织分析包括组织外部环境和内部机制分析，以下描述中不属于组织内部机制分析的是（   ）。

  A. 了解组织结构和管理风格   B. 评估技术资源和系统的效用

  C. 识别和评估组织和服务对象的关系 D. 识别法人权限和使命

6. 在社会工作行政中，落实工作方案、实现工作成效的制度安排是（   ）。

  A. 组织分析   B. 人力组织   C. 评估总结   D. 方案策划

二、多项选择题

7. 社会工作行政的介入是一个相对宏观的、间接的过程。关于这一介入特征，以下描述中正确的是（   ）。

  A. 涉及的政策与服务过程是一种持续性的动态过程

  B. 涉及的不同层次的政府与社会组织的关系不变

  C. 所涉及的服务与照顾只是一种关系，不是过程

  D. 涉及的不同层次的政府与社会组织处在一个不断发展的过程

  E. 服务提供者与服务使用者对服务与照顾内涵的认知、表达、评估是一个不断寻求彼此平衡的过程

参考答案

一、单项选择题

1. D 考点：社会工作行政的含义

2. A 考点：社会工作行政的特征

3. B 考点：社会工作行政的功能

4. C 考点：社会工作行政的功能

5. C 考点：社会工作行政的一般程序

6. B 考点：社会工作行政的一般程序

二、多项选择题

7. ADE 考点：社会工作行政的特征

第二节　社会服务方案策划

考纲		重要考点	星级标记
社会服务方案策划	含义	社会服务方案策划是一种工作方法，决定具体的行动；决定方法、组织结构或形式；确定负责人员； 策划的类型（管制性、指导性）	★★
	形式	战略性策划；方案发展策划；问题解决策划；创新策划	★★★
	概念与方法	与机构目标一致；确定具体方案；组织资源，实现目标	★
		问题的认识和分析阶段；目标制定阶段；方案安排阶段；考虑服务的评估	★★

习题精练

一、单项选择题

1. 社会工作者小董运用"问题认识工作表"，了解和评估养老机构内老年人的主要问题，以便策划服务方案。根据系统观点，小董的工作属于社会服务方案策划的（　　）。（2020）

A. 输入　　　　　B. 过程　　　　　C. 输出　　　　　D. 效果

2. 在社会服务方案策划中，影响性目标是社会工作干预所要达到的目标。下列服务目标中，属于影响性目标的是（　　）。（2019）

A. 在 3 个月内为 10 名老人评估认知状态

B. 安排 2 名社会工作者学习相关评估技术

C. 服务 6 个月后缓解 10 名老人的抑郁程度

D. 招募不少于 5 名专业志愿者协作进行探访

3. 社会政策是为有需要的人进行整体化服务的社会行动，是将社会资源准确地分配到服务对象手中的具体规定。通常一个社会政策制定后，需要通过（　　）来落实。

A. 服务策划　　　B. 服务评估　　　C. 需求调查　　　D. 购买服务

4. 社会工作者小秦在帮机构做一项社会服务策划，其策划中涉及需求评估、目标制定、机构的总目标、方案目标的修订、探索各种可行方法、认识机构的局限性和选择可行性方法等，这属于（　　）。

A. 创新策划　　　　　　　　　　B. 战略性策划

C. 方案发展策划　　　　　　　　D. 问题解决策划

5. 社会服务方案策划的形式有多种，（　　）的主要过程是：需求评估→明确机构的使命→预测→设计可行的战略→选择机构的战略→将战略转变为服务方案目标→方案发展→评估。

A. 创新策划   B. 战略性策划

C. 方案发展策划   D. 问题解决策划

6. 某社会工作服务机构开展听障人士就医支持服务项目时，服务策划过程是：认识听障人士就医现状→界定听障人士就医需求→探索听障人士就医解决方法→认识就医解决方法可能存在的限制→选取应对办法→设计完整计划→发起评估计划。该方案策划的类型是（ ）。（2021）

A. 战略性策划   B. 创新策划

C. 问题解决策划   D. 方案发展策划

7. 社会工作者小周为某学校学生策划了一个辅导活动，希望通过活动可以更好地帮助他们树立积极的人生观。为此他写了一个详细的策划，并了解其他机构服务在校学生的一些做法，然后将他的想法告诉了所在机构的领导，以便其选择合适的介入方法。小周的这一工作过程属于（ ）。

A. 创新策划   B. 战略性策划

C. 方案发展策划   D. 问题解决策划

8. 社会工作者小赵在校园开展远离校园暴力活动时，提出这样的问题：人们为什么关注校园暴力？校园暴力何时开始发生？人们对校园暴力的感受程度如何？校园暴力一定发生在校园吗？从问题认识和分析方法的角度看，小赵的做法属于（ ）。

A. 问题认识工作表   B. 分支法

C. 问题树   D. SWOT 分析法

9. （ ）是运用理性的方法，通过清楚了解服务机构的工作理念、政策、资源和发展方向从而确立服务目标，并从多个服务工作方案中选取一个最理想的工作策略，然后根据社会需要分配和动员资源，在推行服务的过程中能结合实际情况修改服务的运作过程。

A. 社会工作督导   B. 社会服务方案策划

C. 社会工作教育   D. 社会工作评估

10. 某社会工作服务机构受当地民政部门委托，对该地区 30 个公益创投项目进行年度效果评估。下列评估内容中，属于效果评估的是（ ）。（2019）

A. 实际参与的服务对象是否符合预期

B. 项目关键指标的定期统计监测情况

C. 项目资源整合及经费管理使用情况

D. 项目实施以来产生的社会效益

11. 在社会服务方案策划中，问题认识主要是要了解需要解决的社会问题，认识方法有两种："问题认识工作表"和"分支法"。以下关于问题认识工作表的描述中不正确的是（ ）。

A. 了解问题影响的群体   B. 了解问题发生的地点

C. 了解问题发生的时间   D. 了解问题产生的原因

12. 社会工作者小冯发现某回迁小区由于配套设施不完善，有很多小商贩在社区内摆起了小摊，造成了社区环境的脏乱差，附近居民多有不满情绪，个别居民曾多次找到小冯反映这一问题，希望可以想一些办法改善社区环境。小冯在确认这一问题，掌握了该问题在社区的分布情况，确定了行动的"目标对象"后，下一步必须进行（ ）。

A. 需要评估   B. 方案制订

C. 服务开展   D. 服务评估

二、多项选择题

13. 社会工作者小马所服务的社区有大量流动儿童居住。他们的父母忙于生计，无暇照顾他们。他们与社区中的本地居民的孩子也很难一起玩。针对这个问题，小马策划了一项关于陪伴流动儿童成长的服务计划，目标是让流动儿童能够与本地儿童一起活动，让流动儿童融入城市生活。针对小马设定的服务目标，可以采用的社会服务策划形式有（   ）。

A. 创新策划   B. 战略性策划   C. 方案发展策划

D. 问题解决策划   E. 可实施性策划

14. 某社区外来保姆比较多，她们一方面工作比较繁重，又多与家庭分离，想家、想孩子的现象比较普遍。面对这种情况，社会工作者小米策划了针对外来保姆的服务计划。小米策划社会服务方案的工作可以分为（   ）。

A. 回收调查问卷阶段   B. 问题的认识和分析阶段

C. 目标制定阶段   D. 方案安排阶段

E. 服务评估阶段

15. 社会工作者小霞在写一个关于社区闲散青少年的社会服务方案，首先她要就闲散青少年这个群体进行全面的分析，并对其需求进行评估。一般而言，全面性的问题认识和需求评估过程主要包括（   ）。

A. 认识社区问题   B. 建立目标的优先次序

C. 寻求解决这些问题的资源   D. 开展方案策划

E. 根据问题的严重性和服务的重要性排列优先次序

参考答案

一、单项选择题

1. A   考点：社会服务方案策划方法

2. C   考点：社会服务方案的策划步骤

3. A   考点：社会服务方案策划的含义和形式

4. C   考点：社会服务方案策划的形式

5. B   考点：社会服务方案策划的形式

6. C   考点：社会服务方案策划（问题解决策划）

7. A   考点：社会服务方案策划的形式

8. A   考点：社会服务方案的策划步骤和方法

9. B   考点：社会服务方案策划的概念

10. D   考点：社会服务方案的效果评估

11. D   考点：社会服务方案的策划步骤和方法

12. A   考点：社会服务方案的策划步骤和方法

二、多项选择题

13. ABCD　考点：社会服务方案策划的形式
14. BCDE　考点：社会服务方案策划的步骤和方法
15. ACDE　考点：社会服务方案策划的步骤和方法

第三节　社会服务机构的类型与运作

考纲		重要考点	星级标记
社会服务机构的类型与运作	社会服务机构的性质和类型	社会服务机构的性质	★
		我国社会服务机构的主要类型：社会福利服务机构、社会服务类民间组织、民办社会工作服务机构	★★★
	组织结构及其运作	一般结构类型：直线式组织结构、直线参谋式组织结构和职能式组织结构 团队式结构类型：多功能型团队、问题解决型团队和自我管理型团队	★★
		运作：授权；协调；沟通；控制	★★★

习题精练

一、单项选择题

1. 在很多情况下，社会工作者服务需要组织多功能型团队，关于多功能型团队的说法，正确的是（　　）。（2021）

A. 团队成员来自不同专业领域，共同完成某项任务

B. 团队是自然形成的工作小组，被赋予较大自主权

C. 团队成员间能快速建立信任关系，实现真诚合作

D. 团队的成员具有临时性特点，任务完成后即解散

2. 某社会工作服务机构在区、街道、社区三个层面开展服务，并在各层面设立服务管理团队。为适应业务发展需要，该机构决定整合不同层面的研发团队，组建机构发展研究中心。该中心定期向机构理事会提交研究报告，为机构决策提供参考依据。该机构的组织结构类型属于（　　）。（2020）

A. 直线式　　　B. 事业部制　　　C. 职能式　　　D. 直线参谋式

3. 某养老院为提升内部服务规范性，由院长牵头召集机构各部门不同专业人员组成了标准化工作建设团队，定期召开研讨会，组织外出调研学习，制订工作方案，建立服务

标准。该团队的结构类型是（　　　）。（2022）

  A. 多功能型团队   B. 自我管理型团队

  C. 问题解决型团队   D. 垂直管理型团队

  4. 为了实现社会服务机构的发展目标和良性运作，管理者应努力提高员工的满意度和工作动机，并发挥团队精神，将各部门的活动化为一致性行动。在这一过程中，管理者应进行的活动是（　　　）。

  A. 授权与沟通 B. 授权与协调 C. 沟通与协调 D. 沟通与控制

  5. 政府部门以及不同的社会组织和机构，在社会服务中承担着不同的社会职能。其中，（　　　）的工作重点主要是提供具体的专业服务。

  A. 街道办事处 B. 社工事务所 C. 社区居委会 D. 街道妇联

  6. 人们对福利需求涉及医疗、就业与失业、基本生活保障等多个方面。不同国家的社会福利管理体系是不同的。在我国现行体制下，社会福利相关业务分别由几个行政部门主管，其中不包括（　　　）。

  A. 中华全国总工会   B. 民政部

  C. 卫生健康委员会   D. 人力资源和社会保障部

  7. 中国青少年发展基金会在六一儿童节来临之际，组织"希望工程"的孩子们参观了鸟巢、水立方等，为孩子们过了一个难忘的儿童节。在我国，中国青少年发展基金会属于（　　　）。

  A. 政府部门   B. 群众团体组织

  C. 社会服务类民间组织   D. 社会公益类事业单位

  8. 广州市率先在各街道设立了家庭综合服务中心，在我国这是一种独创的社会服务形式。家庭综合服务中心与政府签订合同，由政府负责提供服务场地和社会工作者的工资，家庭综合服务中心独立设计具体服务项目。政府定期评估家庭服务中心的工作，以确定下一年度的拨款。在我国的社会服务分类中，广州的家庭综合服务中心属于（　　　）。

  A. 纯民间组织   B. 群众团体组织

  C. 政府支持的民间组织   D. 契约型社会工作服务组织

  9. 某服务机构的一个关于流动儿童的项目组成员由于工作经验不足，工作中与儿童的家长产生了冲突，致使项目无法进行。机构领导抽调了机构内几个工作经验比较丰富的工作人员组成一个应急小组，重点跟进这个项目。他们分别与家长和社会工作者进行了深入讨论，探索双方的共同兴趣点和目标。经过一段时间的工作，家长表示满意，年轻社会工作者也获得经验。这个小组属于（　　　）。

  A. 跨专业团队   B. 多功能团队

  C. 自我管理型团队   D. 问题解决型团队

  10. 所谓跨专业团队是由来自不同部门、不同专业领域的专业人员组成的一个团队。以下关于跨专业团队的描述，不正确的是（　　　）。

  A. 组成团队的目的是完成一项共同任务

  B. 团队成员之间可能会因为差异带来冲突

  C. 不同专业的团队成员之间的冲突有利于团队目标实现

  D. 团队组建初期的磨合时间比较长，影响团队的整体绩效

  11. 在社会服务机构中，各部门各司其职，分担着不同的业务以及行政职能，其具体

的工作目标也是各不相同的。从社会工作行政的角度，为实现机构的总目标，管理者首要的管理策略是（　　）。

A. 授权　　　　　B. 协调　　　　　C. 服务　　　　　D. 控制

二、多项选择题

12. 小超是某大学社会工作专业的学生，毕业后应聘到一家社会工作事务所做社会工作者，主要负责在某社区居委会推动社区发展。一般来讲，社会工作事务所雇用的人员中不属于专业社会工作人员的是（　　）。

A. 心理咨询师　　　B. 事务所主任　　　C. 个案工作者
D. 社区工作者　　　E. 康复治疗师

13. 社会服务机构有特定的理念、目标、形态、结构和运作方式，其性质主要包括（　　）。

A. 非营利机构　　　　　　　　　B. 经费来源主要是机构自行筹款
C. 目标具有模糊性和不确定性　　D. 具有清晰的使命、宗旨和服务策略
E. 主要功能是提供福利服务

14. 我国社会服务事业正处在蓬勃发展阶段。目前，各类社会组织纷纷进入社会服务领域，准确分类和定位不同社会组织是非常必要的。下列选项中属于社会组织的选项有（　　）。

A. 街道办事处　　　B. 福利工厂　　　C. 基层工会
D. 青少年基金会　　E. 社会工作事务所

参考答案

一、单项选择题

1. A　　考点：社会服务机构的团队式结构类型
2. D　　考点：社会服务机构的一般结构类型
3. A　　考点：社会服务机构的团队式结构类型
4. B　　考点：社会服务机构的运作
5. B　　考点：社会服务机构的主要类型
6. A　　考点：我国社会福利体系
7. C　　考点：社会服务机构的主要类型
8. D　　考点：社会服务机构的类型
9. D　　考点：社会服务机构的团队式结构
10. C　　考点：社会服务机构的团队式结构
11. B　　考点：社会服务机构的运作

二、多项选择题

12. AE　　考点：社会服务机构的性质

13. ADE 考点：社会服务机构的性质
14. DE 考点：社会服务机构的主要类型

第四节　社会服务机构志愿者管理

考纲	重要考点	星级标记
志愿者管理的内容和过程	需要评估与方案规划；工作发展与设计；招募；面谈与签约；迎新说明与训练；督导与激励；奖励表扬；评估	★★

习题精练

一、单项选择题

1. 社会工作者小张负责某社会工作服务机构的志愿者管理。下列小张的工作，属于志愿者管理中"工作发展与设计"的是（　　）。（2021）
   A. 评估志愿者参与服务动机　　　B. 撰写志愿服务工作说明书
   C. 开展迎新说明与志愿者训练　　D. 进行志愿者绩效评估和激励

2. 下列青年志愿者参与社会服务的动机中，属于"以利他和社会为中心"的是（　　）。（2019）
   A. 丰富生活阅历　B. 表达同情之心　C. 表现个人能力　D. 获取他人赞赏

3. 随着服务项目的增多，某社会工作服务机构招募了大批志愿者。为了保证志愿服务的质量，改进志愿者管理，机构需要开展志愿者绩效评估，执行评估前机构应该做的是（　　）。（2019）
   A. 评估服务对象对志愿服务的接纳程度
   B. 向志愿者书面说明评估的标准和程序
   C. 运用评估结果来判定志愿者胜任程度
   D. 评估机构的需要和志愿者的表现情况

4. 社会工作者小马最近听到家长反映，他招募的家教志愿者小陈经常会缩短功课辅导时间，带着辅导的孩子去玩儿。小马找小陈了解情况，小陈认为家教志愿服务的目的不应只是学业辅导，还应让孩子快乐成长。对此，小马应给予的适当回应是（　　）。
   A. 赞同和支持小陈的想法和做法
   B. 批评教育小陈，限期改正
   C. 澄清家教志愿服务的目标和要求
   D. 代表机构通知小陈暂停家教志愿服务

5. 社会工作者小林所在的机构最近在筹划一个关爱老年人的服务项目，小林主要负责招募志愿者及志愿者的培训工作，在招募工作中，小林很注重对志愿者的评估。对志愿者的评估首先是要对其（　　）进行评估。

    A. 服务效果　　　　　B. 个人能力　　　　　C. 服务动机　　　　　D. 专业水平

6. 在志愿者管理中，（　　）的目的是了解志愿者的兴趣，掌握其个人资料，安排志愿者到合适的服务岗位。

    A. 评估　　　　　　　B. 面谈　　　　　　　C. 签约　　　　　　　D. 监督

7. 大学生小佳在经过了几轮面试之后，成为某社会服务机构的志愿者，机构与其签订了约定，签约的目的是（　　）。

    A. 规范志愿者的工作责任和权利

    B. 安排志愿者到合适的服务岗位

    C. 让志愿者进一步了解社会服务机构的使命目标

    D. 维护志愿者、社会服务机构及其服务对象的权利

8. 大学生小军成为某机构的志愿者，机构对小军进行了各方面的训练，按照志愿者培训的常规内容，小军接受的训练中不包括（　　）方面。

    A. 知识　　　　　　　B. 信仰　　　　　　　C. 技巧　　　　　　　D. 态度

9. 对于社会服务机构而言，志愿者绩效评估的目的是（　　）。

    A. 评选出优秀志愿者

    B. 帮助志愿者发展自我潜能

    C. 帮助志愿者更深入地参与机构的服务工作

    D. 了解志愿者对机构志愿者管理制度的满意程度，改进志愿者管理

10. 在社会福利服务的推动中，（　　）是最宝贵的财富，对社会服务的传递起着不可替代的作用。

    A. 服务对象　　　　B. 可调动的资源　　　　C. 志愿者　　　　D. 项目资金

11. 如今的志愿者可以分为企业志愿者、单一活动志愿者、过渡性志愿者、津贴志愿者等，这说明（　　）。

    A. 志愿者工作类型多元化　　　　　　　　　B. 志愿者身份多元化

    C. 志愿者工作难度多元化　　　　　　　　　D. 志愿者工作模式多元化

12. 在志愿者管理的需要评估阶段，对服务对象的评估主要是看（　　）。

    A. 哪些服务对象更需要该项服务

    B. 评估志愿服务将给志愿者带来哪些收益

    C. 评估服务对象选择服务类型时的动机

    D. 服务对象对志愿服务的接纳程度，以及对志愿者性别、年龄等的要求

二、多项选择题

13. 社会工作者小朱在一家为老社会工作者服务机构负责志愿者管理工作，近期她将对新招募的志愿者开展参加为老服务动机评估。下列表述中，属于"以利他和社会为中心"的动机有（　　）。（2021）

    A. 希望能够帮助老年人提高生活质量

    B. 通过志愿服务表达对老年人的关爱

    C. 可以减少自身生活的孤独感和寂寞

D. 通过志愿服务获得为老服务的经验

E. 希望通过志愿服务尽一点社会责任

14. 志愿者逐渐成为社区治理的重要力量，发挥着越来越显著的作用，因此，有必要对志愿者进行专业管理。关于志愿者管理的说法，正确的是（　　）。（2023）

A. 工作发展与设计的任务是了解志愿者的兴趣和个人信息

B. 志愿者在奉献时间、知识和技能时，越来越重视自我收获

C. "需要评估与方案规划"是对志愿者和服务对象要求进行评估

D. 鉴于社会对志愿服务负面效果的关注，机构需加强对志愿者规范管理

E. 志愿者训练的主要目标包括端正态度、丰富知识、提升技巧三方面

15. 社会工作者小高在某社会工作机构工作，主要负责志愿者的招募及管理工作。在工作开展过程中，小高发现，对志愿者必须进行专业的管理，原因是（　　）。

A. 机构期望不断提升机构的效率和效益

B. 志愿服务所带来的负面效果更容易引起社会关注

C. 更好地激励志愿者的服务意愿

D. 志愿者在奉献时间、知识和技能时，更重视对社会的奉献

E. 志愿者参与志愿服务的方式与类型越来越多元化

16. 社会服务机构要招募一批大学生志愿者，参与一个关于流浪儿童救助的项目。关于志愿者招募，以下描述中正确的是（　　）。

A. 告诉志愿者参与方式

B. 说明机构的性质、服务类型

C. 说明志愿者需要奉献的时间

D. 必须有一个引人注目的主题和要求

E. 对于要求特别技能的工作，不能由志愿者承担

参考答案

一、单项选择题

1. B　　考点：志愿者管理的内容和过程

2. B　　考点：志愿者参与社会服务的动机

3. B　　考点：志愿者管理的内容和过程

4. C　　考点：志愿者管理的内容和过程

5. C　　考点：志愿者管理的内容和过程

6. B　　考点：志愿者管理的内容和过程

7. D　　考点：志愿者管理的内容和过程

8. B　　考点：志愿者管理的内容和过程

9. D　　考点：志愿者管理的内容和过程

10. C　　考点：志愿者的定义

11. B　　考点：志愿者的管理必要性

12. D　　考点：志愿者管理的内容和过程

二、多项选择题

13. ABE　考点：志愿者参与社会服务的动机
14. BDE　考点：志愿者管理的内容和过程
15. ABCE　考点：志愿者的管理必要性
16. ABCD　考点：志愿者管理的内容和过程

第五节　社会服务机构的筹款方式

考纲		重要考点	星级标记
社会服务机构的筹款方式	资金来源	政府资助；社会捐助；低偿服务	★★
	社会捐助	个人捐款：个人需要；外界影响；利他动机 企业捐款：市场营销；公共关系；自我利益；税法策略；社会联谊（俱乐部）	★★★
	政府购买服务	已经逐渐成为社会服务机构筹资的一个重要来源	★★
	筹资方法	项目申请；私人恳请与电话劝募；特别事件筹资活动	★★

习题精练

一、单项选择题

1. 由于政府购买社会组织服务资金减少，某社会工作服务机构陷入财政危机。机构理事会决定扩大个人捐赠，与具有公募资格的筹款平台合作，发起"让爱传递"劝募活动，招募"爱心大使"动员身边的亲朋好友发起"一起捐"。从个人捐款动机分析，该劝募活动主要利用的是（　　）。（2021）

A. 市场营销　　　B. 自我利益　　　C. 外界影响　　　D. 个人需要

2. 某儿童社会工作服务机构的社会工作者小张与当地一家画廊负责人很熟，两人闲聊时谈到可以合作举办画展，将画展的门票收入和画作拍卖筹集的资金捐赠给遭遇火灾的某自闭症儿童家庭。上述筹资方法属于（　　）。（2021）

A. 项目申请　　　　　　　　　B. 私人恳请

C. 电话劝募　　　　　　　　　D. 特别事件筹资活动

3. 某企业近期向市儿童福利院无偿捐赠人民币 10 万元，为听力障碍儿童购买助听器，

以展示企业社会责任。该企业的捐款动机属于（　　　）。（2022）

  A. 市场营销   B. 自我利益

  C. 公共关系   D. 税法策略

  4. 某社会工作服务机构负责人想向政府申请经费，支持机构开展刑满释放人员的安置帮助服务。在项目申请书中，为说明经费使用的具体情况，他陈述了经费申请理由、经费用途、经费测算方法、经费管理措施和项目预期效果。他在项目书中还应说明（　　　）。

  A. 项目的详细服务计划   B. 项目的人员队伍构成

  C. 项目的社会交代方法   D. 项目的组织机构简介

  5. 下列企业捐赠动机中，属于"市场营销"的是（　　　）。

  A. 赢得良好声誉   B. 争取潜在客户

  C. 获得税费减免   D. 获得员工认同

  6. 某社会服务机构主要为外来务工人员子女提供服务，在外来务工人员中有很高的声望。近年来，政府每年拨出 10 万元给该机构，协助其为外来务工人员子女提供更加全面、更加优质的服务。在这里政府扮演的角色是（　　　）。

  A. 伙伴角色   B. 奖励者角色

  C. 中介者角色   D. 协调者角色

  7. 某劳务输出大省留守儿童的数量呈现逐年增长的局势。该地政府与某社会服务机构签订协议，由政府提供经费，该机构为留守儿童提供课业辅导、业余活动、成长陪伴等服务。该机构的资金来源属于（　　　）。

  A. 购买服务   B. 政府奖励

  C. 社会捐助   D. 商业交易

  8. 某工业基地老年人口数量逐年增长，该地政府与某社会服务机构共同商讨服务老年人的方案，共同决定开展服务的形式，并为机构提供经费保障。这种方式属于（　　　）。

  A. 购买服务   B. 政府补助

  C. 协议合作   D. 商业交易

二、多项选择题

  9. 社会工作者小李计划向某社区基金会申请项目资助。在项目申请书中，小李应说明的内容有（　　　）。（2019）

  A. 申请项目的意义和重要性   B. 项目的具体实施过程及预期效果

  C. 项目预算构成和经费使用途径 D. 基金会的评委构成及其资助偏好

  E. 向资助方及相关人士的交代方法

  10. 某社会工作服务机构正在撰写一份项目申请书，计划向政府争取资金支持，该项目申请书的内容如下：项目名称、机构名称、背景和意义、实施步骤。除上述内容外，该项目申请书还必须列出的内容有（　　　）。

  A. 项目的目标   B. 项目经费预算

  C. 项目的资助者   D. 项目人员的招募

  E. 项目的预期效果

11. 李某到一家社会服务机构工作，主要负责机构的财务管理。一般而言，社会服务机构的主要资金来源包括（　　）。

A. 政府资助　　　　　B. 社会捐助　　　　　C. 专项税收

D. 商业交易　　　　　E. 服务收费

12. 某机构通过电话劝募、举办慈善义卖会等形式为地震灾区人民筹款，在这个过程中收到了大批社会捐助资金。这批社会捐助资金中可能包括（　　）。

A. 政府捐助　　　　　B. 个人捐款　　　　　C. 企业捐助

D. 基金会捐款　　　　E. 出售商品的收益

13. 随着社会的发展，越来越多的企业加入慈善事业中。一般而言，企业捐款是出于（　　）的动机考虑。

A. 市场营销　　　　　B. 公共关系　　　　　C. 自我利益

D. 管理者信仰　　　　E. 税法策略

参考答案

一、单项选择题

1. C　　　考点：个人捐款动机

2. B　　　考点：社会服务机构筹资方法

3. C　　　考点：企业捐款动机

4. C　　　考点：社会服务机构筹资方法

5. B　　　考点：企业捐款动机

6. B　　　考点：社会服务机构资金来源

7. A　　　考点：社会服务机构资金来源

8. C　　　考点：社会服务机构资金来源

二、多项选择题

9. ABCE　考点：社会服务机构筹资方法

10. ABE　考点：社会服务机构筹资方法

11. ABDE　考点：社会服务机构资金来源

12. BCD　考点：社会服务机构资金来源

13. ABCE　考点：企业捐款动机

第六节 社会工作督导的对象和内容

考纲		重要考点	星级标记
社会工作督导的对象和内容	含义	专业训练方法	★★
	功能	行政；教育；支持	★★★
	目标	保障服务对象权益；保证专业服务品质；促进督导对象成长；实现组织服务承诺；推动社会工作行业发展	★★★
	督导对象与督导者	督导的对象：机构新进入者；服务年限较短、经验不足的初级社会工作者；实习的社会工作专业学生；志愿者督导者：成为督导者的要求	★★
	类型	师徒式督导；训练式督导；管理式督导；咨询式督导	★
	社会工作督导的内容	行政性督导、教育性督导、支持性督导的内容	★★
		志愿者督导的目的和功能	★
	有效督导的条件及要素	督导方式的结构性；持续定期；督导者态度的前后一致性；评估检讨	★

习题精练

一、单项选择题

1. 社会工作教育性督导可以缓解被督导者的工作压力。下列督导者的做法中，体现社会工作督导教育性功能的是（　　）。（2021）

　　A. 协助被督导者识别和处理焦虑情绪

　　B. 鼓励被督导者再尝试新的介入方法

　　C. 引导被督导者看到自己的工作成效

　　D. 帮助被督导者练习情绪管理的技巧

2. 新入职的社会工作者小邱为丧偶的李奶奶提供个案服务。近期，李奶奶得知女儿生重病的消息，原本已平复的情绪再次跌入低谷，这让小邱非常沮丧。此时，小邱的督导者首先应该关注的是（　　）。（2020）

　　A. 小邱的负面情绪如何调适 　　　B. 小邱的工作量是否需要调整

　　C. 自己的督导工作是否有效 　　　D. 李奶奶女儿的病情是否严重

3. 某社会工作服务机构在人力资源配置方面遭遇困难，符合岗位要求的应聘者少，通过面试进入试用期的新员工离职情况时有发生，并且影响现有员工队伍的稳定，为此，人事主管向机构督导者老杨反映了此问题。下列老杨的做法中，属于行政性督导内容的是

（   ）。（2019）

    A. 参与面试工作，评估应聘者对机构目标的认同程度

    B. 增强技术辅导，协助新进人员掌握服务理念和方法

    C. 提供咨询支持，加强对员工团队管理方法的指导

    D. 及时疏导情绪，协助现有员工适应团队的变化

4. 社会工作者小林是养老院新入职的员工。在入职第一周，督导者老杨向他讲解了养老院里老人的生活规律、饮食习惯和兴趣爱好。老杨的讲解内容属于（   ）。（2022）

    A. 行政性督导   B. 教育性督导   C. 支持性督导   D. 调解性督导

5. 社会工作者小李在为精神障碍患者小张开展服务时，始终无法与服务对象建立信任关系，觉得非常沮丧。督导者老陈知道后，肯定小李工作中所做的努力，协助他处理受挫的情绪。老陈的做法属于（   ）。

    A. 行政性督导   B. 教育性督导

    C. 支持性督导   D. 调解性督导

6. 小张进入一家社会工作机构工作，督导者老徐向他介绍了机构的相关情况后，给他安排了接下来的工作，包括服务个案数量、工作完成时间安排与管理等。老徐的督导内容属于（   ）。

    A. 行政性督导   B. 教育性督导   C. 支持性督导   D. 考核性督导

7. 社会工作者小郑由于缺乏经验，在处理服务对象王阿姨的问题时采取了不太适合的策略，王阿姨非常不满意，觉得机构不重视她的问题，强烈要求见机构领导并更换工作人员。督导老丁接见了王阿姨并安抚其情绪，在这里督导者扮演的角色是（   ）。

    A. 倡导者   B. 缓冲器   C. 中介者   D. 机构变迁推动者

8. 社会工作者小朱毕业后来到一家社会工作机构工作，最近在做一个有关服刑人员子女的服务项目，小朱在与这些孩子接触的过程中充满挫败感，于是向督导者老钱求助。老钱告诉小朱，这些孩子基本是父母双方都在服刑，有着超乎年龄的敏感、多疑、自卑、易怒，需要长时间的关怀才能敞开心扉，跟他们相处要有耐心。老钱是在教授小朱（   ）。

    A. 有关社会服务机构的知识   B. 有关服务对象的知识

    C. 有关社会问题的知识   D. 有关社会工作者本身的知识

9. 督导者要通过教导，让被督导者能够"自我觉醒"，让他自主地思考一些事情，并借此确保被督导者对专业问题的反思不会影响服务对象与社会工作者之间的协助关系。这说明督导是在（   ）。

    A. 教导有关社会服务机构的知识   B. 教导有关服务对象群体的知识

    C. 教导有关社会问题的知识   D. 教导有关社会工作者本身的知识

10. 志愿者督导是社会服务机构中的工作人员指导、协调、增强和评估志愿者的工作过程，志愿者督导的最终目标是（   ）。

    A. 监督志愿者的服务   B. 给志愿者提供精神支持

    C. 尽可能向服务对象提供最优质的服务   D. 帮助志愿者及时处理工作中遇到的问题

11. 督导者老郭最近发现志愿者小兰情绪有些低落，经了解得知小兰最近压力比较大，担心自己的服务不能满足服务对象的需求。老郭对小兰的工作表示了肯定，并鼓励她要相信自己，有什么问题可以随时来找他。在这里督导者老郭发挥的功能是（   ）。

A. 教育性功能　　　B. 支持性功能　　　C. 行政性功能　　　D. 引导性功能

12. 某高校开展了一个有关流动儿童的志愿服务项目，6 名志愿者为一个小组，由一名资深志愿者担任督导，督导主要负责解决组内每个志愿者在服务中遇到的问题和提供精神上的支持。这种督导在结构模式上属于（　　）。

A. 团队督导　　　B. 协力督导　　　C. 小组督导　　　D. 同事督导

二、多项选择题

13. 某服务对象向机构督导者老王抱怨社会工作者小李工作不太细心，有一次家访迟到了半个小时。在督导面谈中，小李也谈到最近感觉工作任务多，时间不够，工作压力太大，有时晚上失眠，经常提不起精神。从教育性督导角度看，为缓解小李的压力，老王适宜采取的做法有（　　）。（2019）

A. 告诉小李与服务对象沟通的策略和技巧

B. 帮助小李进行压力管理训练，学习放松技巧

C. 指导小李做好时间管理，合理安排工作优先次序

D. 协助小李识别和处理服务过程中所产生的焦虑情绪

E. 给予小李情感关怀和心理支持，并鼓励其继续投入工作

14. 老王是某青少年服务机构的资深社会工作者，拥有丰富的实务经验和督导经验。在多年的工作中，老王发现督导是一个非常关键的环节。具体来讲，督导对社会工作发展的意义是（　　）。

A. 保障服务机构的正常运行　　　B. 提高社会工作服务质量

C. 提高机构在社会上的知名度　　　D. 促进社会工作者成长

E. 推动社会工作专业发展

15. 社会工作督导可以通过教育性督导，有效缓解社会工作者的工作压力。督导者的具体工作内容包括（　　）。

A. 教导时间管理技巧　　　B. 教导沟通技巧

C. 培养价值伦理抉择能力　　　D. 培养积极的人生观

E. 发展压力管理培训课程

参考答案

一、单项选择题

1. D　　考点：教育性督导
2. A　　考点：支持性督导
3. A　　考点：行政性督导
4. B　　考点：教育性督导
5. C　　考点：支持性督导
6. A　　考点：行政性督导
7. B　　考点：督导者的角色
8. B　　考点：教育性督导

9. D   考点：教育性督导
10. C   考点：志愿者督导的最终目标
11. B   考点：志愿者督导的功能
12. C   考点：督导的结构模式

二、多项选择题
13. BC   考点：教育性督导
14. ABDE   考点：社会工作督导的目标
15. ABCE   考点：教育性督导

第八章
社会工作研究

8

【本章复习提示】

　　本章核心内容是掌握社会工作研究的基本概念和具体研究方法的应用。主要考点涵盖定量研究与定性研究的特点，问卷调查方法的类型、结构、设计原则和评价，个案研究方法的特性及其应用等。考生在复习过程中应注重以下几点。①概念与理论的深入理解，深入学习定量研究和定性研究的基本理论，特别是它们的定义、特点及适用场合；②实际案例的分析性应用，结合社会工作研究领域的实际案例，理解如何应用问卷调查和个案研究方法；③关注案例描写的情境精准把握考点知识，建议通过本章大量案例题的练习，包括熟练掌握问卷设计的基本原则和个案研究的步骤，做到对知识点有较为精准的把握，才能提高做题的准确率。

摸底自测

一、单项选择题

1. 社会工作者小李为了解社区居民对家庭服务的需求，设计了一份调查问卷。下列问题和答案的设计中，最适宜的是（　　）。（2023）

A. 您的婚姻状况？（1）未婚　（2）已婚　（3）离婚

B. 您家的家庭结构？（1）核心家庭　（2）主干家庭　（3）联合家庭　（4）其他（请说明）＿＿＿＿＿

C. 您家的家务主要由谁承担？（1）母亲　（2）父亲　（3）妻子　（4）丈夫

D. 您对家务分工满意吗？（1）非常满意　（2）比较满意　（3）一般　（4）比较不满意　（5）非常不满意

2. 医务社会工作者小宋主要为骨肿瘤患儿及家属提供专业服务。为探索以家庭为中心的社会工作服务模式，小宋计划采用个案研究方法开展研究。小宋的下列做法中，正确的是（　　）。（2023）

A. 把研究所提炼的专业服务模式推论至其他医院

B. 重点研究社会工作者为骨肿瘤患儿服务的效果

C. 将病房内所有的骨肿瘤患儿及家属都作为研究对象

D. 将骨肿瘤患儿家庭参与服务的过程记录作为研究资料

3. 下列问卷的问题中，属于行为指标属性问题的是（　　）。（2022）

A. 您是中国共产党党员（包含预备党员）吗？（1）是　（2）否

B. 您是自2022年起开始担任社区志愿者的吗？（1）是　（2）否

C. 您在完成志愿服务后，是否查看过自己的服务积分？（1）是　（2）否

D. 您对目前志愿服务的激励制度满意吗？（1）满意　（2）不满意　（3）说不清

4. 满意度调查问卷通常用来测量利益相关方对社会工作者所提供服务的满意程度，因此，社会工作者必须掌握满意度调查问卷的设计与实施。对于满意度调查问卷的说法，正确的是（　　）。（2022）

A. 该类问卷必须真实署名，便于跟进服务反馈

B. 该类问卷越长越好，利于获取全面详细信息

C. 该类问卷主要由涉及态度类型的问题所构成

D. 该类问卷问题的主观性较强，难以保证效果

5. 下列关于定性研究特点的说法，正确的是（　　）。（2021）

A. 定性研究将依据理论并形成假设

B. 定性研究将研究对象视为自己人

C. 定性研究更注重研究问题的普遍性

D. 定性研究采用非接触方法收集资料

6. 社会工作者小汪采取个案研究法，探索社区社会组织联合会对其辖区内社区社会组织孵化培育的影响。下列关于小汪研究的说法，正确的是（　　）。（2021）

A. 研究更多地体现该联合会孵化培育社区社会组织的经验

B. 研究需按照限定的时间、地点和方法开展各项研究工作

C. 研究结果反映该街道所在市辖区的所有联合会发展情况

D. 研究所收集的资料只能是该联合会工作人员的访谈记录

7. 社会工作者小陈对新获取的访谈资料进行分类、归纳，将访谈资料系统化，并进行编码。小陈的工作所处的研究阶段是（　　）。（2020）

A. 记录资料　　　　B. 整理资料　　　　C. 收集资料　　　　D. 研究总结

8. 根据问卷设计中问题的排序原则，下列问题正确的排序是（　　）。（2020）

（1）您觉得精准救助服务的效果如何？

①非常好 ②比较好 ③一般 ④比较差 ⑤非常差

（2）您第一次领取最低生活保障金的时间：＿＿＿年＿＿＿月

（3）您的教育程度？

①初中及以下

②高中/中专/技校/同等学力

③大专及以上

A.（1）（2）（3）　　　　　　　　B.（3）（1）（2）

C.（3）（2）（1）　　　　　　　　D.（1）（3）（2）

9. 社会工作者老许正在编制一份自填式调查问卷，她在问卷封面上注明若无特殊性说明每个问题请选择一个答案。老许这段说明属于问卷结构中的（　　）。

A. 编码　　　　B. 指导语　　　　C. 问题和答案　　　　D. 封面信

10. 学校社会工作者小马在一次旨在培养学生自信心的服务中设计了一份问卷，用于调查4~6年级学生自信心的变化及特点。对此，小马的督导建议问卷量表的篇幅不宜过长。上述督导建议表明此问卷设计应该（　　）。

A. 提高学生信心并有完成问卷的意愿　　B. 围绕提升自信心的研究假设设计问题

C. 较好提升学生自信心的实际性　　　　D. 保证自信心提升不受时间地点影响

11. 社会工作者老王一直从事农村社区发展的实务与研究，他选择A村作为研究对象，并获准进入A村，探索如何使"空心化"的乡村重新焕发新的活力。根据个案研究的一般步骤，老王接下来应该（　　）。

A. 总结A村发展经验，报告研究结果与发现

B. 整理观察日记和访谈记录，分析A村社区的发展路径

C. 查阅地方志和文史资料，了解A村的历史文化资源

D. 了解A村语言和文化，与村民们建立信任友善关系

12. 社会工作研究者王先生为了评估对外来务工人员子女的社会工作干预效果，需要设计问卷。一般来说，问卷设计过程中正确的步骤是（　　）。

A. 进行探索性工作、设计问卷、试调查　　B. 试调查、进行探索性工作、设计问卷

C. 进行探索性工作、试调查、设计问卷　　D. 设计问卷、进行探索性工作、试调查

二、多项选择题

13. 定量研究与定性研究既具有不同的特性，又相互补充。关于定量研究与定性研究特点的说法，正确的有（　　）。（2023）

A. 定性研究注重研究结论的一般性和可推论性

B. 定性研究可在研究过程中逐步形成理论假设

C. 定量研究的资料收集工具可以在研究过程中不断修订

D. 定量研究设计力图尽量排除研究者对研究对象的影响

E. 多角度测量法可整合定量研究和定性研究的不同技术

14. 问题和答案是问卷设计的核心，下列问题和答案符合问卷设计原则的有（   ）。

A. 你 18 岁以前主要生活在哪里（即小时候你们家在哪里)？

    （1）本市本区　　（2）本市郊县农村　　（3）外省城市　　（4）外省

B. 多子多福，你希望生几个孩子？

    （1）1 个　　（2）2 个　　（3）3 个及以上　　（4）不想生小孩

C. 你对你自己目前的工作满意吗？

    （1）非常不满意　　（2）比较不满意　　（3）一般　　（4）比较满意　　（5）非常满意

D. 你们夫妇双方的老人是否希望你们生两个孩子？

    （1）不希望　　（2）希望　　（3）随便　　（4）不知道/不适用

E. 你生第二个孩子最主要的原因是什么？（只选最主要的一项）

    （1）孩子可以有个伴儿，利于孩子成长

    （2）就希望生一男一女，儿女双全

    （3）可以传宗接代，分别姓父母双方的姓

    （4）多一个孩子将来养老更有保障

    （5）其他

15. 小林以 F 机构为样本，开展个案研究，目的是了解项目化运作对社会工作服务机构发展的影响。下列关于该研究的说法，正确的有（   ）。

A. 该研究能更多地体现 F 机构发展的个别性特点

B. 该研究要严格按照预定步骤进行各项研究工作

C. 该研究可以帮助形成社会工作服务机构发展影响因素的理论

D. 该研究结果可以反映 F 机构所在地域的所有机构发展的情况

E. 该研究收集的资料包括 F 机构的访谈记录、观察记录和服务档案

16. 一份问卷的封面信内容如下：

> 尊敬的同学：
>
>   您好！
>
>   我是××社会工作服务中心的工作人员，现在协助中心进行一项调查，其主要内容是了解打工子弟学校学生的学习和生活情况。其目的是设计一套服务方案，满足打工子弟学校学生的需求。经过随机抽样，您被选中成为我们的调查对象。本调查采用不记名方式，我们将对您的个人资料进行保密。
>
>   感谢您花一些时间回答下述问题。
>
>   ××社会工作服务中心
>
>   ××年×月×日

这份封面信包含的内容有（   ）。

A. 调查者的身份　　　　B. 调查内容　　　　C. 调查目的

D. 问卷标题　　　　　　E. 调查对象选择方法

参考答案

一、单项选择题

1. D　　考点：问卷设计
2. D　　考点：个案研究
3. C　　考点：问卷设计的内容
4. C　　考点：问卷调查的内容
5. B　　考点：定性研究的特点
6. A　　考点：个案研究
7. B　　考点：定性研究的一般程序
8. C　　考点：问卷设计
9. B　　考点：问卷结构
10. A　　考点：问卷设计
11. D　　考点：个案研究的一般步骤
12. A　　考点：问卷设计的步骤

二、多项选择题

13. BD　　考点：定量研究与定性研究的特点
14. CE　　考点：设计问卷的原则
15. ACE　　考点：个案研究
16. ABCE　考点：封面信的内容

第一节　社会工作研究的内涵、伦理与功能

考纲		重要考点	星级标记
基本内涵	界定视角	社会工作研究是获取和发现与社会工作相关的知识和事实的过程	★
	要素特性	主要探究困难群体及其议题；采用整合审视的研究视角；坚守社会工作伦理和社会研究伦理；旨在推进福利、促进实务和提升理论；体现研究者的多元角色	★
研究伦理		研究选题的伦理；社会工作的伦理；社会研究的伦理	★
主要功能		优化实务过程、发展社会工作知识	★

习题精练

一、单项选择题

1. 为了协助某社区应对居家养老问题，研究者依托社会工作伦理和社会研究伦理，使用问卷调查收集和分析资料，提出社会工作实务思路，这属于（　　）。
   A. 社会工作政策　　　　　　　　B. 社会工作教育
   C. 社会工作督导　　　　　　　　D. 社会工作研究

2. 社会工作研究的目标与社会工作的目标相呼应，其基本内涵是（　　）。
   A. 协助服务对象成长　　　　　　B. 促进宏观场境改善
   C. 促进社会的公平正义　　　　　D. 获取和发现与社会工作相关的知识及事实

3. 社会工作研究与其他社会研究相比有自己的特色。下列说法中，能体现它与其他社会研究的重要区别的是（　　）。
   A. 以困难群体及其相关议题为主要对象　　B. 研究涉及强势群体
   C. 体现研究者的角色单一性　　　　　　　D. 采用分解审视的视角

4. 在社会工作研究中，社会工作者要遵守社会工作的伦理。以下描述中，错误的是（　　）。
   A. 要尊重研究对象的自决权　　　B. 要遵守研究对象的知情同意权
   C. 利用研究为自己创造福利　　　D. 要尊重研究对象的价值和尊严

5. 社会工作研究可以检验某个技术、概念、模式、理论的本土应用，优化某种工作模式，发现其在特殊场景中的适应性，进而对专业发展发挥积极作用。这说明社会工作研究具有（　　）的特征。
   A. 以困难群体及其议题为主要对象
   B. 采用社会工作视角
   C. 恪守社会工作伦理和社会研究伦理
   D. 旨在促进实务、提升理论和推进福利

6. 在对工作压力进行研究时，社会工作者小王不是简单地描述现状、探讨原因和提出对策，而是依托"人在情境中"框架，探讨其个人与场景两方面原因，在发现可变原因的基础上提出相应干预思路。这说明社会工作研究具有（　　）的基本特性。
   A. 体现研究者的多元角色　　　　B. 坚守社会工作伦理
   C. 推进福利和提升理论　　　　　D. 采用整合审视的研究视角

7. 社会工作研究可以融入实务过程中，如督导者在对机构工作进行研究后发现，自己在指导新进社会工作者时互动方式存在不足，然后及时调整督导方式，因此，社会工作研究的成果可以直接或间接地指导社会工作实务，社会工作者也可以同时成为研究者和成果使用者。这说明社会工作研究具有（　　）的基本特性。
   A. 推进福利和提升理论　　　　　B. 体现研究者的多元角色
   C. 采用整合审视的研究视角　　　D. 主要探究困难群体及其议题

8. 社会工作者小梁在作一项关于服刑人员子女的研究，在收集资料时小梁特别注意在征得研究对象同意的情况下进行，给研究对象充分的权利表达自己，避免给研究对象带来伤害。这里主要体现的是小梁严格遵守（　　）。

    A. 研究选题的伦理　　　　　　　　　　B. 田野调查的伦理

    C. 社会研究的伦理　　　　　　　　　　D. 社会工作的伦理

9. 社会工作者在研究过程中尊重服务对象的自决权、提升其参与权，整体视角看待服务对象，弄清和开发服务对象的优势，体现了（　　）。

    A. 研究选题的伦理　　　　　　　　　　B. 研究人员的伦理

    C. 社会工作的伦理　　　　　　　　　　D. 发展研究对象的伦理

10. 社会工作者在开展研究之前，应明确研究经费的来源，弄清楚其是否合法清白，以及这些资助是否会影响研究的客观性和科学性。这一做法体现了（　　）。

    A. 研究选题的伦理　　　　　　　　　　B. 社会研究的伦理

    C. 社会工作的伦理　　　　　　　　　　D. 发展研究对象的伦理

11. 针对失业者求职屡战屡败的原因，社会工作研究可以发现是劳动市场原因还是求职者自身原因，从而提出就业促进的思路。这一做法体现了社会工作研究具有（　　）的功能。

    A. 检验基础理论　　　　　　　　　　B. 发展社会工作理论

    C. 检验本体知识在特定场景的适用性　　D. 优化实务过程

12. 社会工作者研究灾后社区社会重建中地区发展模式在本土应用时的优劣，从而进行局部修正以适应当时当地的情况。这一做法体现了社会工作研究具有（　　）的功能。

    A. 协助社会工作者增能　　　　　　　　B. 协助社会工作机构增能

    C. 检验本体知识在特定场景的适用性　　D. 协助服务对象增能

二、多项选择题

13. 社会工作研究除具有社会研究的一般特性外，还含有社会工作本身的要素，主要包括（　　）。

    A. 以困难群体及其议题为主要对象

    B. 采用整合审视的研究视角

    C. 体现研究者的角色单一性

    D. 恪守社会工作伦理和社会研究伦理

    E. 旨在促进实务、提升理论和推进福利

14. 社会工作者小杨在作一项有关流动人口社会排斥的研究。在研究过程中，小杨应该遵守的有关社会研究的伦理包括（　　）。

    A. 不采用欺骗手段获取资料

    B. 收集资料时应该在对方愿意的情况下进行

    C. 对收集的资料可以根据自己的判断进行筛选

    D. 研究成果要客观全面地进行公开

    E. 可以将研究者的私人资料拿给同事看

15. 某服务机构在开展服务的同时一直都很注重对服务的研究，以便及时纠正在服务过程中出现的失误。实践证明，社会工作研究有利于优化实务过程，具体体现为（　　）。

    A. 有助于了解服务对象的需要，提供合适服务

B. 有助于分析因果，从而提出解决问题的思路

C. 有助于把握实务动态信息，及时提出完善思路

D. 有利于评估实务效果，从而增进服务质量

E. 对实践中诸多细节进行提炼整合，凝练出某种理论

16. 社会工作研究属于社会工作与社会研究的交叉领域，社会工作研究的要素特性有（　　）。

A. 研究者可以是资料的收集者、分析者和结果应用者

B. 以困难群体及其问题或需要为主要研究对象

C. 采用分解审视的研究视角

D. 在研究过程中需要体现社会工作的价值伦理

E. 积极推进社会工作实务

参考答案

一、单项选择题

1. D　　考点：社会工作研究的界定视角

2. D　　考点：社会工作研究的界定视角

3. A　　考点：社会工作研究的要素特性

4. C　　考点：坚守社会研究伦理

5. D　　考点：社会工作研究的要素特性

6. D　　考点：社会工作研究的要素特性

7. B　　考点：社会工作研究的要素特性

8. C　　考点：社会工作研究伦理

9. C　　考点：社会工作研究伦理

10. A　　考点：社会工作研究伦理

11. D　　考点：社会工作研究的主要功能

12. C　　考点：社会工作研究的主要功能

二、多项选择题

13. ABDE　考点：社会工作研究的要素特性

14. ABD　考点：遵守社会研究的伦理

15. ABCD　考点：社会工作研究的主要功能

16. ABDE　考点：社会工作研究的要素特性

第二节　社会工作研究方法

考纲		重要考点	星级标记
定量研究与定性研究	基本概念	定量研究的概念及其特点	★
		实证主义方法论的 4 个基本观点	★★
		定性研究概念及其特点	★
		反实证主义方法论的 6 个特征	★★
	定量研究与定性研究的特点	两者的差异体现在 5 个方面	★★★
	适用范围	详见教材	★★
定量研究方法	问卷调查	问卷与问卷调查的基本含义	★
		问卷类型：自填问卷和访问问卷	★★
		问卷结构：包括 6 个部分	★★★
		问卷设计的 5 个原则	★★★
		问卷设计的 4 个步骤	★★★
		封闭式问题和开放式问题的特点	★★
		问题的 3 种指标属性：状态、行为与态度的区分	★★★
		问题和答案的设计需要注意 4 个方面的细节	★★★
		评价	★★★
	实验研究	实验研究的基本概念	★
		3 对要素	★★
		标准实验设计：前后测控制组设计（传统实验设计）、单后测控制组设计的区别	★★
		成功设计的 4 个标准	★★
		评价	★★

续表

考纲		重要考点	星级标记
定性研究方法	观察法	观察法的基本概念	★
		观察法的两种分类	★★
		观察准备的具体工作	★
		观察内容的确定	★★
		观察记录及其要求	★★
	访谈法	访谈法的基本概念	★
		访谈法的3种分类	★★
		3种访谈形式：非正式会话式访谈、引导式访谈和标准化开放式访谈的区别	★★
		深度访谈及其应用	★★
		焦点小组及其应用	★★
		访谈过程及其技术	★★
		访谈员的选拔及培训	★★
	个案研究	含义	★
		特性	★★★
		评价	★★★
	非干扰性研究	现存统计资料分析：基本概念及其特点、3个方面的工作内容、应注意的问题	★★
		比较法：两种比较法的概念、研究对象、关键问题、应遵循的原则、评价	★★
	行动研究	内涵及其6个特点	★★
		类型：3种分类体系	★★
		评价	★★

习题精练

一、单项选择题

1. 学校社会工作者小袁运用定量研究的方法，对青少年社会适应的影响因素进行研究。根据定量研究所遵循的演绎法研究策略，小袁首先要做的是（　　）。（2023）

A. 提出研究问题　　　　　　　B. 开展研究设计

C. 编制调查问卷　　　　　　　D. 进行资料分析

2. 问卷是定量研究中常用的资料收集工具。关于问卷调查特点的说法，正确的是（　　）。（2023）

A. 访问问卷的问题设计以研究者的视角为主

B. 问卷的匿名性是保证问卷填答质量的前提条件

C. 问卷调查可以广泛适用于不同文化程度的研究对象

D. 问卷调查可以在短时间内收集众多研究对象的资料

3. 关于定性研究资料收集特点的说法，正确的是（　　）。（2022）

A. 强调研究的理论性，根据研究假设收集资料

B. 强调研究的深入性，关注研究对象的主观感受

C. 强调研究的系统性，采用结构式访谈法收集资料

D. 强调研究的客观性，从研究者的视角了解研究对象

4. 下列关于问卷调查的说法，正确的是（　　）。（2021）

A. 自填问卷适合被调查者文化程度较低的情况

B. 问卷调查资料的处理相对复杂难以比较分析

C. 描述性研究问卷应围绕研究假设展开设计

D. 问卷既需要较高的信度又需要较好的效度

5. 某地区民政部门对社会工作站的社会工作者进行问卷调查，下列问题中，符合问卷设计原则的是（　　）。（2021）

A. 社会工作站提供的服务有哪些?（可多选）

（1）老年人服务　　（2）困境家庭服务　　（3）残疾人服务

（4）社区社会组织培育　　（5）青少年服务

B. 您对自己在工作中的表现满意吗?

（1）满意　　（2）一般　　（3）不满意

C. 社会工作站把服务送到居民身边，打通了服务的"最后一米"。您认为有必要推广
社会工作站吗?

（1）有　　（2）没有　　（3）说不清

D. 您的工作岗位类型是:

（1）管理岗位　　（2）专业技术岗位　　（3）工勤技术岗位　　（4）纪检监察岗位

6. 下列关于定量研究的说法，正确的是（　　）。（2020）

A. 定量研究的研究者被研究对象视为自己人

B. 定量研究一般运用标准化的方法收集资料

C. 定量研究的内容可以根据情况灵活变化

D. 定量研究主要以建构主义为方法论基础

7. 某问卷调查的封面信上写着:"本调查采用不记名方式。"上述内容旨在说明（　　）。
（2020）

A. 保密原则　　　B. 问题填答方式　　　C. 研究内容　　　D. 对象选择方法

8. 社会工作者小秦计划通过问卷调查了解某老年公寓中老年人的需求。老年公寓负责人提醒小秦，只抽取部分老年人参与调查可能会让这些老年人不理解。下列封面信内容

中，能够避免老年人产生误解的是（   ）。（2019）

  A. "我们绝不会公开您的个人资料。"

  B. "我们希望了解老年朋友们对院舍照顾的需求。"

  C. "我们是老年公寓社会工作部的社会工作者。"

  D. "我们通过入住老人登记编号进行随机抽样。"

  9. 下列关于问卷调查中问题排序的说法，正确的是（   ）。（2019）

  A. 单项选择题在前，多项选择题在后 B. 个人背景等敏感问题必须放在后面

  C. 被调查者感兴趣的问题应放在前面 D. 行为与态度方面的问题应该放在前面

  10. 社会工作者小李发放了 20 份问卷，回收后发现有一道题 18 人没有填写答案，于是小李重新设计了这道题。小李的做法表明该问卷设计处于（   ）。

  A. 定稿和印刷阶段   B. 试用和修改阶段

  C. 概念操作化阶段   D. 设计问卷初稿阶段

  11. 在社会工作研究中，个案研究方法是定性研究方法之一。下列关于个案研究方法优点的说法，正确的是（   ）。

  A. 资料的格式基本统一，便于比较分析

  B. 研究的结果具有整体性，可推论到相似个案

  C. 有利于针对研究对象的问题提出具体的解决方案

  D. 有助于实地研究前形成研究思路并进行理论构建

  12. 社会工作者小张运用个案研究方法，通过访问服务对象的感受、查阅服务记录和聆听社会工作者的评价来促进社会工作专业服务的改善和提升。小张的做法能体现个案研究的（   ）特征。

  A. 凸显研究的方法制度   B. 手段和资料多元化

  C. 研究步骤不甚严格   D. 强调研究对象的普遍性

二、多项选择题

  13. 评估是测量社会工作服务成效的重要环节，社会工作服务机构通过服务对象满意度调查表来评估服务成效，下列关于服务对象满意度调查表的说法，正确的有（   ）。（2021）

  A. 该调查表属于定量研究常用的资料收集方法

  B. 该调查表追求收集资料和评估结果的客观性

  C. 该调查表发放给服务对象可以获取评估结果

  D. 该调查表中的问题可以根据评估时的情况随时修订

  E. 该调查表便于社会工作者从服务对象视角分析资料

  14. 社会工作者小李选取某社区作为个案，分析社区治理的特征、机制、模式等内容。下列关于这项研究的说法，正确的有（   ）。（2020）

  A. 该研究的资料可以是某社区治理的新闻报道

  B. 该研究可以尝试建构本土化的社区治理理论

  C. 该研究的资料收集处理相对容易并便于比较分析

  D. 该研究可以梳理某社区的发展历史及其治理特点

  E. 某社区的社区治理模式可以复制推广到其他社区

15. 在调查问卷中，问题的类型可以分为状态、行为和态度三种。下列调查问题中，属于行为类型的有（ ）。

A. 您目前的婚姻状况是：（1）从未结婚 （2）初婚至今 （3）离婚
（4）离婚后再婚 （5）丧偶 （6）丧偶后再婚 （7）其他（请说明）＿＿＿

B. 去年，您一共去医院＿＿次？

C. 近一个月以来，您平均每天锻炼身体的时间大约是＿＿小时？

D. 您目前每个月的各项收入合计大约是＿＿元？

E. 您对近两个月的收入和开支的评价如何？
（1）富余 （2）比较富余
（3）收支平衡 （4）比较拮据

16. 问题和答案是问卷的核心，为了解社会工作者证书获得者的发展意向，某省委组织部设计了一份调查问卷。下列问题与答案中，符合问卷设计原则的是（ ）。

A. 性别 （1）男性 （2）女性

B. 年龄 （1）24周岁及以下 （2）25～34周岁 （3）35～44周岁 （4）45周岁及以上

C. 获得社会工作者证书前，你最希望到哪里就业？
（1）政府 （2）非营利性机构 （3）企业

D. 社会工作在中国已成为朝阳产业，获得社会工作者证书后，你愿意将社会工作领域作为第一选择吗？
（1）愿意 （2）不愿意 （3）说不清

E. 获得社会工作者证书后，你最希望去哪里发展？
（1）北京、上海或广东 （2）其他省份 （3）境外

参考答案

一、单项选择题

1. A　　考点：定量研究
2. D　　考点：问卷调查
3. B　　考点：定性研究
4. D　　考点：问卷调查
5. B　　考点：设计问卷的原则
6. B　　考点：定量研究
7. A　　考点：封面信的内容
8. D　　考点：封面信的内容
9. C　　考点：问卷设计的内容
10. B　　考点：问卷设计的步骤
11. C　　考点：个案研究的优点
12. B　　考点：个案研究的特性

二、多项选择题

13. ABC　考点：定量研究的特性
14. ABD　考点：个案研究
15. BC　考点：问卷调查
16. AB　考点：设计问卷的原则

第三节　社会工作研究的一般过程

考纲		重要考点	星级标记
定量研究的一般过程	研究逻辑	赞同性事实和经验性事实的区分	★
		归纳推理和演绎推理的特点及局限性	★★
		假设演绎法的基本思路	★★
	一般程序	研究准备的3项任务及其具体工作内容	★★
		资料收集的4个工作步骤	★★
		资料整理的两个固定程式	★
		资料分析的两个基本层面	★
定性研究的一般过程	一般程序	研究准备：选择对象、确定分析单元和选择资料收集方法	★★
		资料收集、整理和分析的具体做法	★★
		总结应用	★
	过程特性	核心特色：资料收集、整理与分析的动态互动	★★
		基本特色：把握当事者视角的事实和知识	★
报告撰写与成果应用	报告撰写	撰写总结报告应注意的基本原则	★★
		研究报告的一般结构	★★
		社会工作实务研究报告的基本结构	★★
	成果应用		★

习题精练

一、单项选择题

1. 某社会工作者采用严格的逻辑推理，通过大前提、小前提，经过逻辑论证，推理出结论，这种三段式的推理方法属于（　　　）。

  A. 假设演绎法   B. 演绎推理   C. 归纳推理   D. 综合法

  2. 某社会工作机构的研究者开展有关社会工作者需求的分析研究，将社会工作者的一般需求细化为薪酬期望、晋升期望，将社会工作者的专业需求细化为专业能力的提升动机、专业成果的创造动机，并列出相应的具体评估指标。研究者进行的是将理论概念转化为（　　　）的过程。

  A. 可变量指标   B. 多变量指标   C. 因变量指标   D. 可测量指标

  3. 定性研究的准备阶段需要选择调查对象和确定研究方法，与定量研究的方法不同，定性研究的对象一般采用（　　　）的方法选取。

  A. 全面调查方法   B. 个案调查方法

  C. 非概率抽样方法   D. 随机抽样方法

  4. 李某拟以大学生志愿者对志愿服务的感受为主题开展相关的定性研究。李某在寻找大学生志愿者为研究样本的过程中，可以参考（　　　）的标准确定研究样本的数量。

  A. 设定数量   B. 容量饱和   C. 分层抽样   D. 随机抽样

  5. 定性研究的特色是资料收集、整理与分析的动态互动。研究者在初步考察中发现问题，形成资料收集的内容和次序，并在资料收集后进行整理和分析，分析结果又作为后续资料收集和整理的指引。所以，（　　　）是定性研究的核心所在。

  A. 分析解释   B. 整理概括   C. 归纳总结   D. 演绎推理

  6. 社会工作者老贾拟采用定量研究中的问卷调查法，了解青少年的不良行为及其原因。在研究的准备阶段，老贾应该（　　　）。

  A. 对"青少年不良行为"进行操作化，形成可测量的指标

  B. 安排专人进行同步督导，以保证问卷的质量

  C. 进行问卷编码的逻辑检查和幅度检查

  D. 推论研究问题的普遍性和代表性

  7. 研究的关键词应当在研究报告的（　　　）部分提出。

  A. 标题   B. 导论   C. 文献回顾   D. 研究方法

  8. 研究者从观察到的资料出发加以概括，从而解释事物之间的联系，由经验上升为理论的过程称为（　　　）过程。

  A. 假设演绎法   B. 演绎推理   C. 归纳推理   D. 综合法

  9. "四点半课堂"项目顺利结束后，项目负责人小王撰写了该项目总结评估报告。与需求测评报告、项目方案书相比，下列报告内容中，仅属于项目总结评估报告的是（　　　）。

  A. "四点半课堂"项目的操作性目标

  B. "四点半课堂"项目学生参与的意愿

  C. "四点半课堂"项目实施的时间进度表

  D. "四点半课堂"项目中学生的成绩变化

  10. 社会工作者小苏对本社区部分 70 岁以上的老年人进行问卷调查，了解他们的生活自理状况，以此评估社区老年人对居家养老服务的需求。在需求评估报告的研究方法部分，小苏应说明的内容是（　　　）。

  A. 老年人生活自理状况调查对了解居家养老服务需求的意义

  B. 影响老年人生活自理状况的各个变量的统计值及其推论情况

C. 本研究的新发现及其对理解老年人居家养老服务需求的贡献

D. 参加本次调查的老年人是按照怎样的标准和程序挑选出来的

11. 小汪负责撰写困难群众精准救助项目结项总结报告。与该项目计划书内容相比，结项总结报告需要重点增加的是（　　）。

A. 困难群众社会救助的现状 　　　　　B. 困难群众精准救助的成效

C. 困难群众精准救助的策略 　　　　　D. 困难群众精准救助的目标

12. 社会工作者小张完成单亲家庭青少年成长项目后，撰写了一份报告。其内容包括作为服务对象的单亲家庭青少年的特点、问题和需求，项目的实际执行情况、服务效果和改善建议等。小张的这份报告属于（　　）。

A. 经验总结报告 　　　　　B. 调查研究报告

C. 总结评估报告 　　　　　D. 项目进度报告

二、多项选择题

13. 研究报告应该体现完整的内容结构，除了标题、研究问题、目标和意义，下列属于研究报告的主要内容的是（　　）。

A. 文献回顾　　　B. 研究方法　　　C. 研究发现

D. 成果应用　　　E. 讨论和建议

14. 小董是某社会工作机构项目部的主任，主要负责社会工作者能力建设项目方案书的设计、项目的具体执行和项目总结报告的撰写。对照项目方案书，项目总结报告还应该包括的内容有（　　）。

A. 社会工作者能力现状及其特点

B. 社会工作者能力建设的反思

C. 社会工作者能力不足的原因分析

D. 社会工作者能力建设的效果

E. 社会工作者能力建设已完成的内容

15. 进行定量研究的设计一般应包含的工作内容有（　　）。

A. 确定研究类型　　　　　B. 确定研究议题　　　　　C. 建立研究假设

D. 进行研究操作化　　　　E. 制订研究方案

16. 撰写总结报告应注意的原则包括（　　）。

A. 观点与资料密切配合，论证有理有据

B. 注意定量资料和定性资料的相互佐证、补充和深化

C. 文字应华丽有文采，体现研究的优美文风

D. 标题与内容呼应，体现出良好的内容效度

E. 注意资料的完整性和逻辑性

🔍 参考答案

一、单项选择题

1. B 　　　考点：定量研究的研究逻辑

2. D　　　考点：定量研究的操作化

3. C　　　考点：定性研究的准备阶段

4. B　　　考点：定性研究的准备阶段

5. A　　　考点：定性研究的过程特性

6. A　　　考点：定量研究的操作化

7. C　　　考点：研究报告的一般结构

8. C　　　考点：定量研究的研究逻辑

9. D　　　考点：社会工作实务研究报告的基本结构

10. D　　　考点：需求测评报告的结构

11. B　　　考点：项目总结报告的基本结构

12. C　　　考点：社会工作实务研究报告的基本结构

二、多项选择题

13. ABCE　考点：研究报告的一般结构

14. BDE　　考点：项目总结报告的基本结构

15. ADE　　考点：定量研究的一般程序

16. ABDE　考点：撰写总结报告的基本原则

第九章
社会政策与法规

【本章复习提示】

    本章主要介绍社会政策与法规，考试要点主要包括我国特殊群体的社会政策与法规，我国特定领域的社会政策与法规，我国加强社区治理与促进社会组织发展的政策法规。考生必须准确记忆每一个政策法规要点，不仅要注意教材呈现的部分，还要随时关注国家最新颁布的政策法规。

摸底自测

一、单项选择题

1. 根据妇女权益保障法，国家保障妇女享有与男子平等的劳动权利和社会保障权利。单位在招聘录用过程中的下列做法正确的是（   ）。（2023）

   A. 甲单位招聘办公室职员2人，规定男性优先

   B. 乙单位在招聘面试中，询问应聘女性婚育情况

   C. 丙单位在劳动合同中，规定女职工特殊保护条款

   D. 丁单位在女职工入职体检时，加入妊娠测试项目

2. 根据老年人权益保障法，下列关于家庭赡养的说法，正确的是（   ）。（2021）

   A. 老年人的自有房屋，赡养人没有维修的义务

   B. 赡养人的配偶对于赡养人的父母有赡养的义务

   C. 对于生活不能自理的老年人，赡养人应承担亲自照料的义务

   D. 赡养人不得以放弃继承权或其他理由，拒绝履行赡养的义务

3. 根据老年人权益保障法，国家建立和完善以（   ）为基础的社会养老服务体系。（2020）

   A. 居家   B. 社区   C. 街镇   D. 机构

4. 根据老年人权益保障法，赡养人委托他人耕种老年人承包的田地，收益应当归（   ）。（2022）

   A. 老年人   B. 老年人和受委托人

   C. 老年人和赡养人   D. 老年人、赡养人和受委托人

5. 根据妇女权益保障法，关于妇女合法权益保障的说法，正确的是（   ）。（2022）

   A. 各单位在录取妇女职工时，除不适合妇女的工种或岗位外，不得以性别为由拒绝录取妇女

   B. 离婚的农村妇女，其农村土地承包经营权应在承包合同到期后予以收回

   C. 农村外嫁的妇女，对父母的财产没有继承权

   D. 丧偶妇女对公、婆尽了主要赡养义务的，作为公、婆的第二顺序法定继承人

6. 老年人权益保障法规定，老年人养老以居家为基础，家庭成员应当尊重、关心和照料老年人。赡养人应当履行对老年人经济上供养、生活上照料和精神上慰藉的义务，照顾老年人的特殊需要。其中赡养人是指老年人的子女以及其他依法负有赡养义务的人；赡养人的（   ）应当协助赡养人履行赡养义务。

   A. 配偶   B. 子女   C. 共同居住者   D. 近亲属

7. 根据老年人权益保障法，下列关于设立公益性养老机构的说法，正确的是（   ）。

   A. 设立公益性养老机构应当向县级以上人民政府民政部门申请行政许可；经许可的，依法办理相应的登记

   B. 设立公益性养老机构应当在工商行政管理部门办理登记后，向县级以上人民政府老龄工作机构申请行政许可

   C. 设立公益性养老机构应当向县级以上人民政府老龄工作机构申请行政许可；经许

可的，依法办理相应的登记

  D. 设立公益性养老机构应当向县级以上人民政府老龄工作机构申请行政许可；依法办理相应的登记

8. 某中学在课间操时段发生了踩踏事件，造成一些学生受伤。经调查发现该中学没有制订应对意外伤害突发事件的预案，也未配备相应设施并进行必要的演练。根据未成年人保护法，该中学未履行（ ）。

  A. 家庭保护 B. 社会保护 C. 学校保护 D. 司法保护

9. 某妇女生下一个女婴，得知这个女婴患有先天性残疾后，便将女婴放在医院门口，自己悄悄离开。这个女婴的（ ）没有得到保障。

  A. 家庭保护权   B. 人身自由权

  C. 生命健康权   D. 文化教育权

10. 父母或者其他监护人应当关注未成年人的生理、心理状况和行为习惯，以健康的思想、良好的品行和适当的方法教育和影响未成年人。这属于家庭保护中的（ ）。

  A. 教育培养   B. 民主尊重

  C. 关爱与引导   D. 监护和抚养

11. 地方各级政府要按照有利于孤儿身心健康成长的原则，采取多种方式安置孤儿，具体方式不包括（ ）。

  A. 亲属扶养   B. 机构养育

  C. 社区养育   D. 家庭寄养

12. 残疾人的康复工作应当从实际出发，将现代康复技术与我国传统康复技术相结合，以（ ）为骨干。

  A. 社区康复   B. 康复机构

  C. 残疾人家庭   D. 残疾人自身

二、多项选择题

13. 根据《工伤认定办法》，职工提出工伤认定申请需要提交的材料有（ ）。（2021）

  A. 工伤认定申请表

  B. 劳动关系证明材料

  C. 医疗机构出具的受伤后诊断证明书

  D. 劳动能力等级鉴定材料

  E. 工伤证明材料

14. 小天处理在校大学生教育救助申请，根据《社会救助暂行办法》可建议学校采取的方法有（ ）。（2020）

  A. 减免相关费用   B. 发放助学金   C. 给予生活补助

  D. 勤工俭学   E. 开办专门的补习班

15. 根据《工伤保险条例》，以下选项中应该认定为工伤的是（ ）。（2020）

  A. 醉酒后操作生产设备失误导致受伤

  B. 在生产线工作时因顶棚脱落被砸伤

  C. 步行下班途中被酒醉司机驾车撞伤

  D. 疫情期间赴外地支援抗疫被感染

E. 上班期间突发疾病，抢救 72 小时后死亡

16. 根据民法典，如果夫妻没有约定，下列夫妻在婚姻关系存续期间所得的财产中，应认定为夫妻共同财产的有（   ）。（2022）

A. 一方的工资收入

B. 一方购买理财所得的收益

C. 一方出版著作所得的版税收入

D. 一方法定继承所得的房屋

E. 一方因车祸致残所获得的赔偿金

参考答案

一、单项选择题

1. C　　考点：妇女权益保障法

2. D　　考点：老年人权益保障法

3. A　　考点：老年人权益保障法

4. A　　考点：老年人权益保障法

5. A　　考点：妇女权益保障法

6. A　　考点：老年人权益保障法

7. A　　考点：老年人权益保障法

8. C　　考点：未成年人保护法

9. C　　考点：妇女权益保障法

10. C　　考点：未成年人保护法

11. C　　考点：国务院办公厅关于加强孤儿保障工作的意见

12. B　　考点：残疾人保障法

二、多项选择题

13. ABC　考点：工伤认定办法

14. ABCD 考点：社会救助暂行办法

15. BCD　考点：工伤保险条例

16. ABCD 考点：民法典（婚姻家庭编）

第一节　我国特殊群体的社会政策与法规

考纲		重要考点	星级标记
老年人合法权益的主要内容及保障方式	内容	获得家庭赡养与扶养的权利；获得社会保障的权利；获得社会服务的权利；获得社会优待的权利；获得宜居环境的权利；参与社会发展的权利	★★★
	方式	政府部门保护；司法保护；社会组织保护	★★★
妇女合法权益的主要内容及保障方式	内容	政治权利；人身和人格权益；文化教育权益；劳动和社会保障权益；财产权益；婚姻家庭权益	★★★
	方式	主管部门保护；司法保护；妇女组织、工会组织、共青团组织保护	★
未成年人合法权益的主要内容及保障方式	主要内容	生存权；发展权；受保护权；参与权	★★★
	保障方式	家庭保护；学校保护；社会保护；网络保护；政府保护；司法保护	★★★
	家庭保护	家庭监护；家庭教育；身心健康保障；委托照护	★★★
	学校保护	建立未成年学生保护的工作制度；学校、幼儿园的教育、保育职责；学校的安全保障责任	★★★
	社会保护	明确社会保护的责任主体及责任； 提供多样化的未成年人活动场所及服务；禁止对未成年人实施性侵害等违法犯罪行为； 优化未成年人健康成长的社会环境；明确公共场所的未成年人安全保障义务； 强化未成年人的特殊劳动保护；确立未成年人密切接触单位的从业查询制度；尊重未成年人的隐私	★★★
	网络保护	明确相关主体对未成年人网络素养教育和未成年人网络行为引导监督的责任； 鼓励支持有利于未成年人健康成长的网络内容创作与传播；强化对未成年人网络保护工作的监督检查； 防控未成年人沉迷网络的机制；保护未成年人隐私和个人信息；明确未成年人网络欺凌处置机制	★★★
	政府保护	细化政府职责；加强政府保护工作机构和队伍建设；确立国家监护制度；国家建立性侵害等违法犯罪人员的信息查询系统	★★★
	司法保护	加强司法机关专门化建设；听取未成年人的意见； 保护未成年人的信息；依法提供法律援助或司法救助；检察院对未成年人受害人的保护； 法院对未成年人的保护；审理涉及未成年人案件应适应未成年人身心发展特点； 对未成年人受害人的保护措施；对违法犯罪的未成年人，坚持教育为主、惩罚为辅的原则	★★★

考纲		重要考点	星级标记
保障残疾人合法权益的主要内容	主要内容	康复权利；受教育权利；劳动就业权利；文化生活权利；社会保障权利；环境友好权利	★★★

习题精练

一、单项选择题

1. 根据未成年人保护法，保护未成年人，应当坚持（   ）的原则。（2023）

A. 平等保护　　　　　　　　　　　　B. 个人信息公开

C. 最有利于未成年人　　　　　　　　D. 保护与惩罚相结合

2. 根据《残疾人就业条例》，在集中使用残疾人的福利企业中从事全日制工作的残疾人职工，应当占本单位在职职工总数的（   ）以上。（2021）

A. 15%　　　　　　B. 25%　　　　　　C. 35%　　　　　　D. 45%

3. 根据妇女权益保障法，父亲死亡、丧失行为能力或者有其他情形不能担任未成年子女的监护人的，母亲的监护权任何人不得干涉。这是对妇女（   ）的保障条款之一。（2020）

A. 人身权　　　　B. 财产权　　　　C. 政治权　　　　D. 婚姻家庭权

4. 某集中使用残疾人的用人单位现有在职职工 100 人，根据《残疾人就业条例》，该单位在职职工中从事全日制工作的残疾人职工最少应为（   ）。

A. 10 人　　　　B. 15 人　　　　C. 25 人　　　　D. 30 人

5. 根据预防未成年人犯罪法，下列未成年人中，可以脱离监护人的监护单独居住的是（   ）。

A. 小黄，女，16 岁，初二学生，身体健康

B. 小孙，男，16 岁，初三学生，身体残疾

C. 小新，女，15 岁，初二学生，身体残疾

D. 小赵，男，14 岁，初一学生，身体健康

6. 老年人有获得家庭赡养和扶养的权利，以下关于具体赡养内容的描述中，不正确的是（   ）。

A. 赡养人应当使患病的老年人及时得到治疗和护理

B. 老年人自有的或者承租的住房，子女或者其他亲属不得侵占

C. 赡养人有义务耕种老年人承包的田地，收益归赡养人所有

D. 与老年人分开居住的家庭成员，应当经常看望或者问候老年人

7. 某地考虑到老年人腿脚不便等因素，在各乡镇都设立了养老金服务平台，极大地方便了老年人就近领取养老金。这体现了老年人享有（   ）的权利。

A. 公共服务优待　　　　　　　　　　B. 社会服务优待

C. 医疗服务优待　　　　　　　　　　D. 法律服务优待

8. 李大爷退休后一直觉得生活很无聊。某天，他听说社区正在招募卫生巡查员志愿者，平时义务在社区捡拾垃圾、宣传卫生知识，他兴冲冲地去报了名，回来跟家人说的时候，家人怎么都不同意，觉得让其他人看到挺没面子的。在这里李大爷的（　　）权利没有得到保障。

A. 获得社会服务
B. 参与社会发展
C. 获得宜居环境
D. 获得社会保障

9. 某单位的员工小霞平时工作出色，没有出过什么差错，在休产假的时候，该单位却以其工作态度有问题为由单方面与其解除劳动合同。该单位侵犯了小霞的（　　）权利。

A. 人身　　　　　B. 政治　　　　　C. 婚姻家庭　　　　　D. 劳动和社会保障

10. 妇女有通过各种途径和形式，管理国家事务，管理经济和文化事业，管理社会事务的权利。关于其实现形式，以下描述中错误的是（　　）。

A. 重视培养、选拔女干部担任领导成员
B. 女性心思细腻，因此社会团体任用干部时，应该坚持女士优先的原则
C. 全国人民代表大会和地方各级人民代表大会中，应该有适当数量的妇女代表
D. 应该提高妇女代表在全国人民代表大会和地方各级人民代表大会中的比例

11. 我国相关法规规定，未满18周岁的青少年不得进入网吧。从青少年的角度来说，这主要是为了（　　）。

A. 预防未成年人网瘾
B. 创造良好的社会文化环境
C. 净化未成年人的生活环境
D. 提供多样化的活动场所

12. 对违法犯罪的未成年人要坚持（　　）的原则，确保服刑期满的未成年人的复学、升学、就业不受影响。

A. 教育为主、惩罚为辅
B. 感化为主、惩罚为辅
C. 挽救为主、教育为辅
D. 惩罚为主、感化为辅

二、多项选择题

13. 下列关于老年人获得家庭赡养与扶养权利的说法，正确的有（　　）。
A. 因老年人婚姻关系变化，子女可以不履行赡养义务
B. 老年人没有继承子女遗产的权利
C. 赡养人不得强迫老年人居住条件低劣的房屋
D. 老年人自有的住房，赡养人有维修的义务
E. 赡养人应当使患病的老年人及时得到治疗和护理

14. 根据老年人权益保障法，关于家庭赡养的说法，正确的有（　　）。
A. 赡养人应当照顾老年人的特殊需要
B. 赡养人放弃继承权可以不履行赡养义务
C. 赡养人不得强迫老年人居住条件低劣的房屋
D. 对生活不能自理的老年人，赡养人应当承担照料责任
E. 老年人养老以居家为基础，家庭成员应当尊重、关心和照料老年人

15. 学生小勇在课后欺凌同学，学校社会工作者王老师发现后对此事进行处理。根据未成年人保护法，王老师的下列做法中，正确的有（　　）。（2023）
A. 立即制止小勇的错误行为

B. 对被欺凌的同学及时给予心理辅导

C. 嘱咐被欺负的同学不要声张，以保护学校声誉

D. 对小勇父母给予必要的家庭教育指导

E. 主动联系小勇和被欺负同学的父母参与处理欺凌事件

16. 根据残疾人保障法，地方各级人民政府予以供养的残疾人应同时具备的条件有（　　）。

A. 未成年　　　　　　B. 无劳动能力　　　　　C. 无生活来源

D. 残疾程度二级以上　E. 无扶养人或扶养人不具备扶养能力

参考答案

一、单项选择题

1. C　　　考点：未成年人保护法

2. B　　　考点：残疾人就业条例

3. D　　　考点：妇女权益保障法

4. C　　　考点：残疾人就业条例

5. A　　　考点：预防未成年人犯罪法

6. C　　　考点：老年人权益保障法

7. B　　　考点：老年人权益保障法

8. B　　　考点：老年人权益保障法

9. D　　　考点：妇女权益保障法

10. B　　　考点：妇女权益保障法

11. C　　　考点：未成年人保护法

12. A　　　考点：预防未成年人犯罪法

二、多项选择题

13. CDE　考点：老年人权益保障法

14. ACDE　考点：老年人权益保障法

15. ABDE　考点：未成年人保护法

16. BCE　考点：残疾人保障法

第二节　我国特定领域的社会政策与法规

考纲		重要考点	星级标记
婚姻家庭政策法规	结婚的规定	必备条件；禁止条件；结婚登记；无效婚姻	★★★
	家庭关系的规定	夫妻关系；父母子女关系；其他家庭成员间的关系	★★★
	离婚的规定	登记离婚；诉讼离婚；离婚救济制度	★★
社会救助政策法规	城乡居民最低生活保障政策法规	对象资格；申请与审核；家庭经济状况调查；民主评议；审核审批以及低保金发放	★★★
	医疗救助政策法规	救助对象；救助形式	★★★
	流浪乞讨人员救助政策法规	救助对象；救助形式及内容	★★
劳动就业政策法规	劳动关系的相关规定	劳动就业规定；劳动合同规定；工作时间规定；工资保障规定	★★★
	失业保险的相关规定	失业保险金领取和停止领取的条件；失业保险金领取的期限	★★★
	工伤保险政策法规	工伤的认定；劳动能力鉴定；工伤保险待遇	★★★
	劳动争议政策法规	处理范围；处理机构；处理程序	★★★
医疗保障政策法规	城镇职工基本医疗保险制度		★★★
	城乡居民基本医疗保险制度		★★★

习题精练

一、单项选择题

1. 根据《社会救助暂行办法》，县级人民政府民政部门以及乡镇人民政府、街道办事处应当对获得最低生活保障家庭的人口状况、收入状况和（　　）进行定期核查。（2023）

A. 就业状况　　　　B. 财产状况　　　　C. 教育状况　　　　D. 健康状况

2. 根据民法典，继承从（　　）开始。（2021）

A. 被继承人死亡时　　　　　　　　B. 遗产查清完成时

C. 遗产处理结束时　　　　　　　　D. 被继承人葬礼结束时

3. 根据反家庭暴力法，家庭暴力受害人因遭受家庭暴力或者面临家庭暴力的现实危险，可以向人民法院申请（　　）。（2020）

A. 人身伤害禁止令　　　　　　　　B. 人身安全保护令

C. 人身接触限制令　　　　　　　　D. 家庭暴力告诫令

4. 根据《职工带薪年休假条例》规定，单位确因工作需要不能安排职工休年休假的，对职工应休未休的年休假天数，单位应当按照该职工日工资收入的（　　）支付年休假工资报酬。

A. 100%　　　　　　B. 150%　　　　　　C. 200%　　　　　　D. 300%

5. 根据《最低生活保障审核确认办法》，下列 4 名成年人可以单独提出低保申请的是（　　）。（2022）

A. 张某，服刑人员，在本市某监狱服刑

B. 李某，学生，在外省一所高校读大三

C. 杜某，重度残疾人，无劳动能力且单独立户

D. 王某，宗教教职人员，脱离家庭、在某宗教场所居住满 1 年

6. 根据《工伤保险条例》，下列 4 名职工中可以认定为工伤或视同工伤的是（　　）。（2022）

A. 楚某，醉酒后驾驶公司配发的小汽车，引发交通事故受伤

B. 韩某，因劳累过度在办公室值班期间突发心梗死亡

C. 赵某，因长期抑郁在单位办公室跳楼自杀

D. 齐某，休息日在公园游玩不慎扭伤

7. 根据社会保险法规定，失业人员失业前所在单位和本人按照规定累计缴费满 1 年不足 5 年的领取失业保险金的期限最长为（　　）个月。

A. 6　　　　　　　　B. 12　　　　　　　　C. 18　　　　　　　　D. 24

8. 根据劳动合同法，用人单位提前 30 日以书面形式通知劳动者本人，以下情形企业可以解除合同的是（　　）。

A. 女职工在孕期、产期、哺乳期

B. 劳动者非因工负伤，在规定的医疗期内的

C. 劳动者在本单位因工负伤并确认部分丧失劳动能力的

D. 职工不能胜任工作，经过培训或调整工作岗位，仍不能胜任的

9. 根据《最低生活保障审核确认办法》，认定低保对象的三个基本条件是（　　）。

A. 家庭人口、家庭收入和家庭财产

B. 家庭人口、家庭收入和户籍

C. 户籍状况、家庭人口和家庭财产

D. 户籍状况、家庭收入和家庭财产

10. 某基金会拟申请认定为慈善组织。根据《慈善组织认定办法》，该基金会慈善组织认定中，申请应当经（　　）表决通过。

A. 发起人　　　　　B. 理事会　　　　　C. 监事会　　　　　D. 秘书处

11. 根据劳动法，下列企业支付劳动报酬的做法，正确的是（   ）。（2021）

A. 甲每个工作日加班 1 小时，企业支付其工资标准 150% 的劳动报酬

B. 乙每个工作日加班 2 小时，企业支付其工资标准 200% 的劳动报酬

C. 丙休息日加班一天，企业支付其工资标准 150% 的劳动报酬

D. 丁法定节假日加班，企业支付其工资标准 250% 的劳动报酬

二、多项选择题

12. 根据民法典，如果夫妻没有约定，下列夫妻在婚姻关系存续期间所得的财产中，应认定为夫妻共同财产的有（   ）。（2022）

A. 一方的工资收入

B. 一方购买理财所得的收益

C. 一方出版著作所得的版税收入

D. 一方法定继承所得的房屋

E. 一方因车祸致残所获得的赔偿金

13. 根据劳动法，相关部门在确定和调整最低工资标准时应当参考的因素，除社会平均工资水平外，还包括（   ）。（2022）

A. 就业状况

B. 劳动生产率

C. 当地人口老龄化水平

D. 地区之间经济发展水平的差异

E. 劳动者本人及平均赡养人口的最低生活费用

14. 根据《工伤保险条例》，下列情形中，可以认定或视同工伤的有（   ）。

A. 张某醉酒后开车前往公司上班路上发生交通事故，导致死亡

B. 赵某搭乘出租车前往公司的路上发生交通事故，导致残疾

C. 宋某在车间工作时，因个人疏忽大意，将手卷入机器，导致残疾

D. 王某因感情受挫，精神萎靡不振，某日上班时间，从工厂办公楼顶跳下坠亡

E. 李某为某工厂保安，患心脏病多年，某日上班时在工厂内因与小偷发生搏斗，导致心脏病复发而死亡

15. 根据《最低生活保障审核确认办法》，家庭可支配收入主要包括（   ）。

A. 工资性收入　　　B. 家庭经营净（纯）收入　　　C. 财产净收入

D. 转移净收入　　　E. 债权

参考答案

一、单项选择题

1. B　　考点：社会救助暂行办法

2. A　　考点：民法典（继承编）

3. B　　考点：反家庭暴力法

4. D　　考点：职工带薪年休假条例

5. C 　　　　　考点：最低生活保障审核确认办法

6. B 　　　　　考点：工伤保险条例

7. B 　　　　　考点：社会保险法

8. D 　　　　　考点：劳动合同法

9. D 　　　　　考点：最低生活保障审核确认办法

10. B 　　　　　考点：慈善组织认定办法

11. A 　　　　　考点：劳动法

二、多项选择题

12. ABCD 　考点：民法典（婚姻家庭编）

13. ABDE 　考点：劳动法

14. BCE 　考点：工伤保险条例

15. ABCD 　考点：最低生活保障审核确认办法

第三节　我国加强社区治理与促进
社会组织发展的政策法规

考纲		重要考点	星级标记
加强社区治理的政策法规	完善党全面领导基层治理制度	加强党的基层组织建设，健全基层治理党的领导体制 构建党委领导、党政统筹、简约高效的乡镇（街道）管理体制 完善党建引领的社会参与制度	★★★
	健全基层群众自治制度	加强村（居）民委员会规范化建设 健全村（居）民自治机制 增强村（社区）组织动员能力 优化村（社区）服务格局	★★★
	推进基层法治和德治建设	推进基层治理法治建设 加强思想道德建设 发展公益慈善事业	★★★
	加强基层智慧治理能力建设	做好规划建设 整合数据资源 拓展应用场景	★★★

续表

考纲		重要考点	星级标记
人民调解的政策法规	人民调解的原则	依法调解原则 自愿平等原则 尊重当事人权利的原则	★★★
	当事人在调解中的权利和义务	当事人在人民调解活动中的权利 当事人在人民调解活动中的义务	★★★
	人民调解的程序	受理纠纷 调查研究 进行调解 结束调解	★★★
	调解协议的内容、效力及确认	调解协议的内容 调解协议的效力 调解协议的确认	★★★
促进社会组织发展的政策法规	总体要求	指导思想 基本原则 主要目标 相关发展预期指标	★★★
	主要任务	加强社会组织党的建设 完善社会组织法律制度 规范社会组织登记 健全社会组织监管体系 提升社会组织执法水平 加强社会组织自身建设 引导支持社会组织发展 发挥社会组织积极作用	★★★
	保障措施	加强组织领导 完善投入机制 强化研究宣传 抓好考核评估	★★★

习题精练

一、单项选择题

1. 2021 年,《中共中央　国务院关于加强基层治理体系和治理能力现代化建设的意见》,提出以习近平新时代中国特色社会主义思想为指导,坚持和加强党的全面领导,坚持以人民为中心，以增进人民福祉为出发点和落脚点，以加强基层党组织建设、增强基层党组织政治功能和组织力为关键，以加强基层政权建设和健全基层群众自治制度为重点，以改革创新和制度建设、能力建设为抓手，建立健全基层治理体制机制，推动政府治理同社会调节、居民自治良性互动，提高基层治理社会化、法治化、智能化、专业化水平。其中"专业化"主要指的是（　　）。

  A. 社会工作专业参与基层社会治理

  B. 社会工作专业行使基层行政权力

  C. 村（居）委会的专业化

  D. 街道、乡镇的专业化

2. 根据2017年印发的《中共中央　国务院关于加强和完善城乡社区治理的意见》，以下做法中正确的是（　　）。

  A. 社区（村）书记不能担任社区（村）主任

  B. 社区（村）书记可以担任社区（村）主任

  C. 严格禁止同一个人兼任社区（村）书记、主任

  D. 社区（村）党组织成员不担任社区（村）委员会职务

3. 人民调解制度既是人民群众实现自我管理、自我约束和自我服务的一项（　　）制度，也是化解社会矛盾和维护社会稳定的一项法律制度。

  A. 法律   B. 行政   C. 民主   D. 监督

4. 经人民调解委员会调解达成的调解协议，具有（　　），当事人应当按照约定履行。人民调解委员会应当对调解协议的履行情况进行监督，督促当事人履行约定的义务。经人民调解委员会调解达成调解协议后，当事人之间就调解协议的履行或者调解协议的内容发生争议的，一方当事人可以向人民法院提起诉讼。

  A. 法律约束力   B. 行政约束力

  C. 民事约束力   D. 刑事约束力

5. 某社区居民甲经常不分时间在家弹钢琴，吵到邻居，邻居乙多次上门协商无效，于是乙也不分时间用力敲打甲家的房门，导致两家矛盾越来越深。社区人民调解委员会为此咨询法律专业人士，还邀请专业机构测试噪声强度，经过努力，甲乙终于达成调解协议。根据《中华人民共和国人民调解法》，关于该人民调解委员会在此次调解过程中产生的调解经费的说法，正确的是（　　）。

  A. 这次调解经费应由甲单独承担 B. 这次调解经费应由乙单独承担

  C. 这次调解经费应由甲乙共同承担 D. 这次调解经费甲乙均无须承担

6. 《"十四五"社会组织发展规划》中提到促进社会组织高质量发展的主要任务包括推进社会组织（　　）。在社会组织登记管理立法中进一步明确党建工作要求，在社会组织章程中载明党的建设和社会主义核心价值观，健全完善党建工作、业务工作融合发展机制。严格落实登记时同步采集党员信息、年检年报时同步检查报告党建工作、评估时同步将党建工作纳入重要指标的"三同步"要求。加大社会组织党组织组建力度，做好发展党员工作，健全党组织有效参与决策管理的工作机制。

  A. 专业化和自治化全覆盖 B. 党的组织和党的工作全覆盖

  C. 专业服务与志愿服务全覆盖 D. 党的工作和政府行政工作全覆盖

7. 《"十四五"社会组织发展规划》强调实施"培育发展社区社会组织专项行动"。

加快发展社区社会组织，引导各地将政策、资金、人才等资源更多用于社区社会组织建设。发挥社区社会组织联合会、社区社会组织服务中心等枢纽型社会组织作用，深入开展（　　）关爱行动，引导社区社会组织联动社会工作者、志愿者参与社区治理、提供社区服务、培育社区文化、开展社区协商、化解社区矛盾、促进社区和谐。

A. 一刻钟服务圈   B. 打通最后一公里

C. 邻里守望   D. 社区教育行动

8. 《"十四五"社会组织发展规划》促进社会组织发展的保障措施包括加强组织领导、（　　）、强化研究宣传、抓好考核评估。

A. 加强专业培训   B. 加强组织培训

C. 完善治理规范   D. 完善投入机制

二、多项选择题

9. 从加强基层社会治理的角度，国家强调在基层公共事务和公益事业中广泛实行群众（　　），拓宽群众反映意见和建议的渠道。

A. 自我管理   B. 自我服务   C. 自我教育

D. 自我监督   E. 自我完善

10. 完善（　　）公开制度，及时公开权力事项，接受群众监督。强化基层纪检监察组织与村（居）务监督委员会的沟通协作、有效衔接，形成监督合力。

A. 个人资产 B. 家庭资产 C. 党务 D. 村（居）务 E. 财务

11. 加强基层智慧治理能力建设的主要内容包括（　　）。

A. 做好规划建设   B. 整合数据资源

C. 普及智能终端设备   D. 开展老年人智能手机培训

E. 拓展应用场景

12. 人民调解制度既是人民群众实现自我管理、自我约束和自我服务的一项民主制度，也是化解社会矛盾和维护社会稳定的一项法律制度。其基本原则包括（　　）。

A. 依法调解原则   B. 自愿平等原则

C. 照顾困难群体的原则   D. 尊重当事人权利的原则

E. 维护社会稳定的原则

13. 《中华人民共和国人民调解法》规定，当事人在参与调解活动的过程中享有广泛的民事权利，具体包括（　　）权利。

A. 选择或者接受人民调解员

B. 接受调解、拒绝调解或者要求终止调解

C. 要求调解公开进行或者不公开进行

D. 聘请律师

E. 自主表达意愿、自愿达成调解协议

14. 民政部于 2021 年发布了《"十四五"社会组织发展规划》，对促进社会组织发展提出了总体要求、主要任务和保障措施。社会组织发展的主要目标包括到 2025 年，协同推动社会组织党建工作管理体制和工作机制更加完善，社会组织党的组织和党的工作有效覆盖（　　）。

A. 党建引领、统一登记、各司其职、协调配合、分级负责、依法监管的中国特色社

会组织管理体制更加健全

B. 政社分开、权责明确、依法自治的社会组织制度更加完善

C. 结构合理、功能完善、竞争有序、诚信自律、充满活力的社会组织发展格局更加
定型

D. 统一方向、统一领导、统一专业，实现社会组织统一发展

E. 增强风险意识，强化底线思维，健全社会组织法规制度体系

参考答案

一、单项选择题

1. A	考点：基层治理体系和治理能力现代化
2. B	考点：加强和完善城乡社区治理的意见
3. C	考点：人民调解法
4. A	考点：人民调解法
5. D	考点：人民调解法
6. B	考点：促进社会组织发展的政策法规
7. C	考点：促进社会组织发展的政策法规
8. D	考点：促进社会组织发展的政策法规

二、多项选择题

9. ABCD	考点：健全基层群众自治制度
10. CDE	考点：健全基层群众自治制度
11. ABE	考点：加强基层智慧治理能力建设
12. ABD	考点：人民调解法
13. ABCE	考点：人民调解法
14. ABC	考点：促进社会组织发展的政策法规

全真模拟试题（一）

一、单项选择题（共 60 题，每题 1 分。每题的备选项中，只有 1 个最符合题意）

1. 党的二十大报告指出"增进民生福祉，提高人民生活品质"，在宏观层面上为我国社会工作的发展指明了方向。根据党的二十大精神，在保障和改善民生方面，更能发挥社会工作专业优势服务的是（　　）。（2023）

　　A. 为困难群体提供社会服务　　　　　B. 为学龄前儿童提供环保教育

　　C. 为患病人士提供治疗咨询　　　　　D. 为大学生群体创造就业机会

2. 为贯彻《中共中央　国务院关于加强基层治理体系和治理能力现代化建设的意见》，2022 年 3 月 17—31 日，民政部开展了主题为"五社联动聚合力，社工服务暖基层"的宣传活动，旨在创新社区与社会组织、社会工作者、社区志愿者、社会慈善资源的联动机制。根据上述内容，"五社联动"突出体现的社会工作特点是（　　）。（2022）

　　A. 专业助人　　　B. 注重实践　　　C. 互动合作　　　D. 多方协同

3. 社会工作者联结各种社会工作要素，综合利用各种能力实施服务。关于社会工作要素的说法，正确的是（　　）。（2022）

　　A. 社会工作者既是个体概念又是团队概念

　　B. 社会工作价值观只能通过专业教育形成

　　C. 任何家庭、群体和社区都必须纳入专业服务的范围

　　D. 助人活动是社会工作者为服务对象提供单向服务

4. 帮助有困难、有需要的人是社会工作最基本的职业特征，社会工作者秉持"助人自助"的理念开展工作。下列关于社会工作"助人自助"的说法，正确的是（　　）。（2021）

　　A. "有困难，找社工"的说法较为充分地体现了"助人自助"的内涵

　　B. 在"助人自助"中，第一个"助"与第二个"助"具有相同的含义

　　C. "助人自助"表示社会工作者对服务对象问题的解决负有首要责任

　　D. "助人自助"表示社会工作者协助服务对象实现自助后可终止服务

5. 在新建社区中，社会工作者组织多种社区活动，建立社区互助平台，梳理并链接社区内外资源。上述社会工作者的做法，主要体现的社会工作功能是（　　）。（2021）

　　A. 建构社会资本　　　B. 解决社会问题　　　C. 推动社会进步　　　D. 维持社会秩序

6. 17 岁的服务对象小张因聚众打架斗殴导致他人重伤，被移交给检察院进行观护帮教。在帮教过程中，社会工作者老黎除对小张进行日常行为矫正外，还发现他很讲义气，对朋友很真诚，而且擅长制作手工包。老黎在帮助小张认识到自己优势的同时，还为他提供相关就业岗位信息。老黎的上述做法，符合心理社会治疗模式假设中的（　　）。

　　A. 个体具有独特的潜在能力　　　　　B. 个体自我选择与环境无关

C. 个体具有过分依赖的人格 D. 个体行为与他面临的压力无关

7. 社会工作者小李正在设计关爱低收入家庭子女的项目。下列做法中，最能体现小李资源筹措者角色的是（   ）。（2023）

A. 邀请低收入家庭子女参加自我探索活动

B. 协助低收入家庭子女成立英语学习小组

C. 组织低收入家庭子女参加抗逆力成长小组

D. 招募志愿者为低收入家庭的子女补习功课

8. 社会工作者小赵筹备了"多彩生活，乐享晚年"主题小组活动，旨在促进老年人之间的沟通交流，营造和谐友爱氛围，引导老年人关心公共事务，帮助老年人从"老有所乐"到"老有所为"。小赵设计的上述小组服务，属于社会工作服务中的（   ）。

A. 老年社会工作 B. 社区社会工作

C. 家庭社会工作 D. 社会救助社会工作

9. 某社会工作服务机构承接了困难居民救助项目，社会工作者小宁在民政部门指导下，与居委会合作，链接慈善组织，共同为社会救助对象提供精准帮扶服务。小宁的上述工作最能体现的社会工作者的核心能力是（   ）。（2023）

A. 促进和使能的能力 B. 在组织中工作的能力

C. 评估和计划的能力 D. 提供服务和干预的能力

10. 保健品代理商吴先生了解到养老院社会工作者小李经常组织老年人活动，与院内老年人关系很好，于是找到小李，向他介绍保健品有助于老年人提高免疫力、预防心脑血管疾病，请他帮忙向老年人推荐保健品。吴先生承诺，如果小李推荐成功，他还可以资助养老院的一些活动。根据社会工作专业伦理原则，小李恰当的做法是（   ）。（2023）

A. 考虑到保健品有利养生，答应与吴先生合作

B. 咨询养老院意见，再决定是否与吴先生合作

C. 考虑服务对象利益优先，婉拒与吴先生合作

D. 同意吴先生直接与养老院老人沟通，推荐保健产品

11. 社会工作者在提供专业服务时，应不断规范自己的行为，践行价值理念和服务承诺，这体现了社会工作者（   ）。（2021）

A. 对服务对象的伦理责任 B. 对专业的伦理责任

C. 对服务机构的伦理责任 D. 对社会的伦理责任

12. 丧偶多年的尹奶奶一直独自居住，半年前入住养老机构，认识了同样单身的陈爷爷，两人一见如故，交往半年后决定结婚，但遭到尹奶奶儿女的反对。尹奶奶为此情绪消沉，陈爷爷很是着急，便向社会工作者小王求助。小王为尹奶奶制订了个案服务方案，又向尹奶奶的儿女了解反对的原因，通过沟通取得他们对尹奶奶的理解。从社会工作专业伦理角度出发，小王在服务中遵循的是（   ）。（2022）

A. 保护生命原则 B. 差别平等原则

C. 最小伤害原则 D. 生命质量原则

13. 初中一年级学生明明是单亲家庭的孩子，与母亲一起生活，母亲对其生活关怀备至，对其学习要求严格。老师反映明明虽成绩优异，但平常与同学很少沟通，对同学较为冷漠。明明的家庭教养模式为（   ）。（2020）

A. 支配型 B. 专制型 C. 放任型 D. 冲突型

14. 根据"人在情境中"的观点，服务对象的困境很大程度上源于对社会变化的适应不良。为此，社会工作者一方面要协助服务对象提高自己的能力来应对压力，另一方面要（   ）。（2019）

    A. 改善社会环境   B. 激发内在潜能

    C. 改善居住条件   D. 维持社会秩序

15. 小张是家中独子，因无力购置新房，结婚后小两口与小张的父母住在一起，目前小张的家庭类型属于（   ）。（2019）

    A. 主干家庭   B. 单亲家庭   C. 联合家庭   D. 核心家庭

16. 孤独症儿童家长为应对孩子日常照顾压力，自发组建了家长互助群，以分享照顾经验，形成相互支持。根据马斯洛需要层次理论，上述情形中，主要体现的家长的需要是（   ）。

    A. 生理需要   B. 尊重需要

    C. 归属与爱的需要   D. 安全需要

17. 小明的父母对他的日常生活照顾得非常用心，几乎包揽了一切事务；在学习上对小明非常严厉，要求小明学习成绩一定要保持在班级前五名，对此小明感到压力很大。小明父母的教养方式属于（   ）。（2023）

    A. 娇纵型   B. 支配型   C. 专制型   D. 放任型

18. 文静瘦小的四年级男生小书，因性格和身高的关系，常被同学嘲笑和孤立，有的同学还给他起难听的绰号，小书为此感到非常苦恼。根据上述状况，社会工作者针对小书个人最适宜的服务是（   ）。（2022）

    A. 联络学校成立校园欺凌预防部门

    B. 协助小书提高他应对欺凌的能力

    C. 纠正小书同学的语言暴力等行为

    D. 建议小书父母关注小书情绪变化

19. 小费幼年时母亲病逝，后与父亲相依为命，初中时父亲也因车祸离世，只能由80岁的奶奶照顾。因缺乏管教，小费结识了一些"小混混"，偶尔小偷小摸，在学校还经常与其他同学发生冲突。社会工作者小汪了解情况后，对其问题进行诊断，分析他的行为问题与其生活经历相关。小汪运用的上述诊断方式属于（   ）。（2023）

    A. 心理诊断   B. 缘由诊断   C. 人格诊断   D. 分类诊断

20. 小丽最近刚刚离婚，她不能接受婚姻失败的现实，将自己关在家中，其正常生活受到了严重影响。为此，她感到十分绝望但又无能为力。根据危机介入理论，小丽正处于危机发展的（   ）。（2019）

    A. 解组阶段   B. 危机阶段   C. 恢复阶段   D. 重组阶段

21. 许女士的儿子患有先天性脑瘫，一直由孩子的奶奶帮忙照顾，最近她丈夫被查出患有癌症，需要做手术，全家因而陷入混乱和痛苦中。许女士不知道该如何是好，便找社会工作者老吕帮忙。根据个案工作各阶段的工作重点，此时老吕首先要做的是（   ）。（2023）

    A. 肯定许女士的求助并确认求助意向   B. 与许女士商讨之后的个案服务计划

    C. 将许女士转介给医院的社会工作者   D. 对许女士的家庭情况开展问题评估

22. 服务对象："我不知道这样的日子还能撑多久，孩子得了这样的病，要花那么多钱，还不知道能不能治好。我老公身体又不好，干不了重活，最近半年也没再开车了，将来能干什么也不知道。真的每天都很愁，你说怎么办啊？"下列社会工作者的回应中，最符合同理心技巧的是（　　）。（2022）

A. "我理解你的烦恼，不要担心，让我们一起努力克服困难吧。"

B. "家里碰到这么多事，真的不容易，你非常担心以后怎么办。"

C. "不用担心，我们就是来帮你的，困难是暂时的，会有办法的。"

D. "孩子这么重的病要花多少钱？我看看能不能帮你申请医疗救助。"

23. 小婷是一名大二学生，平时喜欢独来独往。室友都觉得她难以接近，不愿与她交流，甚至还出现了孤立她的情况。小婷心情郁闷，向社会工作者小王求助。小王从小婷的环境系统入手开展服务，邀请小婷的亲友参与谈论，一起分析有些人喜欢独来独往的原因，并通过角色扮演，让室友体验被孤立的感觉。在链接社会资源的过程中，小王所采用的主要方式是（　　）。（2023）

A. 服务的协调　　　　　　　　　B. 需求的表达

C. 利益的协调　　　　　　　　　D. 权益的保护

24. 初中三年级男生小亮手部皮疹严重，医生诊断为重度神经性皮炎，可能由心理紧张引起。医生在完成医疗处置后，将小亮转介给医务社会工作者小黄。小黄评估后，决定运用心理社会治疗模式提供服务。他先与小亮的妈妈进行交流，分享了自己帮助女儿缓解压力的心得。此时，小黄采用的治疗技巧是（　　）。（2020）

A. 直接治疗技巧之非反思性技巧　　B. 直接治疗技巧之反思性技巧

C. 间接治疗技巧之直接影响技巧　　D. 间接治疗技巧之维持性技巧

25. 大学生小季有较严重的情绪困扰和社交问题。社会工作者小秦在运用心理社会治疗模式对其进行辅导的同时，还推荐并指导小季阅读人际交往方面的书籍，告诉他通过学习人际交往沟通技巧，他自己有能力解决问题。小秦除扮演治疗者的角色外，还扮演了（　　）的角色。

A. 使能者　　　　B. 教育者　　　　C. 支持者　　　　D. 研究者

26. 针对新手妈妈常见的育儿问题，社会工作者小张开设了一个主题为"新手妈妈训练营"的小组。在小组中，小张与医生、心理咨询师合作，为新手妈妈普及科学育儿、新生儿常见疾病预防、新生儿护理及行为等方面的知识。该小组的类型是（　　）。（2019）

A. 教育小组　　　　B. 成长小组　　　　C. 支持小组　　　　D. 治疗小组

27. 学校社会工作者小丽计划为大四学生举办升学就业小组，协助他们为前途作出选择。小丽在设计小组活动时，除要考虑学生的特征和能力、学校的场地和设备外，首先应考虑（　　）。

A. 社会工作者的兴趣　　　　　　B. 学校的目标

C. 机构的发展方向　　　　　　　D. 小组的活动目标

28. 学校社会工作者何明招募10名高二学生，就如何提高学习动力，运用互动模式开展小组工作。下列说法正确的是（　　）。

A. 互动模式旨在帮助组员了解、认识和探索自己

B. 在互动模式中组员一般来自行为出现问题的人群

C. 互动模式强调组员间的平等和相互理解

D. 互动模式主要帮助组员学习新知识和新方法

29. 在小组活动开展过程中，社会工作者老汤发现组员莉莉最近经常迟到，分享也不如以前积极，有时还会故意转移话题，影响活动进程。为了改变这种情况，老汤最适宜的做法是（　　）。（2022）

A. 放任莉莉，把关注重点转移至其他的组员

B. 运用游戏活跃气氛，以鼓励莉莉回归小组

C. 制订新计划，让莉莉和其他组员协作完成

D. 调整活动时间和地点，方便莉莉参与活动

30. 在某儿童家庭照顾者小组组员招募过程中，社会工作者小范正对组员候选人进行遴选和评估。通过梳理总结，小范发现候选人希望通过小组活动学习儿童心理健康知识、儿童兴趣爱好培养的方法和儿童家庭照顾技巧等内容。上述内容主要体现了小组工作组员遴选和评估的条件是（　　）。（2023）

A. 文化水平　　　　　　　　　　B. 共同的兴趣或愿望

C. 家庭状况　　　　　　　　　　D. 对某些问题的认知

31. 社会工作者李某带领一个大学生成长小组，组员发言积极主动。李某在每位组员分享经验后对发言者给予了反馈。李某运用了小组工作中的（　　）技巧。

A. 积极回应　　　B. 专注倾听　　　C. 引导讨论　　　D. 示范引导

32. 在一次成长小组的中期转折阶段，组员老王和老张因对某个问题的处理意见不同而争执起来，双方都试图让对方接受自己的意见，以争取在小组中的权威地位。上述情形体现了这一阶段组员具有（　　）的特点。

A. 谨慎与试探　　　B. 挑战与冲突　　　C. 抗拒与防卫　　　D. 疑虑与疏离

33. 在一次个案工作面谈中，社会工作者与服务对象有如下对话：

服务对象：“最近我的状态不太好，快要到期末了，估计又有三门课要不及格了。我担心再这样下去，学校会让我退学，我其实也很想好好学习。”

社会工作者：“我能理解，但您的想法与行动有一定的差距，您对此有什么打算吗？”

上述对话体现社会工作者运用的专业技巧是（　　）。（2023）

A. 对质　　　　　　B. 建议　　　　　　C. 忠告　　　　　　D. 对焦

34. 某社会工作服务机构承接了“十五分钟生活服务圈”示范街区建设子项目。该机构根据项目办要求，计划运用社会策划模式打造“公共服务空间”的人文关怀氛围。下列做法中，属于该模式实施策略中“分析环境和形势”内容的是（　　）。（2023）

A. 审视现行解决问题的手段有无不足

B. 列出所有能达到目标的可行性方案

C. 了解对计划有影响力的人士和团体的需要

D. 分析所属社会工作服务机构的优点和不足

35. 社区工作的不同阶段都会将居民中有影响力的带头人作为主要工作对象之一。在认识社区阶段，社会工作者与居民中的带头人接触的主要目的是（　　）。

A. 了解社区内的权力结构　　　　B. 培养居民小组的负责人

C. 加强居民带头人的执行能力　　D. 提升居民带头人的沟通能力

36. 下列关于社区照顾模式的说法，正确的是（　　）。

A. 强调运用专业知识、科学决策，理性推动社区改变

B. 致力于促进居民参与，通过自助和互助解决社区问题

C. 重视动员亲戚、朋友、邻里和志愿者资源，关怀社区困难群体

D. 强调社会工作者的核心工作是社区资料收集、事实分析和方案决策

37. 某"城中村"正在进行改造，街道牵头组成一支专家队伍，在"城中村"进行考察，了解居民实际需求，专家在此基础上制订改造方案，解决社区问题。这一做法体现了社区工作中的（　　）。

A. 地区发展模式　　B. 社会策划模式　　C. 社区照顾模式　　D. 发展模式

38. 某社区社会工作者召集居民小组长开会，讨论如何整治社区环境卫生。在讨论过程中，大家就一些细节问题争论不休。为了确保会议顺利进行，社会工作者应该（　　）。

A. 总结会议内容，表明自己的立场和观点

B. 复述发言者的想法，帮助他们阐明意见

C. 运用聚焦技巧，把大家的注意力转移到主要问题上

D. 延长会议时间，让每位参会人员充分发言

39. 某老旧小区因停车难问题屡屡被居民投诉，社会工作者为此召开居民议事会。下列社会工作者的提问中，属于界定问题的是（　　）。（2022）

A. "咱们社区停车难问题是怎么产生的？"

B. "停车难问题主要集中出现在哪个时间段？"

C. "停车难问题对咱们居民的生活有什么影响吗？"

D. "解决停车难问题会给居民和社区带来什么改变？"

40. 在制订社区工作计划的过程中，经常会用到"头脑风暴"的方法。下列关于该方法说法不正确的是（　　）。

A. 任何人表达意见、观点时，都应被尊重

B. 每人都要提出意见，并尽情表达

C. 鼓励"搭便车"的行为，从其他人的看法中衍生出自己的新意见

D. 不给定讨论的主题和方向

41. 某社会工作服务机构开展听障人士就医支持服务项目时，服务策划过程是：认识听障人士就医现状→界定听障人士就医需求→探索听障人士就医解决方法→认识就医解决方法可能存在的限制→选取应对办法→设计完整计划→发起评估计划。该方案策划的类型是（　　）。（2021）

A. 战略性策划　　B. 创新策划　　C. 问题解决策划　　D. 方案发展策划

42. 社会工作者小张负责某社会工作服务机构的志愿者管理。下列小张的工作，属于志愿者管理中"工作发展与设计"的是（　　）。（2021）

A. 评估志愿者参与服务动机　　B. 撰写志愿服务工作说明书

C. 开展迎新说明与志愿者训练　　D. 进行志愿者绩效评估和激励

43. 在社会服务方案策划的目标制定阶段，社会工作者在排列目标优先次序时首先要考虑的是（　　）。

A. 服务活动的起止时间　　B. 服务机构的可用资源

C. 危机人口的数量规模　　D. 服务质量的规范要求

44. 社区工作者老刘正在策划一个老年人服务方案，其工作步骤是：认识老年人存在的特殊问题→列出清楚的目标→收集其他机构创新的方法→提供资讯给机构的决策者思考→考虑政治、经济、社会方面的阻力→选择理想的方法→发展计划用作评估和拓展。该

服务策划形式属于（　　）。

　　A. 方案发展策划　　　B. 战略性策划　　　C. 问题解决策划　　　D. 创新策划

　　45. 针对社区 8 位高龄独居老人，社会工作者小王策划了"银龄互助"服务，动员社区 60~70 岁的低龄老人做志愿者，为高龄独居老人提供服务，了解高龄独居老人的日常生活情况，传递温暖与关爱。为有效管理志愿者，小王对居民志愿者的需要进行评估的内容应包括（　　）。

　　A. 志愿者的性别　　　　　　　　　B. 志愿者的个人专业和专长

　　C. 志愿者的服务对象　　　　　　　D. 志愿者服务的效果

　　46. 组织分析是社会工作行政不可忽略的基础工作。下列内容中，属于组织外部环境分析的是（　　）。（2023）

　　A. 审视组织的服务领域和方向

　　B. 识别法人的权限和组织的规范性

　　C. 识别评估组织发展与收入来源的关系

　　D. 评估组织运行系统和技术资源的有效性

　　47. 社会工作者小王是某机构的项目负责人，每周一上午他都安排工作例会，请同事们介绍上周的服务情况，并就某个特定人群的服务优化进行交流讨论，让大家发表意见和提出建议。根据社会服务机构的团队式结构类型，小王所在的项目团队属于（　　）。（2023）

　　A. 多功能型团队　　　　　　　　　B. 问题解决型团队

　　C. 自我管理型团队　　　　　　　　D. 合作协商型团队

　　48. 由于政府购买社会组织服务资金减少，某社会工作服务机构陷入财政危机。机构理事会决定扩大个人捐赠，与具有公募资格的筹款平台合作，发起"让爱传递"劝募活动，招募"爱心大使"动员身边的亲朋好友发起"一起捐"。从个人捐款动机分析，该劝募活动主要利用的是（　　）。（2021）

　　A. 市场营销　　　B. 自我利益　　　C. 外界影响　　　D. 个人需要

　　49. 社会工作教育性督导可以缓解被督导者的工作压力，下列督导者的做法中，体现社会工作督导教育性功能的是（　　）。（2021）

　　A. 协助被督导者识别和处理焦虑情绪

　　B. 鼓励被督导者再尝试新的介入方法

　　C. 引导被督导者看到自己的工作成效

　　D. 帮助被督导者练习情绪管理的技巧

　　50. 社会工作者小林是养老院新入职的员工。在入职第一周，督导者老杨向他讲解了养老院里老人的生活规律、饮食习惯和兴趣爱好。老杨的讲解内容属于（　　）。（2022）

　　A. 行政性督导　　　B. 教育性督导　　　C. 支持性督导　　　D. 调解性督导

　　51. 社会工作者老许正在编制一份自填式调查问卷，她在问卷封面上注明：若无特殊性说明每个问题请选择一个答案。老许这段说明属于问卷结构中的（　　）。

　　A. 编码　　　B. 指导语　　　C. 问题和答案　　　D. 封面信

　　52. 社会工作者小李为了解社区居民对家庭服务的需求，设计了一份调查问卷。下列问题和答案的设计中，最适宜的是（　　）。（2023）

　　A. 您的婚姻状况？（1）未婚　　（2）已婚　　（3）离婚

B. 您家的家庭结构？（1）核心家庭　　（2）主干家庭　　（3）联合家庭　　（4）其他（请说明）_____

C. 您家的家务主要由谁承担？（1）母亲　　（2）父亲　　（3）妻子　　（4）丈夫

D. 您对家务分工满意吗？（1）非常满意　　（2）比较满意　　（3）一般　　（4）比较不满意　　（5）非常不满意

53. 社会工作者小于采用个案研究方法对某社会工作服务机构的运行机制进行研究，他侧重介绍服务机构的组织架构，描述服务输送的具体流程，探讨服务输送的各方关系，分析服务输送过程中的优点和不足，最后提出服务输送的改善建议。小于的上述研究体现出个案研究的特点是（　　）。

A. 帮助社会工作服务机构完善服务输送过程

B. 验证社会工作服务机构运行机构的研究假设

C. 追求研究资料的研究结论的精确性

D. 揭示社会工作服务机构运行的因果关系

54. 根据妇女权益保障法，国家保障妇女享有与男子平等的劳动权利和社会保障权利。下列单位在招聘录用过程中的做法，正确的是（　　）。

A. 甲单位招聘办公室职员2人，规定男性优先

B. 乙单位在招聘面试中，询问应聘女性婚育情况

C. 丙单位在劳动合同中，规定女职工特殊保护条款

D. 丁单位在女职工入职体检时，加入妊娠测试项目

55. 根据老年人权益保障法，下列关于家庭赡养的说法，正确的是（　　）。（2021）

A. 老年人的自有房屋，赡养人没有维修的义务

B. 赡养人的配偶对赡养人的父母有赡养的义务

C. 对于生活不能自理的老年人，赡养人应承担亲自照料的义务

D. 赡养人不得以放弃继承权或其他理由，拒绝履行赡养的义务

56. 根据《残疾人就业条例》，在集中使用残疾人的福利企业中从事全日制工作的残疾人职工，应当占本单位在职职工总数的（　　）以上。（2021）

A. 15%　　　　　　　B. 25%　　　　　　　C. 35%　　　　　　　D. 45%

57. 根据村民委员会组织法，村务监督委员会成员的产生方式是（　　）。（2019）

A. 由村民会议或者村民代表会议在村民中推选产生

B. 由村民代表推选，乡镇政府批准产生

C. 由村民会议在村民代表中选举产生

D. 由户代表会议在村民中选举产生

58. 根据民法典，夫妻双方自愿离婚的，应当签订书面离婚协议，并亲自到婚姻登记机关申请离婚登记。自婚姻登记机关收到离婚登记申请之日起（　　）日内，任何一方不愿意离婚的，可以向婚姻登记机关撤回离婚登记申请。（2021）

A. 15　　　　　　　　B. 20　　　　　　　　C. 30　　　　　　　　D. 60

59. 根据《失业保险条例》的规定，失业保险金的领取时间最长不超过（　　）。

A. 6个月　　　　　　B. 12个月　　　　　　C. 8个月　　　　　　D. 24个月

60. 根据《中共中央　国务院关于加强和完善城乡社区治理的意见》，街道办事处（乡镇人民政府）在社区治理体系中发挥的是（　　）。（2022）

A. 核心作用　　　　B. 主导作用　　　　C. 基础作用　　　　D. 协同作用

二、多项选择题（共 20 题，每题 2 分。每题的备选项中，有 2 个或 2 个以上符合题意，至少有 1 个错项。错选，本题不得分；少选，所选的每个选项得 0.5 分）

61. 赵奶奶入住某养老机构一个月来，总是闷闷不乐。社会工作者老余在与她的面谈中得知，一年前赵奶奶和老伴外出旅游时，老伴意外猝死在酒店房间。此后，每当看到房间里的空床，赵奶奶就会触景生情。她请老余保守这个秘密，并希望能搬走空床。下列老余的做法中，符合社会工作伦理守则的有（　　）。（2020）

　　A. 向督导者咨询，共同分析商讨合理解决方案

　　B. 严格履行养老机构的入住协议，不搬走空床

　　C. 为赵奶奶保守秘密，与机构协商把空床搬走

　　D. 向机构同事说明此事，讨论搬走空床的利弊

　　E. 帮助赵奶奶纾解情绪，适应机构的生活环境

62. 随着互联网的普及和智能产品的发展，儿童过度依赖电子产品的现象较为普遍，影响了儿童的身心健康。针对这一问题，社会工作者宜开展的工作有（　　）。（2023）

　　A. 引导儿童积极参加户外活动

　　B. 建议家长禁止儿童使用电子产品

　　C. 组织社区内的家庭开展亲子阅读活动

　　D. 建议政府禁止商家线上销售儿童电子产品

　　E. 建议家长与儿童约定电子产品的使用时长

63. 在新的经济社会背景下，就业仍然是关乎民生的最重要问题。针对社区青年失业问题，下列服务中，能够体现社会工作在服务对象层面目标的是（　　）。（2021）

　　A. 协助社区青年提高职业技能　　　　B. 宣传当地就业创业扶持政策

　　C. 开发社区就业岗位并组织相应培训　　D. 协助社区青年组成互助的支持网络

　　E. 呼吁政府延长失业保险金发放的月数

64. 某小区推行居室适老化改造项目，住在小区里的 90 岁的王爷爷以"习惯现在的家"为由拒绝改造。其家人从安全角度出发，希望社会工作者老杨劝王爷爷接受。老杨与王爷爷沟通后，发现现在的居家环境在他的生命历程中具有特殊意义。综合安全评估结果，老杨向王爷爷一家建议基本保留现有格局，只对存在安全隐患的卫生间进行局部改造。上述情形中，老杨优先考虑的伦理原则有（　　）。（2021）

　　A. 保护生命　　B. 差别平等　　C. 自由自主　　D. 最小伤害　　E. 隐私保密

65. 大三学生小李最近找到社会工作者小宁，说自己很不开心，觉得上大学没什么意思，准备放弃学业，自己创业，小李和父母说了自己的想法，但遭到了父母的强烈反对，他希望小宁能帮他说服父母。此时，小宁适当的做法有（　　）。

　　A. 劝小李安心读书　　　　　　　　　B. 帮小李劝说父母同意他的选择

　　C. 找来小李的父母一起沟通　　　　　D. 告诉小李不用考虑父母的想法

　　E. 帮小李分析继续学业与创业的利弊

66. 刘女士唯一的女儿去世后，她与丈夫相依为命，失去独生女的痛苦让他们每日以泪洗面，不愿与人接触，两人健康状况每况愈下。社会工作者老秦得知他们的情况后，决

定为他们提供服务，并在多次上门后制定了完整的服务计划。在进入服务开展阶段后，老秦适宜的做法有（　　）。（2023）

　　A. 缓解刘女士夫妇的悲伤情绪　　　　B. 帮助刘女士夫妇改善健康状况

　　C. 联系志愿者定期陪伴刘女士夫妇　　D. 向刘女士夫妇介绍所在机构的优势

　　E. 与刘女士夫妇一起分析面临的主要问题

67. 刘老伯的女儿遭遇意外不幸身亡，他一直伤心自责，认为女儿的离世都是自己的错。他把自己关在家里，不与任何人联系，作息时间混乱。刘老伯的弟弟来看望他，发现他状态很差，身上的衣服很久没换过，家里还堆满杂物，为此非常担心，向社会工作者老李求助。根据刘老伯的情况，老李制定的个案服务目标应包括（　　）。（2022）

　　A. 调整刘老伯的作息时间　　　　　　B. 逐步缓解刘老伯的压力

　　C. 清理刘老伯家中的杂物　　　　　　D. 迅速减少刘老伯的自责

　　E. 恢复刘老伯的社会关系

68. 在个案工作进入结案阶段时，有的服务对象会出现分离焦虑，从而提出更多有待解决的问题或需求。此时，社会工作者适宜的做法有（　　）。

　　A. 增加机构会谈或家访的次数　　　　B. 接纳服务对象的分离焦虑

　　C. 分享服务对象收获的正向经验　　　D. 与服务对象共商转介计划

　　E. 酌情延长服务时间

69. 社会工作者小郎在小组工作过程中遇到了问题，组员们都愿意与他进行一对一的交流，而组员间的交流却很少。为了促进组员间的沟通，小郎可以采用的技巧有（　　）。

　　A. 及时进行小结　　　B. 促进组员相互回馈　　　C. 帮助组员相互理解

　　D. 适当自我表露　　　E. 鼓励组员相互表达

70. 在传统文化保护项目中，社会工作者在社区居民中成立了"老物件、老照片、老故事"小组，经过一段时间的工作，小组进入了后期成熟阶段。此阶段小组及小组组员主要特征有（　　）。

　　A. 小组的凝聚力增强　　　　　　　　B. 小组关系结构趋于稳定

　　C. 对小组具有较强的认同感　　　　　D. 对小组充满信心和希望

　　E. 对社会工作者的依赖性增强

71. 社会工作者小杨计划暑假期间在社区服务中心针对小学生开办一期培训班，想了解各方面的要求，如孩子的兴趣、家长的期望等，于是成立工作小组，制订了工作计划。其小组计划书的内容框架包括（　　）。

　　A. 小组特征　　　　　B. 机构宗旨　　　　　C. 组员

　　D. 资源运用　　　　　E. 评估方法

72. 某社会工作服务机构进入一个农村社区为留守儿童提供服务。该机构列出的下列工作目标中，属于社区工作过程目标的有（　　）。

　　A. 开展留守儿童生活状况和服务需求的问卷调查

　　B. 建立社区留守儿童活动中心

　　C. 协助社区链接服务留守儿童的外部资源

　　D. 培育居民关爱留守儿童的社区文化

　　E. 推动社区建立留守儿童的亲属支持网络

73. 地区发展模式所采用的实施策略包括（　　）。

A. 促进居民的个人发展　　　　　　B. 依靠专家的知识分析社区问题

C. 发现和培养居民骨干　　　　　　D. 加强邻里沟通、改善邻里关系

E. 教育居民如何使用社区资源

74. 某街道选调了三位社会工作者进入一个城乡接合部社区开展社区工作，计划用两年时间增强居民参与意识，发挥自助互助精神，共同解决社区面对的问题。社会工作者在准备阶段的工作重点是（　　　　）。

A. 与社区组织建立合作关系　　　　B. 与居民建立信任关系

C. 推动成立居民小组　　　　　　　D. 开展社区教育

E. 培养社区带头人

75. 社会工作者在运用社会策划模式开展工作的过程中，首先要了解其所服务组织的使命和目标。关于"组织使命和目标"的说法，正确的有（　　　　）。

A. 组织的目标是用来表示其存在的价值和提供服务的意义

B. 组织的使命为组织成员指明工作方向和所要解决的问题

C. 组织的使命可以鼓励组织成员产生认同并明确工作意义

D. 组织的目标指出组织所要解决的问题和满足的社会需要

E. 组织的目标代表了组织未来的蓝图并用来指导组织使命的构建

76. 某社会工作服务机构根据社区老年人的需求，设计了一个以维护老年人财产权益为目标的服务方案。该服务方案应包含的内容有（　　　　）。（2021）

A. 方案执行情况的监测和评估方法

B. 符合老年人特点的主题活动和宣传形式

C. 方案实施中可能遇到的困难和应对措施

D. 与目标对象数量相匹配的工作人员分工原则

E. 机构员工学习老年人权益保障法的安排

77. 某社会工作服务机构决定采用定性研究方法了解本地区残障人士对康复服务的要求。该机构的下列做法中，不符合定性研究特点的有（　　　　）。

A. 本机构对研究对象的影响

B. 了解本地区残障人士的困境，预测服务的规模

C. 了解残障人士及其所处环境的基本状况

D. 发现本地区残障人士康复服务需求的特殊性

E. 运用问卷调查的方法收集相关资料

78. 社会工作研究是社会工作表达运用社会科学研究方法在社会工作领域开展的研究，它一方面要遵守社会科学研究规范，另一方面要遵守社会工作的专业伦理。一般来讲，社会工作研究的特性有（　　　　）。

A. 研究者可以是资料的收集者、分析者和结果应用者

B. 以困难群体及其问题或需要为主要研究对象

C. 行动研究是开展社会工作研究的核心方法

D. 在研究过程中需要体现社会工作的价值伦理

E. 首要目标是协助研究对象舒缓和解决问题

79. 根据《工伤保险条例》，以下选项中应该认定为工伤的是（　　　　）。（2020）

A. 醉酒后操作生产设备失误导致受伤　　B. 在生产线工作时顶棚脱落被砸伤

C. 步行下班途中被酒醉司机驾车撞伤　　D. 疫情期间赴外地支援抗疫被感染

E. 上班期间突发疾病，抢救 72 小时后死亡

80. 根据老年人权益保障法，关于家庭赡养的说法，正确的有（　　　）。（2023）

A. 赡养人应当照顾老年人的特殊需要

B. 赡养人放弃继承权可以不履行赡养义务

C. 赡养人不得强迫老年人居住条件低劣的房屋

D. 对生活不能自理的老年人，赡养人应当承担照料责任

E. 老年人养老以居家为基础，家庭成员应当尊重、关心和照料老年人

参考答案

一、单项选择题

1. A　　考点：社会工作的基本对象

2. D　　考点：社会工作的特点

3. A　　考点：社会工作的要素

4. D　　考点：社会工作的内涵

5. A　　考点：社会工作的功能

6. A　　考点：心理社会治疗模式的理论假设

7. D　　考点：社会工作者的角色

8. A　　考点：社会工作的主要领域

9. B　　考点：社会工作者的核心能力

10. C　　考点：社会工作实践中面临的伦理决定

11. B　　考点：社会工作者对专业的伦理责任

12. D　　考点：生命质量原则

13. A　　考点：家庭教养模式

14. A　　考点：社会工作对服务对象的功能

15. A　　考点：家庭结构类型

16. C　　考点：马斯洛需要层次理论

17. B　　考点：家庭教养模式的类型

18. B　　考点：学龄阶段儿童面临的主要问题

19. B　　考点：心理社会治疗模式的特点

20. A　　考点：危机发展阶段

21. A　　考点：个案工作接案阶段的任务

22. B　　考点：个案会谈技巧中的支持性技巧

23. B　　考点：链接社会资源的方式

24. D　　考点：心理社会治疗模式的治疗技巧

25. B　　考点：社会工作者的角色

26. A　　考点：小组工作的类型

27. D　　考点：小组工作计划书

28. C	考点：互动模式的实施原则
29. B	考点：社会工作者在小组转折阶段的任务
30. B	考点：小组工作组员遴选和评估
31. A	考点：小组工作技巧
32. B	考点：小组工作阶段
33. A	考点：影响性技巧（对质）
34. C	考点：社会策划模式的实施策略
35. A	考点：认识社区
36. C	考点：社区照顾模式
37. B	考点：社会策划模式
38. C	考点：主持会议的技巧（聚焦）
39. A	考点：社区问题分析
40. D	考点："头脑风暴"方法
41. C	考点：社会服务方案策划（问题解决策划）
42. B	考点：志愿者管理的内容和过程
43. B	考点：社会服务方案策划
44. D	考点：创新策划
45. B	考点：志愿者评估的内容
46. C	考点：组织分析
47. B	考点：社会服务机构的团队式结构
48. C	考点：个人捐款动机
49. D	考点：教育性督导
50. B	考点：教育性督导
51. B	考点：问卷结构
52. D	考点：问卷设计
53. A	考点：个案研究方法
54. C	考点：妇女权益保障法
55. D	考点：老年人权益保障法
56. B	考点：残疾人就业条例
57. A	考点：村民委员会组织法
58. C	考点：民法典（婚姻家庭编）
59. D	考点：失业保险条例
60. B	考点：加强和完善城乡社区治理的意见

二、多项选择题

61. ACE	考点：社会工作实践中的伦理决定
62. ACE	考点：儿童电子产品依赖及社会工作者的任务
63. ACD	考点：社会工作在服务对象层面的目标
64. ACD	考点：社会工作实践中的伦理决定
65. CE	考点：社会工作者对服务对象的伦理责任

66. ABC   考点：服务开展阶段社会工作者的任务

67. ADE   考点：个案工作目标

68. BC   考点：个案工作阶段

69. BCE   考点：小组工作技巧

70. ABD   考点：小组工作阶段

71. ACE   考点：小组计划书的内容

72. CDE   考点：社区工作过程目标

73. ACDE   考点：地区发展模式的实施策略

74. AB   考点：社区工作各阶段的工作重点

75. CD   考点：社会策划模式的实施策略

76. ABCD   考点：社区活动策划方案的技巧

77. BE   考点：定性研究的特点

78. ABD   考点：社会工作研究的特性

79. BCD   考点：工伤保险条例

80. ACDE   考点：老年人权益保障法

全真模拟试题（二）

一、单项选择题（共60题，每题1分。每题的备选项中，只有1个最符合题意）

1. 帮助有困难、有需要的人是社会工作最基本的职业特征，社会工作者秉持"助人自助"的理念开展工作。下列关于社会工作"助人自助"的说法，正确的是（   ）。（2021）

A. "有困难，找社工"的说法较为充分地体现了"助人自助"的内涵

B. 在"助人自助"中，第一个"助"与第二个"助"具有相同的含义

C. "助人自助"表示社会工作者对服务对象问题的解决负有首要责任

D. "助人自助"表示社会工作者协助服务对象实现自助后可终止服务

2. 关于社会工作要素的说法，正确的是（   ）。（2023）

A. 社会工作者秉持利他主义，从事的是志愿服务工作

B. 社会工作基本对象包括因退休需要调整适应的老人

C. 社会工作者与一般助人者都会运用专业的助人方法

D. 助人活动是社会工作者与服务对象互动合作的过程

3. 社会工作者小李的工作内容是为城市无家可归者提供基本生活物资帮扶、政策咨询和心理疏导服务。该服务领域属于（   ）。（2019）

A. 社区社会工作

B. 优抚安置社会工作

C. 家庭社会工作

D. 社会救助社会工作

4. 医务社会工作者小张为脑卒中患者提供服务。下列做法中，最能体现社会工作"互动合作"特点的是（   ）。（2021）

A. 与医院其他部门协作，联合为患者提供关怀支持

B. 针对患者家属进行心理压力疏导，提升照护技能

C. 链接资源帮助患者及其家庭申请医疗救助

D. 与患者及其家属一起开展慢性病管理工作

5. 在新建社区中，社会工作者组织多种社区活动，建立社区互助平台，梳理并链接社区内外资源。上述社会工作者的做法，主要体现的社会工作功能是（   ）。（2021）

A. 建构社会资本

B. 解决社会问题

C. 推动社会进步

D. 维持社会秩序

6. 社会工作者小李的工作内容是为接受社区矫正的青少年提供心理疏导、职业技术培训、联系企业安排实习岗位等服务。协助服务对象恢复社会功能，以达到预防再次犯罪，稳定社会秩序的目标。小李的服务领域主要是（   ）。（2021）

A. 司法社会工作

B. 社会救助社会工作

C. 学校社会工作

D. 企业社会工作

7. 社会工作者小赵筹备了"多彩生活，乐享晚年"主题小组活动，旨在促进老年人之间的沟通交流，营造和谐友爱的氛围，引导老年人关心公共事务，帮助老年人从"老有所乐"到"老有所为"。小赵设计的上述小组服务，属于社会工作服务中的（　　）。（2023）

A. 老年社会工作　　　　　　　　　B. 社区社会工作

C. 家庭社会工作　　　　　　　　　D. 社会救助社会工作

8. 社会工作者小李正在设计关爱低收入家庭子女的项目。下列做法中，最能体现小李资源筹措者角色的是（　　）。（2023）

A. 邀请低收入家庭子女参加自我探索活动

B. 协助低收入家庭子女成立英语学习小组

C. 组织低收入家庭子女参加抗逆力成长小组

D. 招募志愿者为低收入家庭子女补习功课

9. 关于社会工作价值观的说法，正确的是（　　）。（2023）

A. 社会工作价值观是社会工作专业区别于其他专业的重要标志

B. 社会工作的专业价值目标可以分为过程性目标和终极性目标

C. 社会工作价值观是社会工作者和服务对象需共同遵守的原则

D. 社会工作价值观在全世界不同国家呈现比较大的差异性

10. 伦理难题是社会工作者在实践中遇到的一种道德上难以取舍的困境。关于社会工作伦理难题的说法，正确的是（　　）。

A. 社会工作伦理难题是社会工作者专业能力不足导致的困境

B. 社会工作伦理难题是服务对象期望目标过高而导致的困境

C. 社会工作伦理难题本质上是个人利益与专业利益冲突的结果

D. 社会工作伦理难题反映了服务对象自决与专业干预间的张力

11. 某社区的老年人向社会工作者反映，该社区周边的健身设施太少，难以满足娱乐锻炼的需要。针对这一情况，社会工作者给予的恰当回应是（　　）。

A. 劝导反映问题的老年人不要着急，建议老年人可以让儿女帮忙

B. 坦诚告知老年人已有居民反映该情况，但社区无力解决此类问题

C. 尊重并热情接待反映问题的老年人，告知其该问题在相邻社区同样存在

D. 感谢老人及时反映情况，告诉老人会尽快向有关部门反映并参与讨论解决方案

12. 某福利院的社会工作者小李发现院内一位失智老人的女儿伪造老人签名，擅自篡改遗嘱。下列做法中，正确的是（　　）。

A. 家丑不可外扬，从维护老人利益的角度出发，小李要为此事保密

B. 根据服务对象自决的原则，老人不求助，小李不能采取行动

C. 这是老人的家事，小李不必干预

D. 小李应向福利院相关部门报告此事

13. 马斯洛需要层次论中维持人类自身生存的最基本需要是（　　）。

A. 生理的需要　　　B. 安全的需要　　　C. 归属的需要　　　D. 尊重的需要

14. 晚上睡觉时，两岁半的苗苗会和自己的小熊玩偶安静地躺在床上听妈妈讲故事，听完故事后，苗苗会和小熊说晚安。根据婴幼儿社会性发展的特点，上述苗苗的行为，反映她正处于社会化基本过程中的（　　）。（2019）

A. 区分他我与自我阶段　　　　　　　　B. 单纯社会化反应阶段

C. 社会性感情连接建立阶段　　　　　　D. 伙伴关系发展阶段

15. 小阳人际交往较弱，自尊感很低。班主任在家访中发现，小阳的父亲是一位严父，十分关注孩子的学习，限制小阳的日常生活和玩耍。小阳的母亲成天忙于工作，只要求小阳有理想的考试成绩，禁止一切与学习无关的事情。据此，班主任判断小阳的家庭教养模式是（　　　　）。

A. 冲突型　　　　　B. 支配型　　　　　C. 民主型　　　　　D. 放任型

16. 根据阿尔德弗尔的 ERG 理论，下列陈述中，最能反映"成长的需要"的是（　　　　）。（2023）

A. 小张租住在青年公寓　　　　　　　　B. 小王购买了人身保险

C. 小李参加社区举办的快闪交友活动　　D. 小赵报名参加了高等教育自学考试

17. 为了帮助小雯更快适应幼儿园生活，小雯妈妈扮演幼儿园老师，与小雯玩"快乐幼儿园"的游戏；爸爸叮嘱女儿见到老师和同学要主动问好，告诉她过马路一定要遵循交通信号灯的指引。小雯父母的上述行为，主要体现的家庭功能是（　　　　）。（2023）

A. 社会化　　　　　B. 繁衍后代　　　　C. 情感支持　　　　D. 经济支持

18. 小曹最近经常迟到、逃学。学校社会工作者小翁联了小曹的父母，了解到他们正在闹离婚，并提醒他们注意可能对小曹造成的负面影响，建议他们尽量多关心小曹。这里小翁运用的是心理社会治疗模式的（　　　　）技巧。

A. 直接影响　　　　　　　　　　　　　B. 人格发展反思

C. 间接治疗　　　　　　　　　　　　　D. 资源链接

19. 田女士为悉心照顾丈夫和儿子，一直未外出工作。儿子进入高三后，成绩退步，田女士非常着急，而她丈夫对家庭不管不问，还责备田女士没把孩子管好。最近田女士发现了丈夫的婚外情，愤怒之下想要离婚，可一想到儿子，又犹豫了。与丈夫沟通无果后，心情低落的她向社会工作者求助。根据危机干预模式，田女士目前处于（　　　　）。（2023）

A. 危机阶段　　　　B. 解组阶段　　　　C. 恢复阶段　　　　D. 重组阶段

20. 15 岁的小张最近迷上了网络游戏，学习成绩一落千丈。面对繁重的学业，小张想要专心学习，又无法抵挡网络游戏的诱惑，遂向学校社会工作者老项求助。服务中，老项运用了影响性技巧。老项的下列回应中，属于该技巧的是（　　　　）。（2023）

A. "学习成绩不理想确实容易让人有压力，心里着急又不知道怎么办。"

B. "网络游戏打得这么好，说明你很聪明！相信你的成绩可以赶上去！"

C. "你的意思是，上网打游戏是因为游戏可以给你带来成就感，是这样吗？"

D. "我也爱打游戏，但我打游戏时设置四十分钟的闹铃，铃一响我就停手。"

21. 小宁是一名留守儿童，功课没人辅导，学习成绩不佳。社会工作者小王了解到小宁的情况后，找来大学生志愿者辅导她学习。根据上述内容，小王在服务中的角色是（　　　　）。（2022）

A. 教育者　　　　　B. 治疗者　　　　　C. 倡导者　　　　　D. 联系人

22. 初中生小李最近上课时注意力不集中，物理成绩经常不及格，情绪非常低落。学校社会工作者小张知道后，主动与小李的班主任联系，要为小李进行个案辅导。小李初次与小张会谈时，以为会因为成绩不好遭受批评，表现得十分紧张。为缓解小李的紧张情绪，小张想采用积极主动的技巧来开展工作。下列表述中，小张最宜采用的表述是（　　　　）。

A. "看起来你有点儿紧张，其实，很多人也和你有一样的经历。"

B. "看起来你有点儿紧张，你看这里有不少书，你先说说这里有你喜欢的书吗？"

C. "看起来你有点儿紧张，那我就从头和你说起吧！"

D. "看起来你有点儿紧张，其实我是想帮助你解决困难提高成绩，你觉得怎么样？"

23. 服务对象小陆说自己在恋爱过程中总是患得患失，谈过两个女朋友都分手了，经过几次会谈后，社会工作者了解到小陆幼年时父母离异，被送到乡下奶奶家生活。于是，社会工作者帮助小陆一起回顾其成长经历，探讨童年发生的重要事件对现在生活的影响。依据心理社会治疗模式，这种治疗技巧是（　　）。（2019）

A. 非反思性技巧　　　　　　　　　　B. 反思性技巧

C. 非影响性技巧　　　　　　　　　　D. 影响性技巧

24. 社会工作者小李对某服务对象说："我也有过和你差不多的经历，我可以对你说说我当时是怎么处理的，看看对你有没有帮助。不过这只是我的个人经验，不一定完全适合你。"上述对话中，小李采用的是影响性技巧中的（　　）。

A. 自我披露　　　　B. 提供信息　　　　C. 提供建议　　　　D. 提出忠告

25. 某医院妇产科开展了准妈妈小组活动，医务社会工作者小童通过交流分享、角色扮演等活动，让准妈妈们了解到孕中、孕后可能产生的各种需求，并学习新的知识和解决问题的办法。从小组工作类型的角度看，该小组属于（　　）。（2023）

A. 成长小组　　　　B. 教育小组　　　　C. 支持小组　　　　D. 治疗小组

26. 在小组初期，需要以"小组契约"的方式帮助小组形成规范。小组契约是社会工作者与组员之间的一种协议约定，下列内容中，属于小组契约的是（　　）。

A. 破冰游戏的成果展示　　　　　　　B. 组员之间互动行为的方法

C. 出席会议的注意事项　　　　　　　D. 小组活动的人员安排

27. 在"为爱出发"亲子小组中，社会工作者小曹邀请组员分享亲子互动故事以识别并探讨家庭沟通模式。当小曹邀请小姜发言时，小姜还没开口，她的妈妈就抢先说："她一直就是这个样子，不爱搭理人，问她也没用。"小姜对此欲言又止。面对这一情境，小曹最适当的回应是（　　）。（2022）

A. "刚刚小姜妈妈说了小姜的情况，其他家庭是怎么看的？有没有遇到过类似的情况呢？"

B. "小姜妈妈，您可以详细说说女儿的情况吗？她平时在学校和家里也是这样不爱说话吗？"

C. "小姜妈妈，您这样的做法是不恰当的，就是因为您这样的说话方式才让孩子不敢说话的。"

D. "小姜妈妈，我看到小姜这一次好像想要说说自己的观点，让我们听听她怎么说，好吗？"

28. 一次小组活动中，组员小李突然质疑组员小尹，认为他在小组中过于表现自己，让其他组员没有表达机会，小李的话立即得到其他组员的响应，都纷纷指责小尹。此时，社会工作者首先应当做的是（　　）。

A. 处理抗拒行为　　　　　　　　　　B. 处理组员的不满情绪

C. 结束小组讨论　　　　　　　　　　D. 及时制止争议，并请小尹回应小李的质疑

29. 社会工作者针对社区居民关心的健身设施和遛狗时的卫生等问题举办了"社区议

事"小组。在小组服务中，社会工作者以发展模式为实践基础，鼓励社区居民说困难、谈建议。此做法主要体现了发展模式的（　　　）原则。

　　A. 开放性　　　　　　B. 参与性　　　　　　C. 平等性　　　　　　D. 建构性

30. "接下来这个环节是：我的名片，现在我给每个人发一张卡纸，请你们在卡纸上用3~5个简单的字或词来描述自己，制作自己的特色名片，写好后与其他组员交换名片，相互认识一下。"社会工作者的这段话最有可能出现在小组工作的（　　　）。（2019）

　　A. 准备阶段　　　　　　　　　　　　B. 开始阶段

　　C. 转折阶段　　　　　　　　　　　　D. 成熟阶段

31. 社会工作者小潘为在监服刑人员设计了同伴辅导成长小组。下列小组活动内容中，最适合在小组中期转折阶段开展的是（　　　）。

　　A. "同心圆"：增进彼此熟悉程度　　　　B. "心之畅想"：回顾成长，展望未来

　　C. "我们的约定"：制定小组契约　　　　D. "假如我是辅导员"：开展角色的扮演

32. 在一次小组活动中，一位组员诉说了自己在经历许多挫折后的感受。社会工作者对他表示理解，并说："在过去的两年里，您经历了许多痛苦，失业了，又离婚了，我能体会您的心情。"社会工作者的上述回应中，采用与组员沟通的技巧是（　　　）。

　　A. 交流信息　　　　　　　　　　　　B. 适当帮助梳理

　　C. 积极回应　　　　　　　　　　　　D. 适当自我表露

33. 某社区青年志愿者成长小组处于结束阶段。下列回应中，最能体现该阶段社会工作者任务的是（　　　）。（2023）

　　A. "今天我们进行角色扮演，分享一下大家当下的心理感受吧。"

　　B. "为了帮助我们今后更好地开展服务，请大家填写一份小组评估问卷。"

　　C. "大家对志愿服务意义达成了共识，今天我们讨论如何更好地开展服务。"

　　D. "大家在小组中很有收获，今天我们再谈谈如何在生活中保持小组经验。"

34. 社会工作者在"认识社区"阶段，需要对社区问题进行详细分析，下列表述中，属于"描述问题"的是（　　　）。（2023）

　　A. 制定解决社区问题的策略　　　　　B. 探讨社区问题未来发展变化

　　C. 分析社区问题产生的原因　　　　　D. 说明居民对社区问题的感受

35. 社会策划模式的实施策略强调完整地执行一个策划过程，在完成"了解服务机构使命和目标"这一工作步骤后，需要对环境和形势进行分析。其分析的重点内容是（　　　）。

　　A. 社会工作服务机构的优点和不足　　B. 现行服务手段的利与弊

　　C. 社区需求的界定和评估　　　　　　D. 方案面对的机会和挑战

36. 某社区养老院综合改建的申请已获批复同意。近日，院方着手制订改建方案。下列改建方案内容中，体现表达型需要的是（　　　）。（2023）

　　A. 应当按市相关文件中的床位比进行人员配置

　　B. 建议参照邻市养老机构的标准配备康复器材

　　C. 希望在现有基础上大幅缩短入院排队等候时间

　　D. 认为综合改建工程完工后应保持长期领先

37. 社区社会工作者针对近期大家关心的居民楼水管改造议题召开议事协商会，邀请街道办事处工作人员、物业公司代表、施工方代表、业主委员会代表和居民代表参会。在

会议进行中，社会工作者适宜的做法是（　　）。（2023）

A. 严格限制会议发言人的数量　　　　B. 让参会者充分讨论后作出决定

C. 听到参会者意见后立即表态　　　　D. 提前了解参会者对议程的意见

38. 某社会工作服务机构应街道邀请开展困境儿童服务项目，社会工作者小李及其项目团队在设计好服务方案后，走访了辖区学校、社区卫生服务中心、未成年人保护工作站等多个组织，了解他们为困境儿童提供服务的现状。从管理社区资源角度来看，小李及其项目团队所开展的工作属于（　　）。（2022）

A. 资源分析　　　B. 资源开发　　　C. 资源链接　　　D. 资源维系

39. 社区社会工作者小安引导社区居民参与社区环境治理，并培育社区社会组织，形成社区环境治理的可持续性力量。小安在社区社会组织培育建设和发展的不同阶段扮演不同角色，其适宜的做法是（　　）。（2023）

A. 全程直接承担组织管理工作，让组织运行更高效

B. 在组织成立之初，仅仅提供专业咨询和支持服务

C. 在组织发展过程中，不断完善组织内部规章制度

D. 在组织发展成熟后，注重发现和培育组织的领导者

40. 社会工作者小陶打算利用地区发展模式在一个新建小区开展社区工作。小陶在接触居民时，了解到有些居民反映小区的交通不便，希望有公交线路经过小区，小陶对此也深有体会。小陶的下列做法中，体现地区发展模式特点的是（　　）。

A. 让居民通过充分的讨论来分析交通不便问题的重要性和紧迫性

B. 联系公交公司和有关政府部门重新规划本地区的公交线路

C. 代表居民向公交公司和有关政府部门反映问题

D. 告知居民该问题难以得到迅速解决并提出替代性的解决方案

41. 在很多情况下，社会工作者服务需要组织多功能型团队，下列关于多功能型团队的说法，正确的是（　　）。（2021）

A. 团队成员来自不同专业领域，共同完成某项任务

B. 团队是自然形成的工作小组，被赋予较大自主权

C. 团队成员间能快速建立信任关系，实现真诚合作

D. 团队的成员具有临时性特点，任务完成后即解散

42. "老漂族"是指跟随子女从外地移居大城市生活的老人，他们因语言不通、生活习惯不同等原因，往往不适应本地生活，急需得到帮助。为此，社会工作者小张针对所在社区内的"老漂族"策划了一个服务计划，希望通过整合社区资源，运用社会工作专业方法，开展一系列活动帮助老人融入社区。从社会服务策划形式看，小张的上述工作过程属于（　　）。

A. 服务战略策划　　　　　　　　　B. 服务创新策划

C. 社会服务机构策划　　　　　　　D. 方案发展策划

43. 社工小陈负责"关爱困境儿童"服务项目，为此招募了一批护理、文体等方面的志愿者参与项目。对这批志愿者进行培训的内容最适当的是（　　）。

A. 讲解服务对象的身心发展特点　　B. 分析国内外志愿服务发展趋势

C. 研讨交流机构志愿者激励措施　　D. 介绍机构的志愿者绩效评估办法

44. 社会服务机构募集捐款时，需了解捐助人的动机和行为。以下属于个人捐款动机

的是（　　）。

    A. 市场营销　　　　　B. 公共关系　　　　　C. 利他助人　　　　　D. 社会联谊

45. 某福利院的服务对象老王因中风导致行动不便，出入均需护理人员陪同，但老王不愿意麻烦护理人员。有一天他自行出去活动时不慎摔倒，生命垂危，经抢救后脱离危险。帮助老王的社会工作者小李因此感到内疚，不断自责，机构督导及时跟进。下列做法中，属于支持性督导的是（　　）。

    A. 评估小李个案服务过程　　　　　　　B. 指导小李改进服务技巧

    C. 教导小李中风处置方法　　　　　　　D. 协助小李处理情绪困扰

46. 某企业以"共创财富，公益社会"为使命，每年将利润的1%捐赠给当地的儿童福利院，目的是通过帮助困难群体，履行企业的社会责任，提升企业良好声誉。该企业的捐款动机属于（　　）。（2023）

    A. 市场营销　　　　　B. 自我利益　　　　　C. 公共关系　　　　　D. 社会联谊

47. 社会工作教育性督导可以缓解被督导者的工作压力。下列督导者的做法中，体现社会工作督导教育性功能的是（　　）。（2021）

    A. 协助被督导者识别和处理焦虑情绪　　　B. 鼓励被督导者再尝试新的介入方法

    C. 引导被督导者看到自己的工作成效　　　D. 帮助被督导者练习情绪管理的技巧

48. 社会工作者小李在为精神障碍者小张开展服务时，始终无法与服务对象建立信任关系，觉得非常沮丧。督导者老陈知道后，肯定小李工作中所做的努力，协助他处理受挫的情绪。老陈的做法属于（　　）。（2023）

    A. 行政性督导　　　　　　　　　　　　B. 教育性督导

    C. 支持性督导　　　　　　　　　　　　D. 调解性督导

49. 为了在社区推动空巢老人互助项目，社会工作者小陈设计了"空巢老人社会支持状况"问卷，并准备在项目启动前后各进行一次问卷调查。从服务的角度看，小陈的做法属于（　　）。

    A. 效果评估　　　　　B. 过程评估　　　　　C. 需求评估　　　　　D. 系统评估

50. 学校社会工作者小袁运用定量研究的方法，对青少年社会适应的影响因素进行研究。根据定量研究所遵循的演绎法研究策略，小袁首先要做的是（　　）。（2023）

    A. 提出研究问题　　　　　　　　　　　B. 开展研究设计

    C. 编制调查问卷　　　　　　　　　　　D. 进行资料分析

51. 下列关于问卷调查中问题排序的说法，正确的是（　　）。（2019）

    A. 单项选择题在前，多项选择题在后　　　B. 个人背景等敏感问题必须放在后面

    C. 被调查者感兴趣的问题应放在前面　　　D. 行为与态度方面的问题应该放在前面

52. 社会工作者小陈采用个案研究方法对某社会工作服务机构的运行机制进行研究。他侧重描述服务输送的具体流程，介绍服务机构的组织架构，分析服务输送过程的优点和不足，探讨服务输送的各方关系，最后提出服务输送的改善建议。小陈的上述研究体现个案研究的特点是（　　）。

    A. 帮助社会工作服务机构完善服务输送过程

    B. 验证社会工作服务机构运行机构的研究假设

    C. 追求研究资料的研究结论的精确性

    D. 揭示社会工作服务机构运行的因果关系

53. 根据老年人权益保障法，下列关于家庭赡养的说法，正确的是（　　）。（2021）

A. 老年人的自有房屋，赡养人没有维修的义务

B. 赡养人的配偶对于赡养人的父母有赡养的义务

C. 对于生活不能自理的老年人，赡养人应承担亲自照料的义务

D. 赡养人不得以放弃继承权或其他理由，拒绝履行赡养的义务

54. 根据未成年人保护法，保护未成年人，应当坚持（　　）的原则。（2023）

A. 平等保护 　　　　　　　　　　B. 个人信息公开

C. 最有利于未成年人 　　　　　　D. 保护与惩罚相结合

55. 某妇女生下一个女婴，得知这个女婴患有先天性残疾后，便将女婴放在医院门口，自己悄悄离开。这个女婴的（　　）没有得到保障。

A. 家庭保护权 　　　　　　　　　B. 人身自由权

C. 生命健康权 　　　　　　　　　D. 文化教育权

56. 根据《关于进一步加强事实无人抚养儿童保障工作的意见》，事实无人抚养儿童监护人填写《事实无人抚养儿童基本生活补贴申请表》，向儿童户籍所在地（　　）提出申请。（2021）

A. 乡镇人民政府（街道办事处） 　　B. 民政部门

C. 人力资源和社会保障部门 　　　　D. 卫生健康部门

57. 根据劳动法，下列企业支付劳动报酬的做法，正确的是（　　）。（2021）

A. 甲每个工作日加班 1 小时，企业支付其工资标准 150% 的劳动报酬

B. 乙每个工作日加班 2 小时，企业支付其工资标准 200% 的劳动报酬

C. 丙休息日加班一天，企业支付其工资标准 150% 的劳动报酬

D. 丁法定节假日加班，企业支付其工资标准 250% 的劳动报酬

58. 根据《城市生活无着的流浪乞讨人员救助管理办法》，救助站对流浪乞讨人员的救助是一种临时性社会救助措施。以下属于此种救助的内容是（　　）。

A. 临时工作 　　B. 乘车凭证 　　C. 返乡路费 　　D. 健康体检

59. 小贾因企业改组而失业。失业之前单位和本人按照规定缴纳失业保险费累计为 9 年 6 个月，根据《失业保险条例》，小贾领取失业保险金的期限最长为（　　）个月。（2021）

A. 6 　　　　　　B. 12 　　　　　　C. 18 　　　　　　D. 24

60. 根据《女职工劳动保护特别规定》，下列关于女职工可享受产假天数的说法，正确的是（　　）。（2019）

A. 小陆，怀孕 3 个月流产，可享受产假 30 天

B. 小贾，怀孕 6 个月流产，可享受产假 42 天

C. 小王，难产，生双胞胎可享受产假 143 天

D. 小吴，怀双胞胎，产前可休假 30 天

二、多项选择题（共 20 题，每题 2 分。每题的备选项中，有 2 个或 2 个以上符合题意，至少有 1 个错项；错选，本题不得分；少选，所选的每个选项得 0.5 分）

61. 从一般意义来说，社会工作是具体解决社会问题的专业活动，具有维持社会秩序

的功能，与行政管理相比，社会工作的特点有（　　）。（2023）

A. 自上而下解决问题　　　　　　　B. 重视权利运用

C. 通过服务化解矛盾　　　　　　　D. 开展人性化服务

E. 促进人与环境相互适应

62. 医务社会工作者小张在为某服务对象开展服务时得知，该服务对象认为在医院接受治疗的过程中，由于医生的诊断失误，致使其留下残疾。该服务对象私下收集了很多"证据"，准备起诉医院及相关责任医生。此时，小张面临的社会工作专业伦理难题有（　　）。

A. 是否对医院保密　　　　　　　　B. 是否立即结案

C. 是否对医生保密　　　　　　　　D. 是否立即转介

E. 是否支持服务对象起诉

63. 下列社会工作者的做法中，体现其对机构伦理责任的有（　　）。（2021）

A. 为服务对象提供专业化服务　　　B. 努力提升自己的专业服务能力

C. 遵守机构的管理制度和规定　　　D. 提供服务时应注意自己的形象

E. 总结专业服务的经验模式

64. 下列关于阿尔德弗尔的 ERG 理论的说法，正确的有（　　）。

A. 人类需要不强调需要层次的顺序

B. 生存需要包括身体健康和自主两方面

C. 关系的需要包括自我发展和自我完善

D. 某种需要在得到基本满足后还可能会增强

E. 人类需要分为生存需要、关系需要和成长需要

65. 12 岁的小明是留守儿童，一直由爷爷奶奶抚养，他的父母在外打工，每年春节才回家几天，小明有时因想念父母而闷闷不乐。虽然成长环境不利，但小明能够正确面对，不仅学习成绩优异，还担任小队长，在老师的带领下组织和他情况相似的小伙伴们为社区高龄老年人服务。在外担任工程队队长的爸爸得知情况后，自豪地说："这孩子的领导能力超过我了啊！"上述内容体现出人类行为与社会环境的基本关系有（　　）。（2019）

A. 留守儿童虽然处于不利的社会环境，但激发其抗逆力可改善社会环境

B. 留守儿童虽然处于不利的社会环境，但是会逐渐适应社会环境

C. 留守儿童处于不利社会环境时，会受到社会环境影响

D. 留守儿童虽处于不利社会环境，但完全不会受其影响

E. 社会环境和生物遗传会共同对留守儿童产生影响

66. 辛女士："我年轻时学习成绩可好了，尤其喜欢音乐。结婚后，为了照顾孩子，我就什么都放下了，成了全职妈妈。现在孩子上学了，每天我一个人在家，觉得空落落的。孩子他爸一直不理解我一个人照顾家庭的辛苦。我有时候真怀念小时候学音乐的日子，那时候真有意思啊！"

社会工作者："听了您刚才说的话，我的理解是您既想照顾好家庭，又想继续学习音乐，是这样吗？"

辛女士："是的。"

社会工作者："我听出来您有很多想谈的话，但咱们这次时间有限。您说说看，这次最想谈的是什么？"

上述对话内容中，社会工作者使用的技巧有（　　）。

A. 建议　　　B. 对质　　　C. 对焦　　　D. 摘要　　　E. 忠告

67. 张先生无业，文化程度低，自信心不足。社会工作者小刘对其开展服务时，一方面鼓励他建立自信，帮助他掌握新信息和知识；另一方面帮他联系社区资源，为其提供就业机会。上述服务中，小刘扮演的角色有（　　）。

A. 使能者　　　　　　B. 经纪人　　　　　　C. 治疗者
D. 倡导者　　　　　　E. 教育者

68. 服务对象小米发现丈夫有外遇，十分痛苦，向社会工作者小刘哭诉，称自己想自杀。小刘运用危机介入模式对小米提供服务，其应遵循的工作原则有（　　）。

A. 案主自决　　　B. 输入希望　　　C. 限定目标
D. 及时处理　　　E. 展望前景

69. 在设计小组活动时，社会工作者应该考虑的要素有（　　）。

A. 紧扣小组目标　　　　　　B. 组员的特征和能力
C. 经验分享环节　　　　　　D. 社会工作者的喜好
E. 小组活动的基本要素

70. 小组活动通常安排经验分享环节，其主要作用在于鼓励组员（　　）。

A. 评估小组活动是否达到目标　　　B. 调整小组目标和小组契约
C. 交流在小组活动中的成长　　　　D. 总结在小组活动中的有益启示
E. 表达参与小组活动的感受

71. 为了提升居民对社区公共环境的关注，社会工作者小余在社区开展了一项"社区随手拍"活动，鼓励居民将自己看到的社区环境中的亮点和问题用手机拍下来上传给社区，并定期将居民的作品制作成海报，张贴在社区宣传栏内。小余发现整理照片需要大量人手，洗印照片和制作海报也需要一笔费用。为了实施这项活动，从社区资源开发的角度，小余可以进行的工作有（　　）。

A. 联络社区团体和组织，协助招募活动的志愿者
B. 发布社区活动广告，从居民中直接招募志愿者
C. 走访自己熟悉的社区商户，鼓励他们为活动捐款
D. 向所在区政府申请经费，为活动提供全程赞助
E. 申请机构专门款项，购买一台用于活动的照片打印机

72. 下列关于社区照顾模式特点的说法，正确的有（　　）。

A. 社区照顾模式通过强化专业服务来确立政府在社区中的重要地位
B. 社区照顾模式通过协助服务对象重新融入社区来获得正常生活
C. 社区照顾模式通过改变由政府完全提供资源与服务的方法来强调社区作用
D. 社区照顾模式通过鼓励社区居民互相帮助来建立相互关怀的社区
E. 社区照顾模式通过建立照顾网络来协助社区居民解决困难

73. 居民是社区工作中最有价值的资源，与居民初次接触时，社会工作者要介绍自己的情况和机构的任务，听取居民的意见等。社会工作者适宜的做法有（　　）。

A. 总结彼此的谈话，给予积极反馈
B. 通过对质，帮助居民明确社区问题
C. 感谢居民提供了有价值的信息和资料
D. 主动发放活动资料让居民知晓，以增进信任

E. 留下自己和机构的联系方式，鼓励居民主动联系自己

74. 某社会工作服务机构进入某老旧小区开展工作。在完成准备阶段的工作后，社会工作者可采取的介入策略和方法有（   ）。

A. 进行社区需求分析

B. 根据居民兴趣推动成立自助小组

C. 联系社区相关组织商讨工作方案

D. 开展社区互助服务和康乐活动

E. 挖掘资源和进行社区教育

75. 针对社区部分老年人和儿童缺乏照顾的现象，某社会工作服务机构在广泛调研的基础上设计了多套依托"五社联动"机制，助力"一小一老"的服务方案。邀请街道办事处、社区居委会、社区社会组织代表和服务对象代表组成筹备小组，采用"可行性方案模型"来筛选理想方案。筹备组首先对比了在同等资金投入情况下各个方案涉及的服务人数，其次分析了各方案对促进"五社联动"机制建设和服务"一小一老"的效果，接下来，筹备组还需要完成的分析工作有（   ）。（2023）

A. 分析该机构过去面向老年人和儿童的服务完成情况

B. 分析比较哪个方案最能达成"一小一老"服务目标

C. 分析基金会和企业对各个方案给予资金支持的意向

D. 识别比较哪个方案更有利于服务对象公平享有服务

E. 识别分析各方案潜在风险及可能产生的负面影响

76. 为了更好地发挥志愿者的作用，某儿童福利机构计划建立一套完整的志愿者管理制度。这一制度的内容应该包括（   ）。

A. 评估志愿者参与的动机

B. 制定志愿者的岗位工作职责

C. 定期和持续对志愿者进行督导

D. 与志愿者签订正式的劳动合同

E. 设立与志愿者绩效相适应的岗位津贴

77. 下列关于个案研究的说法，正确的有（   ）。

A. 个案研究花费时间不多

B. 个案研究的资料收集手段多样化

C. 个案研究的发现不能进行推论

D. 强调对事件的真相作深入的考察

E. 个案研究应严格参照操作步骤要求

78. 社区矫正对象老张回到社区后，觉得邻居都瞧不起自己，情绪很低落。社会工作者小王为他推荐了几份工作，都被老张以太累或时间不合适等理由婉拒。近日老张找到小王，明确表示自己不愿工作，让小王为其直接申请最低生活保障。根据社会工作专业伦理，小王适宜的做法有（   ）。（2023）

A. 以服务对象为本，接受老张的请求

B. 与老张进行深入交流，鼓励他自食其力

C. 咨询专业督导者，商议解决问题的办法

D. 主动倾听老张的苦恼，帮助他调整心态

E. 向老张说明其不符合政策要求，终止服务

79. 根据劳动法，相关部门在确定和调整最低工资标准时应当参考的因素，除社会平均工资水平外，还包括（   ）。（2022）

A. 就业状况

B. 劳动生产率

C. 当地人口老龄化水平

D. 地区之间经济发展水平的差异

E. 劳动者本人及平均赡养人口的最低生活费用

80. 学生小勇在课后欺凌同学，学校社会工作者王老师发现后对此事进行处理。根据未成年人保护法，王老师的下列做法中，正确的有（　　）。（2023）

A. 立即制止小勇的错误行为

B. 对被欺凌的同学及时给予心理辅导

C. 嘱咐被欺负的同学不要声张，以保护学校声誉

D. 对小勇父母给予必要的家庭教育指导

E. 主动联系小勇和被欺负同学的父母参与处理欺凌事件

参考答案

一、单项选择题

1. D	考点：社会工作的内涵	
2. D	考点：社会工作的要素	
3. D	考点：社会工作的主要领域	
4. D	考点：社会工作的特点	
5. A	考点：社会工作的功能	
6. A	考点：司法社会工作的主要内容	
7. A	考点：社会工作的主要领域	
8. D	考点：社会工作者的角色	
9. A	考点：社会工作价值观	
10. D	考点：社会工作伦理难题	
11. D	考点：社会工作者对服务对象的伦理责任	
12. D	考点：社会工作伦理原则	
13. A	考点：马斯洛需要层次理论	
14. D	考点：婴幼儿阶段社会性发展的特征	
15. B	考点：家庭教养模式	
16. D	考点：阿尔德弗尔的 ERG 理论	
17. A	考点：家庭的功能	
18. C	考点：心理社会治疗模式的间接技巧	
19. C	考点：危机介入模式的发展阶段	
20. D	考点：影响性技巧	
21. D	考点：社会工作者在服务过程中的专业角色	
22. D	考点：个案工作技巧	
23. B	考点：心理社会治疗模式（直接治疗技巧）	
24. A	考点：影响性技巧	
25. B	考点：小组工作类型	
26. C	考点：小组契约	
27. D	考点：主持小组讨论的技巧	
28. D	考点：主持小组讨论的技巧	

29. B　　考点：小组工作的发展模式

30. B　　考点：小组工作不同阶段社会工作者的任务

31. D　　考点：小组工作过程

32. C　　考点：与组员沟通的技巧

33. D　　考点：小组结束阶段社会工作者的任务

34. D　　考点：社区问题分析（描述问题）

35. D　　考点：社会策划模式的实施步骤

36. C　　考点：社区需要分析

37. B　　考点：会议技巧

38. A　　考点：管理社区资源

39. C　　考点：管理社区组织

40. A　　考点：地区发展模式的特点

41. A　　考点：社会服务机构的多功能型团队

42. D　　考点：社会服务策划形式

43. A　　考点：志愿者管理的内容

44. C　　考点：个人捐款动机

45. D　　考点：支持性督导

46. C　　考点：企业的捐款动机

47. D　　考点：教育性督导

48. C　　考点：支持性督导

49. A　　考点：社会工作评估类型

50. A　　考点：定量研究

51. C　　考点：问卷设计的内容

52. A　　考点：个案研究方法

53. D　　考点：老年人权益保障法

54. C　　考点：未成年人保护法

55. C　　考点：妇女权益保障法

56. A　　考点：关于进一步加强事实无人抚养儿童保障工作的意见

57. A　　考点：劳动法

58. B　　考点：城市生活无着的流浪乞讨人员救助管理办法

59. C　　考点：失业保险条例

60. B　　考点：女职工劳动保护特别规定

二、多项选择题

61. CDE　　考点：社会工作的特点

62. ACE　　考点：社会工作专业伦理难题

63. CD　　考点：社会工作者对机构的伦理责任

64. ADE　　考点：阿尔德弗尔的 ERG 理论

65. ABCE　　考点：人类行为与社会环境的关系

66. CD　　考点：个案工作技巧

67. ABE　　考点：开展服务阶段社会工作者的专业角色

68. BCD　　考点：危机介入模式的工作原则

69. ABCE　考点：小组活动的设计技巧

70. ACDE　考点：小组活动的设计技巧

71. ABCD　考点：管理社区资源

72. BCDE　考点：社区照顾模式

73. ACE　　考点：与居民接触的技巧

74. BDE　　考点：社会服务方案策划

75. ADE　　考点：社会服务方案的策划步骤和方法

76. ABC　　考点：志愿者管理的内容

77. BCD　　考点：个案研究

78. BD　　　考点：社会工作专业伦理

79. ABDE　考点：劳动法

80. ABDE　考点：未成年人保护法

全真模拟试题（三）

一、单项选择题（共 60 题，每题 1 分。每题的备选项中，只有 1 个最符合题意）

1. 下列社会工作计划中，突出体现社会工作"促进发展目标"的是（   ）。

   A. 自闭症儿童音乐治疗计划　　　　B. 青少年网络成瘾干预计划
   C. 老年人自杀危机干预计划　　　　D. 新居民子女成长向导计划

2. 解决社会问题是社会工作专业的目标之一。下列属于社会问题的是（   ）。

   A. 网络成瘾　　　B. 就业服务　　　C. 老人服务　　　D. 婚姻指导

3. 老伴去世半年后，李奶奶仍难以走出失去老伴的悲痛，经常自责，情绪十分低落。鉴于李奶奶目前的状态，社会工作者对李奶奶进行哀伤辅导。在上述服务中，社会工作者扮演的角色主要是（   ）。

   A. 治疗者　　　B. 关系协调者　　　C. 倡导者　　　D. 资源筹措者

4. 社会工作者根据服务对象个人的特殊需要，为其提供个案服务；针对服务对象的同质需要，为更多的人开展小组服务。这表明有效支持社会工作者实践的是（   ）。

   A. 专业助人方法　　　　　　　　　B. 潜在服务对象
   C. 个人的价值观　　　　　　　　　D. 社会工作服务机构

5. 社会工作者小周发现，某中学出现行为偏差问题学生的家庭背景都很相似，基本以学校附近某商品批发市场的商户为主。小周了解到这类学生家长平时忙于生意，对孩子的关心以满足物质需要为主。小周决定对这些家庭进行家访，将孩子在学校的情况与家长进行沟通，希望通过改变家长的做法调整学生的偏差行为。小周的上述做法属于社会工作领域中的（   ）。

   A. 心理健康服务　　　B. 救助服务　　　C. 学校社会工作　　　D. 矫治服务

6. 下列关于社会工作价值观作用的说法，正确的是（   ）。

   A. 社会工作价值观的维系和发展，仅强调社会对个人的责任
   B. 社会工作价值观源于社会价值观，两者应始终保持一致
   C. 社会工作价值观能规范社会工作者的行为，促进专业健康发展
   D. 社会工作价值观要求社会工作者在服务中，满足服务对象提出的所有需求

7. 小王高考落榜后情绪消沉，失去自信。社会工作者在与其沟通过程中鼓励说："你有能力走出低谷，我们一起努力吧！"这种说法体现的社会工作价值观是（   ）。

   A. 相信人有改变的潜能　　　　　　B. 相信人应对自己的生活负责
   C. 相信人与社会相互依赖　　　　　D. 相信人的社会功能对完成自我实现非常重要

8. 社会工作者小马所在机构长期在某村庄开展社会工作服务，协助村民发展有机农业，受到村民欢迎。某电视台想采访小马并报道该服务，小马向机构负责人汇报并经同意

后接受了记者的采访。小马的做法体现了社会工作者对（　　）的伦理责任。

　　A. 同事　　　　　　　B. 专业　　　　　　　C. 社会　　　　　　　D. 机构

　　9. 小林向社会工作者小王求助，他近日因高考选专业的问题感到十分苦恼，父母希望小林学医，爷爷奶奶劝他学建筑，老师和朋友又提出其他意见。针对上述情况，根据社会工作专业伦理，小王最适当的做法是（　　）。

　　A. 劝说小林遵从长辈的建议　　　　　　B. 鼓励小林选社会地位较高的专业

　　C. 说服长辈听从小林的选择　　　　　　D. 协助小林分析各种选择的利弊

　　10. 服务对象钱某向社会工作者老许寻求帮助："我现在遇到了一个难题，想让你帮我拿主意。"老许和钱某一起分析了不同解决办法的优缺点后，钱某说："我现在知道该怎么办了。"老许的做法主要体现了社会工作（　　）的价值观。

　　A. 尊重服务对象独特性　　　　　　　　B. 尊重服务对象自我决定

　　C. 维护服务对象尊严　　　　　　　　　D. 调整服务对象利益冲突

　　11. 某社区的老年人向社会工作者反映，该社区周边的便民服务点太少，老人购物困难。针对这一情况，社会工作者给予的恰当回应是（　　）。

　　A. 劝导反映问题的老年人不要着急，建议老年人可以让儿女帮忙

　　B. 坦诚告知老年人已有居民反映该情况，但社区无力解决此类问题

　　C. 尊重并热情接待反映问题的老年人，告知其该问题在相邻社区同样存在

　　D. 感谢老年人及时反映情况，告诉老年人会尽快向有关部门反映并参与讨论解决方案

　　12. 孤独症儿童家长为应对孩子日常照顾压力，自发组建了家长互助群，以分享照顾经验，形成相互支持。根据马斯洛的需要层次理论，上述情形中，主要体现的家长的需要是（　　）。（2023）

　　A. 生理需要　　　　　　　　　　　　　B. 尊重需要

　　C. 归属与爱的需要　　　　　　　　　　D. 安全需要

　　13. 小张是家中独子，因无力购置新房，结婚后小两口与小张的父母住在一起。目前小张的家庭类型属于（　　）。（2019）

　　A. 主干家庭　　　　B. 单亲家庭　　　　C. 联合家庭　　　　D. 核心家庭

　　14. 社会工作者在社区组织开展"志愿小明星"活动，让社区里的青少年自愿报名组成志愿服务队。经过几次活动后，青少年的参与积极性越来越高，彼此之间的关系也越来越亲密。这一过程主要体现了同辈群体的（　　）。（2020）

　　A. 平等性　　　　　B. 开放性　　　　　C. 认同性　　　　　D. 独特性

　　15. 小玲的父母对她在生活上的照顾无微不至、包揽一切，在学习上严厉要求。上述家庭教养模式是（　　）。

　　A. 专制型　　　　　B. 支配型　　　　　C. 娇纵型　　　　　D. 冲突型

　　16. 张大爷5年前退休，没有子女，老伴去世后一直独居在家。最近他摔伤了腿，医生告诉他需卧床半年，高额的医药费开支让他不堪重负。他深受打击，觉得自己活不长了，半夜常常做噩梦。社会工作者介入后，经评估张大爷面临的主要问题是（　　）。

　　A. 退休后产生的无用感　　　　　　　　B. 经济支出增加导致生活困境

　　C. 对疾病和死亡产生的恐惧感　　　　　D. 人际交往少导致孤独寂寞感

　　17. 李女士在丈夫的陪同下向社会工作者小杨求助。会谈后，小杨发现李女士具有抑郁症的典型症状，但从机构的服务范围来看，无法向其提供有效的帮助。因此，小杨想把

李女士转介给其他专业机构。在转介前，小杨首先要征得（　　）。

    A. 李女士丈夫同意　　　　　　　B. 机构同意

    C. 李女士自己同意　　　　　　　D. 督导同意

18. 社会工作者老高对某社区矫正对象开展个案辅导，老高尊重服务对象，相信他有改变自我的愿望与能力，并积极促进服务对象外部环境的改善，促使服务对象积极改变、融入社区。从心理社会治疗模式看，上述老高做法的理论假设是（　　）。

    A. 每个人都要重拾希望　　　　　B. 每个人都有成长潜力

    C. 每个人都要面对问题　　　　　D. 每个人都要学会沟通

19. 12 岁的玲玲因与家长发生冲突而离家出走，一天后家人将其找回，并带她向社会工作者老纪求助。在接案、预估后，老纪制订了完备的服务方案，为玲玲及其家庭开展个案辅导服务。此时老纪应优先提供的服务是（　　）。（2021）

    A. 引导玲玲回顾与家人冲突的过程　　B. 协助玲玲及其家人重温过往亲情

    C. 劝导家人向玲玲承认错误并道歉　　D. 要求家人承诺今后不再责备玲玲

20. 王某大学毕业后，多次考公务员未果，又看不上其他工作，一直闲在家里，但他并不在乎。父亲对王某十分不满，常常冷嘲热讽，母亲也唠唠叨叨，王某为此感到很郁闷，向社会工作者老林求助。老林运用会谈方式收集资料时应做到（　　）。

    A. 运用理论逻辑定义王某问题的来龙去脉

    B. 关注王某内心的感受及看待问题的方式

    C. 根据王某父母的看法来概括王某的问题

    D. 利用自己的经验推论王某界定问题的逻辑

21. 初中三年级男生小亮手部皮疹严重，医生诊断为重度神经性皮炎，可能由心理紧张引起。医生在完成医疗处置后，将小亮转介给医务社会工作者小黄。小黄评估后，决定运用心理社会治疗模式提供服务。他先与小亮妈妈进行交流，分享了自己帮助女儿缓解压力的心得。此时，小黄采用的治疗技巧是（　　）。（2020）

    A. 直接治疗技巧之非反思性技巧　　B. 直接治疗技巧之反思性技巧

    C. 间接治疗技巧之直接影响技巧　　D. 间接治疗技巧之维持性技巧

22. 服务对象："我不知道这样的日子还能撑多久，孩子得了这样的病，要花那么多钱，还不知道能不能治好。我老公身体又不好，干不了重活，最近半年也没再开车了，将来能干什么也不知道。真的每天都很愁，你说怎么办啊？"下列社会工作者的回应中，最符合同理心技巧的是（　　）。（2022）

    A. "我理解你的烦恼，不要担心，让我们一起努力克服困难吧！"

    B. "家里碰到这么多事，真的不容易。你非常担心以后怎么办。"

    C. "不用担心，我们就是来帮你的。困难是暂时的，会有办法的。"

    D. "孩子这么重的病要花多少钱？我看看能不能帮你申请医疗救助。"

23. 李大爷与邻居关系紧张，为此他感到烦恼。一次与邻居吵架后，李大爷向社会工作者小张求助，小张热情地接待了李大爷，并听他讲述了事情发展的整个过程。接下来，小张首先要做的是（　　）。

    A. 对其问题进行预估　　　　　　B. 对其提供资源信息

    C. 对其制定干预目标　　　　　　D. 与其签订服务协议

24. 就读高中的志明近日沉迷网络游戏，常通宵达旦上网，成绩一落千丈。他所在学校的社会工作者找志明面谈。下列社会工作者的表述中，采用忠告技巧的是（　　）。

A. "你如果不改变上网习惯，成绩越来越差，最后可能会留级甚至被学校开除。"

B. "有新闻报道，经常上网的人很容易患上颈椎病。"

C. "我也喜爱上网，但最近发觉视力差了，睡眠质量也差了。"

D. "你已经是高中生了，也曾答应我改变上网习惯，要加把劲啊！"

25. 社会工作者小刘为社区的残障人士开展了一系列的小组服务，经过几次小组活动，小组整体的开展状况良好，组员们变得更愿意交流沟通，并开始形成相互支持的局面。组员们自己商量通过了议事机制，并在每次小组讨论中自觉运用。在担任小组工作员的这一阶段，社会工作者的角色是（　　）。

A. 处于核心位置，扮演领导者角色　　　　B. 处于边缘位置，扮演协调者角色

C. 处于边缘位置，扮演同行者角色　　　　D. 处于核心位置，扮演引导者角色

26. 社会工作者小李为医院鼻咽癌患者开设主题为"乐活人生"的小组。在小组中，小李邀请病友分享自己生病前后的经历和感悟，鼓励大家重拾信心，以乐观的态度积极面对疾病。从小组目标的角度看，该小组类型最有可能是（　　）。（2020）

A. 支持小组　　　B. 成长小组　　　C. 治疗小组　　　D. 教育小组

27. 社会工作者小何为社区内的单亲妈妈开展了主题为"瑰丽人生"的小组活动。在第1节小组活动中，小何带领组员共同制定了小组规范。下列内容中，属于文化规范的是（　　）。（2021）

A. 要求组员保证出勤率、不迟到、不早退

B. 发表观点时，不议论与小组无关的内容

C. 每次小组开始前，将手机调至震动或静音状态

D. 相互尊重，对组员的差异采取非评判的态度

28. 某社会工作服务机构为社区老年人开设了一个主题为"居家安全，平安生活"的小组活动。小组活动进行到第三节，社会工作者邀请组员分享自己曾经跌倒的经历，并适时提问。下列提问中，属于重新定向型提问类型的是（　　）。

A. "刚刚我们讨论如何预防跌倒，谁能总结一下？"

B. "张阿姨你能不能将刚才所说的情况具体描述一下？"

C. "大家对王伯伯提出的预防跌倒的方法是不是都认可？"

D. "刚才李阿姨提出跌倒后的急救问题，其他人怎么看呢？"

29. 社会工作者小霍为脑卒中患者开展了主题为"鼓舞未来"的病友小组活动，通过引导组员学习手指操、非洲鼓等，促进组员的康复。下列场景中，最有可能出现在小组转折阶段的是（　　）。（2022）

A. 组员们初次接触非洲鼓，对其充满好奇，但因不知如何演奏，不愿尝试

B. 组员老张和老任都认为自己演奏水平更高，彼此埋怨对方演奏出现错误

C. 小霍播放组员的演奏视频，带领他们回顾在"鼓舞未来"小组中的变化

D. 小霍预告"鼓舞未来"非洲鼓文艺会演时间，邀请组员携家属一同参与

30. 小组活动开始后，组员间有下面一段对话：

成员甲："其实一直以来，我们的婚姻生活都不太幸福……"

成员乙："你丈夫有了'第三者'？"

成员甲："不是。"

成员乙："那是你的问题？你已不再爱他？"

成员甲："不是……"

成员乙："那……我猜……"

在此情景中，社会工作者最适合运用的技巧是（   ）。

A. 中立   B. 对质   C. 限制   D. 沉默

31. 某社会工作服务机构督导者现场观察了社会工作者小俞开展的社区居民骨干小组活动，事后他向小俞指出在活动中组员的一些表现需要高度关注。下列组员互动情景中，最容易引起角色竞争冲突的是（   ）。（2023）

A. 老李在小组中始终保持沉默

B. 老张在小组中常常独占话题

C. 老吴坚持自己的意见并强烈批评其他组员

D. 老王为自己的想法未获得支持而感到遗憾

32. 学校社会工作者小方开办的学习能力提升小组已经进入结束阶段，为帮助组员保持在小组中收获的经验，小方应采取的做法是（   ）。

A. 做好小组评估工作，着重评估组员通过小组工作获得的改变

B. 告诫组员不要寻求他人的支持，要靠自身的力量维持和巩固正向改变

C. 设置练习环节，模拟现实生活情景，让组员练习在小组中学习到的方法

D. 理解和包容组员对小组的依赖心理，让组员了解有这样的依赖是正常现象

33. 社区社会工作者小李与某特殊教育学校合作开展活动，邀请在校学生参观社区，并安排社区青少年与其开展互动游戏，分享交流各自的学习生活。上述小李的做法体现社区照顾模式特点的是（   ）。（2021）

A. 协助服务对象融入社区   B. 强化辖区单位的社会责任

C. 解决实质性的社区问题   D. 控制和指导社区未来发展

34. 社区工作方法强调通过居民参与，解决社区问题，满足社区需求。为此社会工作者通常需要召集居民代表大会，讨论有关问题。在会议进行中，社会工作者需要完成的工作是（   ）。

A. 让所有与会者及时并清楚地知道会议的决定

B. 与先到会场的居民打招呼和谈话，营造亲切气氛

C. 按照会议议程逐项讨论，适当分配发言和讨论时间

D. 做好会议记录，并分发给与会人员，以便工作开展

35. 某社会工作服务机构在某地区开展服务的过程中发现，物业公司与社区居委会为了和居民联络感情，经常联合举办社区活动。在筹备过程中，居委会负责提供场所和招募居民，物业公司负责提供活动物资。二者属于（   ）关系。

A. 竞争   B. 援助   C. 交换   D. 联盟

36. 为全面了解社区居民的生活状况，社会工作者小美入户走访社区的低保家庭、残障人士家庭和独居老人家庭。小美与上述居民下列的谈话中，最能反映"维持对话"技巧的是（   ）。（2019）

A. "打扰您了，我是社会工作者小美。"   B. "您的孩子今年上几年级了？"

C. "您目前生活中有哪些困难？"   D. "您是否还有其他的建议？"

37. 社会工作者组织 A 社区的外来务工者家庭开展"自助互助"服务，并组织部分家

庭来参观情况相似的 B 社区。参观时，代表们发现了一个出售二手儿童图书和玩具的小店，觉得自己的社区也需要一个这样的小店。从需要的产生来看，A 社区的家庭对二手儿童图书和玩具店的需要属于（   ）。

A. 规范型需要

B. 感觉型需要

C. 表达型需要

D. 比较型需要

38. 社会工作者在制订社区活动计划前应首先考虑（   ）。

A. 不同活动方案的可行性

B. 预期的困难和解决方法

C. 服务对象的特点、需要和兴趣

D. 大型活动与小规模活动的利弊

39. 社区社会工作者老孟在开展社区服务时访问了社区居民、拜访了社区居委会主任，参与了社区内相关会议和活动。从认识社区内的权利结构的角度，这主要有助于老孟了解社区的（   ）。（2023）

A. 既有居民人口及群体特征

B. 热心社区事务的居民和活跃分子

C. 地理区域面积以及环境等资料

D. 发展过程中逐渐形成的文化特色

40. 某社区为了更好地服务老年人，组织一些有闲暇时间、身体健康的居民成立了居家养老互助合作社，无偿或低偿帮助社区内的高龄老人。从社区照顾模式的实施策略角度看，上述做法旨在建立（   ）。

A. 直接服务网络

B. 社区紧急支援网络

C. 间接服务网络

D. 服务对象自助网络

41. 某社区社会工作者小周在工作中发现，该社区高龄化现象比较突出，急需发展为老服务。由于社区服务资源有限，只能选取部分老年人作为服务对象。小周在制订服务方案时，确定服务对象的主要依据应是（   ）。

A. 老年人的社会支持状况

B. 社区老年人口的性别比例

C. 老年人的社区参与程度

D. 社区老年人口的教育程度

42. 为了帮助受灾家庭子女恢复正常的学习生活，社会工作者小张按照"认识现有的问题→界定问题→探索可行的解决方法→认识各种可能的限制→选取解决办法→设计完整的计划→发展评估计划"的过程，开展服务方案策划工作。小张采用的社会服务策划形式是（   ）。

A. 战略性策划

B. 问题解决策划

C. 创新性策划

D. 方案发展策划

43. 在志愿者管理中的需要评估与方案规划阶段，志愿者评估是十分重要的工作，其评估重点是（   ）。

A. 志愿者的人格特质

B. 志愿者的参与动机

C. 志愿者的服务表现

D. 志愿者的领导能力

44. 某社会工作服务机构负责人想向政府申请经费，支持机构开展刑满释放人员的安置帮助服务，在项目申请书中，为说明经费使用的具体情况，他陈述了经费申请理由、经费用途、经费测算方法、经费管理措施和项目预期效果。他在项目书中还应说明（   ）。

A. 项目的详细服务计划　　　　　　B. 项目的人员队伍构成

C. 项目的社会交代方法　　　　　　D. 项目的组织机构简介

45. 某福利院的服务对象老王因中风导致行动不便，出入均需护理人员陪同，但老王不愿麻烦护理人员。有一天他自行出去活动时不慎摔倒，生命垂危，经抢救后脱离危险。帮助老王的社会工作者小李因此感到内疚，不断自责。机构督导及时跟进，下列做法中，属于支持性督导的是（　　　　）。

A. 评估小李个案服务过程　　　　　B. 指导小李改进服务技巧

C. 教导小李中风处置方法　　　　　D. 协助小李处理情绪困扰

46. 志愿者评估主要是针对其参与服务的动机进行评价。下列动机中，表现出"以自我为中心"的是（　　　　）。

A. 现在帮助别人，将来会"善有善报"

B. 以行动表达对他人的同情和关爱

C. 对某些社会现象不满，想以行动尽力谋求改变

D. 希望帮助别人，希望世界变好

47. 中国社会福利基金会是以"以民为本、关注民生、扶危济困、共享和谐、服务社会福利事业"为宗旨，依法登记注册的组织。该组织的类型属于（　　　　）。

A. 群众团体组织　　　　　　　　　B. 社会公益类事业单位

C. 政府行政机构　　　　　　　　　D. 社会服务类民间组织

48. 下列关于定量研究与定性研究的特点，说法正确的是（　　　　）。

A. 在定量研究中，研究者往往被研究对象视为自己人

B. 在定量研究中，研究假设经常在资料收集中逐步完善

C. 定性研究主要收集数字信息

D. 定性研究的结果不可推论

49. 根据问卷设计的要求，下列问题和答案中，设计最合适的是（　　　　）。

A. 你的出生地是　　　　　。（1）上海　　（2）其他地区　　（3）外国

B. 你的年龄是　　　　　。（1）24周岁及以下　　（2）25~29周岁　　（3）30~34周岁
（4）35周岁及以上

C. 根据本市政策，考取社会工作师资格证书可以增加工资，你愿意报考社会工作师职业水平考试吗？　　　　　（1）愿意　　（2）说不清　　（3）不愿意

D. 你父母支持你去北京工作吗？　　　　　（1）支持　　（2）不支持　　（3）不知道

50. 社会工作者小于采用个案研究方法对某社会工作服务机构的运行机制进行研究，他侧重介绍服务机构的组织架构，描述服务输送的具体流程，探讨服务输送的各方关系，分析服务输送过程中的优点和不足，最后提出服务输送的改善建议。小于的上述研究体现个案研究的特点是（　　　　）。

A. 帮助社会工作服务机构完善服务输送过程

B. 验证社会工作服务机构运行机构的研究假设

C. 追求研究资料的研究结论的精确性

D. 揭示社会工作服务机构运行的因果关系

51.

城市家庭调查问卷

尊敬的居民：

　　您好！我们正在进行一项有关家庭生活质量和社会服务方面的调查。每一个家庭都希望能幸福、美满地生活，并对社会作出贡献，您的希望也是我们的愿望。但每个家庭都会面临这样那样的困难，也需要各种帮助和支持。我们的调查正是为了征求您的意见，了解您的需求，为下一步制定相关政策和服务方案提供依据。访问结果将会绝对保密，请不必有任何顾虑。

　　希望得到您的支持和合作。谢谢！

　　　　　　　　　　　　　　　　　　　　　　某市城市调查研究中心

　　　　　　　　　　　　　　　　　　　　　　2015 年 4 月

根据问卷的设计要求，以上封面信缺少的是（　　）。

A. 研究机构和保密原则　　　　　　　　B. 调查者身份和研究机构

C. 保密原则和对象选择方法　　　　　　D. 对象选择方法和调查者身份

52. 学校社会工作者小宋决定采用问卷调查的方式向高中学生了解校园欺凌状况，根据调查内容和对象的特点，小宋最适宜采用的问卷调查方式及理由是（　　）。（2021）

A. 采用自填问卷，保证问卷高回收率　　B. 采用访问问卷，确保问卷填写质量

C. 采用自填问卷，适合了解敏感问题　　D. 采用访问问卷，符合学生文化水平

53. 社会政策可以通过政府社会福利供给等措施，来降低初次分配中出现的不平等效应，并减少社会矛盾。上述内容体现了社会政策的（　　）。

A. 政治功能　　　　B. 经济功能　　　　C. 文化功能　　　　D. 社会功能

54. 老秦因年老体弱，将村里分给他的两亩地交由大儿子小刚和二儿子小力耕种。后来小力外出打工，小刚独自耕种两亩地。根据老年人权益保障法，该地的收益应归（　　）。

A. 村集体和老秦共同所有　　　　　　　B. 小刚所有

C. 小刚和小力所有　　　　　　　　　　D. 老秦所有

55. 根据未成年人保护法，未成年人是指未满（　　）周岁的公民。

A. 14　　　　　　　B. 16　　　　　　　C. 18　　　　　　　D. 20

56. 根据民法典，下列关于婚姻家庭关系的说法中正确的是（　　）。

A. 夫妻无相互扶养的权利与义务　　　　B. 子女应当随父姓

C. 孙子女对祖父母无赡养义务　　　　　D. 非婚生子女享有与婚生子女同等的权利

57. 县级民政部门在对城市低保申请对象进行认定和审批时，其依据是（　　）。

A. 申请人家庭成员人均月收入是否低于当地低保标准

B. 申请人家庭是否有高龄老人

C. 申请人家庭是否有完全丧失劳动能力的残疾人

D. 申请人家庭是否有非义务教育阶段的在校生

58. 小李与所在单位因劳务合同发生劳动争议。下列关于双方解决劳动争议的说法，正确的是（　　）。

A. 双方不愿协商的，可以向调解组织申请调解

B. 双方调解不成的，小李可以向人民法院提起诉讼

C. 双方对仲裁不服的，可以请工会进行再次仲裁

D. 双方达成和解协议后不履行的，可以向劳动争议仲裁委员会申请仲裁

59. 村民任某丧夫，育有独生儿子小君。任某与小君的爷爷、奶奶共同居住，共同照料小君。后任某改嫁邻村王某，小君的爷爷、奶奶不允许任某将小君带走，要求自行监护。下列关于小君监护权的说法，正确的是（　　）。

A. 爷爷、奶奶对小君有优先监护权

B. 任某因再婚对小君不再有监护权

C. 任某对小君的监护权不因再婚而改变

D. 任某对小君是否具有监护权要看小君是否改姓而定

60. 老王参加城镇职工基本医疗保险后，某日突发疾病送医院治疗。根据我国城镇职工基本医疗保险的相关规定，老王看病发生的各项医疗费用中，可以由基本医疗保险基金支付的是（　　）。

A. 膳食费　　　　　B. 住院床位费　　　　　C. 护工费　　　　　D. 急救车费

二、多项选择题（共20题，每题2分。每题的备选项中，有2个或2个以上符合题意，至少有1个错项；错选，本题不得分；少选，所选的每个选项得0.5分）

61. 某地区地震后，社会服务机构派遣社会工作者到灾区开展服务，社会工作者组织志愿者发放救灾物资，为失去亲人的受灾群众提供心理支持，走访困难的受灾家庭，并为他们联系资源，增加发展生计的知识和技能。该机构提供的上述服务体现了社会工作（　　）的目标。

A. 解救危难　　　　　B. 缓解困难　　　　　C. 促进发展

D. 拓展工作对象　　　　　E. 解决社会问题

62. 某养老服务机构的社会工作者计划组织老人外出春游。机构为了安全起见，将报名人数控制在20人以内，并要求老人身体情况良好，有子女的老人还需其子女签订知情同意书。海报发出后，报名人数达到了50人。其中，有的老人身体情况不允许出游；有的老人提出子女在外地出差，无法签字。根据社会工作对服务对象的伦理责任要求，下列社会工作者的做法中，正确的是（　　）。

A. 在确认老人的身体状况良好的前提下，机构为其签署知情同意书

B. 根据所有报名老人的身体状况，设计不同的外出活动路线

C. 对于子女不能来签字的老人，由社会工作者代为签字

D. 招募志愿者分工负责老人的安全，预防风险发生

E. 对于身体状况太差的老人，劝其不参加本次活动

63. 某老年医院的社会工作者小李与身患癌症晚期的严大爷建立了信任的工作关系。有一天，小李在与严大爷的谈话中得知他有自杀念头，以摆脱病痛折磨，不再拖累子女。面对这种危机情况，小李应当（　　）。

A. 根据保护隐私原则，为严大爷保守秘密

B. 根据案主自决原则，不对严大爷的自杀企图进行干预

C. 与严大爷面谈，了解他目前的苦恼和生活状况

D. 劝说严大爷打消自杀的念头

E. 通过医院等有关部门采取特殊监护措施

64. 某职业高中一年级的学生小刚是社会工作者小李的社区矫正服务对象。在一次面谈中，小刚说："你问我为什么抢劫？其实我以前一直是个好学生，小学四年级时我来到这里，我的爸爸妈妈忙着做生意养家，根本不管我。老师其实对我很好。我的朋友都爱去游戏厅，这儿的游戏厅只要给钱，什么都不管。家里不给钱，我才变成这样的。"小刚的话表明，影响小刚实施抢劫的主要社会环境要素有（   ）。

    A. 学校   B. 大众传媒   C. 家庭   D. 同辈群体   E. 社区

65. 学校社会工作者小金设计了一项旨在减少校园暴力的服务方案，该方案应包括的内容有（   ）。

    A. 为施暴同学提供行为矫正服务

    B. 提升受暴同学的自尊心与社交技能

    C. 配合教师在班级内开展反欺凌教育活动

    D. 推动成立包括老师、学生、家长在内的委员会，加强沟通

    E. 协助学校管理者推行"人不犯我，我不犯人"的文化建设

66. 初中生小惠的父母平时工作忙，对其关心较少。进入青春期后，小惠变得上课不能集中注意力，缺课较多，经常与老师发生矛盾。小惠的父母知道情况后，向社会工作者求助。根据小惠的情况，社会工作者拟用心理社会治疗模式对其进行干预。下列方法中，属于直接治疗的有（   ）。

    A. 帮助小惠学习放松技巧以控制情绪波动

    B. 与学校班主任和教导主任商讨对小惠行为问题的处理方法

    C. 帮助小惠回顾过去的经验，增强她面对和克服困难的勇气

    D. 帮助小惠的父母检讨管教小惠的方法，帮助他们了解青少年的心理

    E. 帮助小惠了解个人与环境之间的互动关系，增进小惠对问题的认识

67. 社会工作者在个案结案会谈中所涉及的重要工作包括（   ）。

    A. 回顾服务过程与成效

    B. 处理结案引发的情绪反应

    C. 确定与服务对象保持交往的方式

    D. 讨论与处理工作过程中遗留的问题

    E. 讨论结案后服务对象可能遇到的困难及应对

68. 社会工作者小徐在服务中发现救助对象小李的文化程度较低，虽有手工编织的一技之长，但是一直缺乏自信，精神状态不佳，经小李同意后，小徐为其提供个案管理服务，激发她自立自强的潜能，鼓励她通过手工编织进行创业，发动志愿者帮助销售产品，并动员她积极向当地政府部门争取就业资源。上述服务中，小徐扮演的角色有（   ）。（2019）

    A. 使能者   B. 联系人   C. 治疗者   D. 教育者   E. 倡导者

69. 医务社会工作者小汪为社会工作专业实习生开展了病房探访技巧提升小组，在经验分享环节，实习生小黄滔滔不绝地讲述自己的病房探访技巧，导致其他组员无法发表自己的观点。此时，小汪运用限制性技巧进行回应。下列表述中，采用该技巧的有（   ）。（2020）

A. "小黄，谢谢你刚才分享了很多实用的探访技巧。现在我们是不是听听其他组员的想法呢？"

B. "接下来的时间不多，给大家一个挑战，每人只分享一个技巧，而且尽量是其他人没有分享过的。"

C. "小黄，你是否可以分享一下，为什么你会在病房探访中用到这些技巧呢？"

D. "我在病房探访中也遇到过这样的情况，当时我用了同理心、倾听的技巧。"

E. "在经验分享环节，请大家真诚地分享自己的观点，并认真聆听其他人的分享。"

70. 社会工作者拟对"网事随风"青少年网瘾治疗小组进行评估。下列测量工具中，适用于该小组过程评估的有（　　）。（2023）

A. 个人自我报告
B. 我的断网日记
C. 上网时长统计表
D. 小组满意度问卷
E. 网络成瘾自评量表

71. 社会工作者小姜为社区矫正对象开展了一个以"新生"为主题的小组活动，旨在促进社区矫正对象的行为改变和再社会化。小组服务结束后，小姜可收集的效果评估资料包括（　　）。（2021）

A. 组员的自我评价报告
B. 组员填写的小组感受卡
C. 组员的小组活动日记
D. 社会工作者的观察记录
E. 小组结束后的访谈记录

72. 为了更好地了解社区居民的感觉型需要，社会工作者可以采取的收集资料方法有（　　）。

A. 查阅社区居委会的工作会议记录
B. 非参与式观察社区居民的日常生活
C. 对社区居民进行面对面访谈
D. 采用问卷调查法收集社区居民的意见
E. 在社区网上论坛收集居民反映的问题

73. 社会工作者小薇拟开展"社区一勺米"活动，组织居民为社区困难群众募集米面等生活物资，以培养居民相互关怀和相互照顾的美德。为此，小薇需提前招募志愿者并筹措一定的活动资金。从管理社区资源的角度出发，小薇进行资源开发时，适宜的做法有（　　）。（2023）

A. 联络社区志愿服务团队，协助招募志愿者
B. 在业主群发布消息，从居民中招募志愿者
C. 联系物业管理公司，寻求人力和资金支持
D. 拜访街道办事处，请他们提供经费资助
E. 向市民政局申请专项经费，购买生活物资

74. 某养老机构在社区新建了一个养老驿站，机构负责人委派社会工作者小李到社区开展前期工作。为了尽快让社区居民认识社会工作者，了解养老驿站的服务，小李适宜的做法有（　　）。（2019）

A. 参加社区重阳节活动，派发相关宣传资料
B. 去社区和老人聊天，介绍即将开展的工作
C. 拜访社区居委会的负责人，搞好私人关系
D. 举办社工节活动，现场邀请老年居民体验驿站服务
E. 招募大学实习生，开展问卷调查，了解居民的需要

75. 为了更好地发挥志愿者的作用，某儿童福利机构计划建立一套完整的志愿者管理制度。这一制度的内容应该包括（　　）。

A. 评估志愿者参与的动机
B. 制定志愿者的岗位工作职责
C. 定期和持续对志愿者进行督导
D. 与志愿者签订正式的劳动合同
E. 设立与志愿者绩效相适应的岗位津贴

76. 为及时发现和救助生活无着的流浪乞讨人员，某市社会救助站启动了"街头巡回流动救助月"项目。项目结束后，救助站从下列各方面进行评估，其中属于过程评估的有（　　）。

A. 救助活动的社会影响力
B. 流浪乞讨人员对服务的满意度
C. 救助资金和物资的使用情况
D. 主要救助工作的完成情况
E. 救助活动是否按预定日期进行

77. 某社会工作服务机构正在进行一项问卷调查，问卷类型为访问问卷。为了控制这次调查的质量，该机构应该（　　）。

A. 规定调查员在 30 分钟内完成问卷
B. 在调查工作中派督导进行同步指导
C. 在调查之前对调查员进行培训
D. 对每位调查员完成的问卷进行抽检和回访
E. 利用专门软件对输入的资料进行技术检查

78. 社会工作者小李计划采用个案研究方法对随迁老人的需求进行研究，通过深度访谈、观察、量表等方法收集资料，分析某街道辖区随迁老人的需求，从而为这一群体的服务方案设计提出策略性建议。关于个案研究特点的说法，正确的有（　　）。（2022）

A. 该研究可以了解随迁老人身心发展等方面的状况
B. 该研究有利于深入准确把握随迁老人的多元需要
C. 该研究有助于提出有针对性的随迁老人服务方案
D. 该研究的研究结论可推及其他街道所有随迁老人
E. 该研究有助于发现影响随迁老人需求的普遍因素

79. 根据残疾人保障法，下列机构和单位中，应当按照规定的比例安排残疾人就业的有（　　）。

A. 国家机关
B. 社会团体
C. 企事业单位
D. 民办非企业单位
E. 个体户

80. 救助站工作人员在街头发现了身无分文的流浪乞讨人员小何，将其接到救助站的第二晚，小何突然发烧。为此，救助站可为小何提供的救助服务有（　　）。

A. 及时将其送医院救治
B. 提供符合基本条件的住处
C. 给予一定的生活救济金
D. 提供符合食品卫生要求的食物
E. 病愈后提供返回其居住地的乘车凭证

参考答案

一、单项选择题

题号	答案	考点
1. D		考点：社会工作"促进发展"的目标
2. A		考点：社会工作的目标
3. A		考点：社会工作者的角色
4. A		考点：社会工作的要素
5. C		考点：社会工作的领域
6. C		考点：社会工作价值观的作用
7. A		考点：社会工作的价值观
8. D		考点：社会工作专业伦理的内容
9. D		考点：社会工作实践过程中的伦理决定
10. B		考点：社会工作实践中的伦理决定
11. D		考点：社会工作者对服务对象的伦理责任
12. C		考点：马斯洛的需要层次理论
13. A		考点：家庭结构类型
14. C		考点：同辈群体的特点
15. B		考点：家庭教养模式
16. C		考点：老年阶段的主要特征
17. C		考点：专业关系的建立
18. B		考点：心理社会治疗模式的理论假设
19. B		考点：个案工作开展服务阶段的服务推进原则
20. B		考点：会谈的运用
21. D		考点：心理社会治疗模式的治疗技巧
22. B		考点：个案会谈技巧中的支持性技巧
23. A		考点：个案工作各阶段的工作重点
24. A		考点：个案会谈的技巧
25. C		考点：小组后期成熟阶段社会工作者的角色和责任
26. A		考点：小组工作的类型
27. D		考点：制定小组规范
28. D		考点：主持小组讨论之提问的技巧
29. B		考点：小组转折阶段组员的一般特点
30. C		考点：主持小组讨论的技巧
31. C		考点：角色竞争中的冲突
32. C		考点：小组结束阶段的任务
33. A		考点：社区照顾模式的特点
34. C		考点：社区工作常用技巧
35. C		考点：社区互动分析

36. C　　考点：维持对话的技巧

37. D　　考点：社区需要分析

38. C　　考点：社区活动策划的过程

39. B　　考点：社区内的权力结构

40. A　　考点：社区照顾模式的实施策略

41. A　　考点：活动策划与方案设计的技巧

42. B　　考点：社会服务策划的形式

43. B　　考点：志愿者管理的内容和过程

44. C　　考点：社会服务机构的筹资方法

45. D　　考点：支持性督导的工作内容

46. A　　考点：志愿者参与社会服务的动机

47. D　　考点：我国社会服务机构的类型

48. D　　考点：定量研究与定性研究的特点

49. B　　考点：问题和答案的设计

50. A　　考点：个案研究方法

51. D　　考点：封面信的内容

52. C　　考点：问卷类型

53. D　　考点：社会政策的功能

54. D　　考点：老年人权益保障法

55. C　　考点：未成年人保护法

56. D　　考点：民法典中对家庭关系的规定

57. A　　考点：最低生活保障审核确认办法

58. A　　考点：劳动争议的处理程序

59. C　　考点：妇女合法权益的主要内容

60. B　　考点：城镇职工基本医疗保险

二、多项选择题

61. ABC　考点：社会工作的目标

62. DE　　考点：社会工作对服务对象的伦理责任

63. CDE　考点：伦理难题处理的基本原则及步骤

64. CD　　考点：社会环境要素

65. ABCD　考点：学校社会工作的内容

66. CE　　考点：心理社会治疗模式的治疗技巧

67. ABDE　考点：个案结案阶段的工作内容

68. ABE　考点：个案工作专业角色的扮演

69. AB　　考点：主持小组讨论的技巧

70. ABCE　考点：小组过程评估

71. ABE　考点：小组的效果评估

72. CDE　考点：感觉型需要

73. ABCD　考点：社区资源开发

74. ABD　　考点：进入社区的方式
75. ABC　　考点：志愿者管理的内容
76. CDE　　考点：过程评估
77. BCDE　考点：问卷资料收集
78. ABC　　考点：个案研究的优缺点
79. ABCD　考点：残疾人保障法
80. ABDE　考点：流浪乞讨人员救助政策法规

全真模拟试题（四）

一、**单项选择题**（共 60 题，每题 1 分；每题的备选项中，只有 1 个最符合题意）

1. 某社会工作服务机构的社会工作者联系了街道辖区内某三甲医院的医生、护士、营养师、康复治疗师等，为老人提供医疗康复服务；协调辖区内某单位食堂为老人提供送餐服务。上述做法最能体现社会工作（ ）的特点。

  A. 注重专业实践　　　B. 多方协同　　　　C. 注重专业价值　　　D. 促进发展

2. 某社会工作服务机构为在本市居住不满三年的家庭提供服务。机构社会工作者一方面提供就业辅导服务，增强他们的就业能力；另一方面开展社区教育等服务，建立社区支持网络。上述服务体现社会工作对服务对象的作用是（ ）。

  A. 建构社会资本
  B. 促进人与社会环境的相互适应
  C. 维持社会秩序
  D. 促进社会和谐

3. 下列关于社会工作要素的说法，正确的是（ ）。

  A. 社会工作价值观是通过社会工作专业教育养成的
  B. 社会工作者的素质、经验和能力直接影响服务成效
  C. 社会工作服务对象就是社会中需要帮助的群体
  D. 助人活动是社会工作者向服务对象提供的单向支持活动

4. 小李是某职业中学的驻校社会工作者。在一次个别辅导中，小李的督导建议他更多地扮演倡导者角色为学生们提供服务。下列小李的服务中，能够体现社会工作者直接服务倡导者角色的是（ ）。

  A. 激发厌学学生学习动机和克服厌学的情绪
  B. 建议手机依赖学生每天减少玩手机的时间
  C. 招募志愿者参与职业中学的伙伴成长计划
  D. 撰写职业中学学生就业影响因素分析报告

5. 社会工作者老林在进行低保家庭经济状况核查时，了解到老张的孩子患了再生障碍性贫血，虽已四处筹集治疗费用，但缺口仍很大。于是老林协助老张向街道办事处申请医疗救助金。从社会工作领域角度看，上述老林的工作主要属于（ ）。

  A. 医务社会工作
  B. 企业社会工作
  C. 学校社会工作
  D. 社会救助社会工作

6. 王大妈是社区的热心人，她经常帮助社区居民调解家庭纠纷和矛盾。小杜是综合服务中心的社会工作者，为所在社区的居民提供婚姻和家庭辅导服务。与王大妈相比，小杜从事的专业助人活动的特点是（ ）。

  A. 职业性　　　　B. 参与性　　　　C. 志愿性　　　　D. 实践性

7. 根据社会工作价值观，社会工作者在专业实践活动中应当（　　）。

　　A. 为了做好服务要认同服务对象的价值观，不作批判

　　B. 坚持专业导向，依据服务对象的信仰提供专业服务

　　C. 努力说服服务对象接受正确价值观，以纠正其错误言行

　　D. 针对不同服务对象的独特需要，采取不同的服务方法

8. 初中生小强学习成绩一直不好，老师和家长都十分头痛，他也变得自暴自弃。学校社会工作者小王坚持帮助小强重新建立自信，使其逐渐对学习产生了兴趣，学习成绩稳步提高。小王这样做的原因是他相信小强有（　　）。

　　A. 平等价值观　　　　B. 改变的潜力　　　　C. 公正价值观　　　　D. 合作的能力

9. 某医院社会工作者小张与服务对象王某深入接触后得知，王某因不堪病痛折磨产生了自杀念头。小张应采取的做法是（　　）。

　　A. 根据保密原则，不向任何人透露王某的自杀想法

　　B. 根据自决原则，不再劝说王某放弃自杀的念头

　　C. 立即通知王某的家属和主治医生，做好防范措施

　　D. 暗示王某的家属和主治医生，王某有异常情况要加以关注

10. 某地方政府在制订规划的过程中向公众广泛征求意见，来自某社区服务中心的几名社会工作者联名撰写并提交了有关提高老年人社会保障水平及生活质量的政策建议。从上述内容看，社会工作者对全社会的伦理责任要求其能够（　　）。

　　A. 促进社会福利　　　B. 做好专业研究　　　C. 加强行政管理　　　D. 突出绩效管理

11. 社会工作者小陈需要招募若干志愿者帮助开展禁毒工作，报名者中有位王先生是同性恋，有人反对让他参加这项工作。小陈根据社会工作专业的（　　）原则，还是让王先生参加志愿者工作。

　　A. 不批判　　　　　　B. 保护　　　　　　　C. 接纳　　　　　　　D. 个别化

12. 某社会工作服务机构组织新入职的员工春游，大家通过春游活动加深了对彼此的了解，提升了团体的凝聚力。根据阿尔德弗尔的 ERG 理论，这一做法主要是满足了员工的（　　）。

　　A. 尊重需要　　　　　B. 自我实现需要　　　C. 成长需要　　　　　D. 关系需要

13. 根据行为对社会产生的积极或消极作用，可以将人类行为分为（　　）。

　　A. 亲社会行为和反社会行为　　　　　　　　B. 本能行为和习得行为

　　C. 正常行为和偏差行为　　　　　　　　　　D. 偏差行为

14. 根据青少年阶段的发展特点和需要，社会工作者计划首先从预防层面对青少年网络成瘾问题进行干预。下列社会工作者的做法中，最适宜的是（　　）。

　　A. 从个人层面入手，要求青少年远离网络游戏

　　B. 从家庭层面入手，促进青少年与父母的沟通

　　C. 从学校层面入手，减少青少年课业学习负担

　　D. 从社会层面入手，加强对青少年的法治教育

15. 为实现邻里互助和环境保护目标，社会工作者在某社区倡导开展了"骑车出游"的活动。活动开展半年后，小区居民都切身感受到邻里关系的融洽，互助精神蔚然成风。这反映出（　　）。

　　A. 生理因素影响人的成长　　　　　　　　　B. 社会因素影响人的成长

C. 人类行为影响社会环境   D. 心理因素影响社会环境

16. 王女士平时工作非常忙，但她每天总是挤出一些时间听儿子讲发生在幼儿园的事情；即使儿子在幼儿园做错了事，王女士也不会简单批评他，而是会问他事情的经过；每次带儿子逛商场时，都跟儿子商量好只能挑选一件玩具。王女士对儿子的家庭教养方式属于（ ）。

  A. 民主型   B. 放任型   C. 支配型   D. 娇纵型

17. 长期独居的李大爷因最近健康状况不佳，开始为今后选择居家养老还是去机构养老感到烦心，于是找到社会工作者小马诉说烦恼。小马帮助李大爷分析两种养老方式的利弊，并提供相关信息。根据上述内容，该会谈的类型是（ ）。（2022）

  A. 收集资料的会谈   B. 诊断治疗性会谈

  C. 一般性咨询会谈   D. 建立关系的会谈

18. 唐先生与姜女士两人各自都有安逸的家庭，一年前他俩开始合伙做生意。合作中，两人逐渐产生感情。最近，两人出现了债务危机和感情纠纷，唐先生希望结束这段感情，并向姜女士提出撤回投资，姜女士拒绝且大闹唐家。唐先生的妻子向他提出离婚。唐先生面对家里家外的困窘，感到走投无路，内心崩溃。社会工作者老孙在为唐先生开展个案服务时，试图引导唐先生进行心理动力反思。下列做法中，运用心理动力反思技巧的是（ ）。（2021）

  A. 帮助唐先生了解影响自己的重大事件

  B. 协助唐先生了解自己的情绪反应方式

  C. 帮助唐先生分析自己当下所处的实际情况

  D. 协助唐先生分析自己的行为所产生的后果

19. 社会工作者小马对服务对象说："听了你刚才讲的，我对你的情况有了基本了解，包括你什么时候出现烦恼，当时发生了什么事情，还有你是怎么面对和处理的。"从这段谈话中可以看出，小马运用的是（ ）。

  A. 心理诊断 B. 缘由诊断 C. 分类诊断 D. 动态诊断

20. 社会工作者小王在与服务对象的面谈中说："从谈话中感受到你非常想出去工作，但又整天宅在家里打游戏，不为找工作做任何准备。你的想法和行动是不是不太一样啊？你是怎么看的呢？"小王运用的专业技巧是（ ）。（2020）

  A. 澄清   B. 对焦   C. 对质   D. 摘要

21. 服务对象孙大爷手术后回家休养，行动不便，社会工作者小马协助他联络到社区食堂送餐，并安排社区志愿者老李陪同孙大爷就医。上述服务中，社会工作者小马扮演的角色是（ ）。

  A. 使能者   B. 联系人   C. 倡导者   D. 治疗者

22. 老林因患肝癌，深受病痛折磨，每次医生查房时，他都反复诉说自己严重失眠，要求增加安眠药的剂量。社会工作者小张发现老林根本没有服药，而是将安眠药积攒下来藏在枕头底下。经过了解和初步分析，小张认为老林因难以承受病痛产生了自杀念头。这时，小张首先需要做的是（ ）。（2019）

  A. 稳定服务对象情绪   B. 预估服务对象问题

  C. 通知家属前来探望   D. 快速评估危机程度

23. 赵女士因夫妻矛盾和家庭经济的双重压力长期郁郁寡欢，在微信中几次透露了厌世倾向。好友帮助赵女士向社会工作者求助，社会工作者在初次面谈中首先要做的是（　　）。

    A. 画出赵女士的家谱图   B. 了解赵女士的成长经历

    C. 帮助赵女士找出错误认知   D. 对赵女士进行危险性评估

24. 面对一位有家庭暴力行为的父亲，社会工作者在与其制定服务目标时，采用"控制自己暴力行为的能力提升"而不是"打骂孩子次数的减少"，这体现了制定服务目标的（　　）要求。

    A. 可观察   B. 可测量   C. 可改变   D. 积极正向

25. 某学校社会工作者小王向初二年级的 150 名学生发放了"上网习惯调查表"，结果显示有 7 名学生每天上网时间超过 5 个小时，且主要是玩网络游戏。小王随后联系他们的班主任和家长，他们也都反映这几个孩子的学习成绩不好，在家里也不愿意和父母交流。因此小王设计了 6 节小组活动，期望帮助他们逐步减少上网时间。该小组的类型是（　　）。

    A. 教育小组   B. 成长小组   C. 治疗小组   D. 支持小组

26. 社会工作者小李计划为医护人员开设减压小组。围绕小组第二节的目标，小李设计了"气球混战""冥想运动""按摩操"三个环节。督导者王老师指出该小组计划缺少一个环节，这个环节应贯穿小组的每一次服务中，也是评估小组活动是否达到预期效果的重要环节。根据王老师的建议，小李的实施计划中还需要增设的环节是（　　）。

    A. 理念澄清   B. 经验分享   C. 契约建立   D. 角色分工

27. 社会工作者老肖走访时发现，社区内不同人群需求各异。老肖打算开展一系列小组服务，以满足不同人群的需要。下列小组方案设计中，最恰当的是（　　）。（2023）

    A. 每周六上午开展主题为"能工巧匠"的残障人士创业就业小组

    B. 为使小组讨论充分，将"童心守护"成长小组时长定为 90 分钟

    C. 为保证小组治疗效果，将青少年网络成瘾小组规模控制在 15 人

    D. 为了使服务惠及更多独居高龄老人，运用线上平台开展养生小组

28. 在设计小组活动时，社会工作者要考虑小组活动与各个工作阶段目标的匹配度。小组的后期成熟阶段，社会工作者最适宜设计的活动是（　　）。

    A. "破冰"游戏，引导组员相互熟悉，消除相互之间的陌生感

    B. "同心协力"活动，引导组员相互沟通，增加彼此的了解

    C. "谁是我"活动，引导组员真诚回馈，获得更深的自我认识

    D. "角色冲突"情景剧，引导组员学习容忍和化解冲突的办法

29. 社会工作者小于为大学新生开展了大学生活适应小组工作。在小组中，小于设计了"说出我的故事"分享环节，但多数组员沉默不语。为此，小于运用适当自我表露技巧来与组员建立信任关系，促进组员表达。小于的下列表述中，体现出运用该技巧的是（　　）。（2020）

    A. "刚才有组员提到第一次离开父母可能不太适应，其他人有这样的感觉吗？"

    B. "我刚进大学时也曾有一段时间不适应，饮食不习惯，也不太喜欢我的专业。"

    C. "小李第一个发言，分享了他与宿舍同学相处的问题，让我们送给他一些掌声。"

    D. "经过刚才的讨论，我们知道大家在生活、学习等方面都存在适应问题。"

30. 新入职的社会工作者小范与机构督导员讨论面向不同服务对象的小组活动方案。下列小组活动设计中，最适宜的是（　　）。（2022）

A. 为幼儿园小朋友开设儿童社交小组，将每节时长定为 20~30 分钟

B. 为处于婚姻危机中的夫妻开设辅导小组，将小组的规模定为 30 人

C. 为青少年开设的户外拓展训练营，以完成每项拓展活动为最终目标

D. 为小学生开设的性教育小组，将一年级与六年级的学生安排在一起

31. 下列关于小组目标制定原则的说法，正确的是（　　）。

A. 小组目标要强调组内的禁止事项　　　　B. 小组目标要弹性安排活动时间

C. 小组目标要超越组员的能力限制　　　　D. 小组目标要可测量且可评估

32. 在主题为"我的社区我作主"的小组第三节，社会工作者小李让组员就社区广场舞噪声扰民问题进行头脑风暴式讨论，随后组员你一句我一句开始议论广场舞领队张老师舞跳得好，这时小李说："今天的讨论特别热烈，因为时间关系，接下来，我们能不能一起讨论一下解决问题的办法呢？"小李运用的技巧是（　　）。（2019）

A. 了解　　　　　B. 引导　　　　　C. 鼓励　　　　　D. 描述

33. 某社区内行动不便的老人长期存在"理发难"的问题。下列做法中，最能体现"培养相互关怀的社区"这一目标的是（　　）。（2019）

A. 将老年人上门理发服务外包给品牌连锁美发店

B. 发放"服务券"，让老年人购买上门理发的服务

C. 指导老年人的家庭成员在自己家为老年人理发

D. 招募有理发技能的志愿者，为老年人上门理发

34. 社会工作者负责对"困难家庭支持项目"所投入的人力、物力、财力配置使用情况进行评估。该评估属于（　　）。（2022）

A. 需求评估　　　　B. 过程评估　　　　C. 效果评估　　　　D. 影响评估

35. 社会工作者小吴在主持居民会议时，发现部分居民所表达的意见与建议模糊，不够完整。为了帮助大家清楚了解发言者所表达的意思，小吴用自己的话概括了大家发言的主要观点。小吴运用的会议技巧是（　　）。（2020）

A. 转述　　　　　B. 引导　　　　　C. 关注　　　　　D. 鼓励

36. 社会工作者老张正在主持一次居民会议，商量如何解决社区居民乱停车的问题。居民田阿姨首先发言，提议要处罚那些乱停车的车主。居民小梅立即表示反对，认为社区乱停车的问题主要是因为停车场地的规划不合理。老张这时应该做的是（　　）。

A. 指出小梅的看法并不客观　　　　　B. 表明自己对这两种观点的态度

C. 让参会者对这两种观点进行表决　　　D. 让参会者对这两种观点发表看法

37. 某社区长期存在停车秩序混乱的问题，居民意见很大。社会工作者老林多次联络辖区内的公安、消防、物业等部门协商解决问题，社区的停车秩序日趋好转，居民之间因停车问题产生的纠纷也逐渐减少。老林的上述工作体现了社区工作中（　　）的目标。

A. 提高居民社会意识　　　　　　　　B. 推动居民参与

C. 善用社区资源满足社区需求　　　　D. 培养人文关怀

38. 社区社会工作者小李在走访中了解到，王女士 9 岁的女儿小玲患有脑瘫，虽然做过康复训练，但进入普通学校随班就读依然困难，王女士为此十分苦恼。于是小李联系到一家特殊教育学校，向该校负责人详细介绍了小玲的康复情况，并提出一些让小玲尽快参与学习，融入班级的建议和想法。关于小李所采用的社区工作模式和扮演的角色，正确的是（　　）。（2023）

A. 小李采用了社区照顾模式，扮演的是经纪人角色

B. 小李采用了社会策划模式，扮演的是使能者角色

C. 小李采用了社会策划模式，扮演的是中介者角色

D. 小李采用了地区发展模式，扮演的是使能者角色

39. 为了解上班族的需要，社会工作者对社区内的上班族家庭进行了问卷调查，调查结果显示，他们对家政服务的需求最大。根据布赖德·肖对社区需要的分类，上班族对家政服务的需要属于（　　）。

A. 安全需要　　　　B. 规范型需要　　　　C. 归属需要　　　　D. 感觉型需要

40. 为了配合街道拆除违章建筑的工作，社会工作者老岳走访了社区的一些老住户和居民骨干，了解社区"违建"是怎样形成的，以及后来的发展情况。老岳开展这项工作的主要目的是（　　）。（2021）

A. 分析社区"违建"问题的来龙去脉　　　B. 研判社区"违建"问题的严重程度

C. 了解居民对社区"违建"问题的感受　　　D. 发掘解决社区"违建"问题的关键人

41. 社会工作服务机构运用社区照顾模式为高龄老人提供服务。下列做法中，最能体现"对社区照顾"服务策略的是（　　）。

A. 动员志愿者帮助老人打扫卫生

B. 为老人在社区建立日间照料中心

C. 为老人申请在家中安装电铃呼叫系统

D. 建立同一类型的慢性病患者互助小组

42. 某儿童福利机构在策划六一儿童节的活动方案中制定了总目标和影响性目标，并细化为各项服务目标。社会工作者在确定上述服务目标的优先次序时，首先需要考虑的是（　　）。

A. 机构的发展目标　　　　　　　　B. 机构的可用资源

C. 机构的服务对象　　　　　　　　D. 机构的社会影响

43. 社会工作者小姜培养居民骨干时，注重从居民意见和利益出发，尊重少数意见，鼓励居民共同协商处理社区问题。上述做法体现的居民骨干培养工作重点是（　　）。

A. 鼓励居民参与　　　　　　　　B. 建立民主领导风格

C. 增强管理能力　　　　　　　　D. 提升当家作主意识

44. 下列企业捐赠动机中，属于"市场营销"的是（　　）。

A. 赢得良好声誉　　　B. 争取潜在客户　　　C. 获得税费减免　　　D. 获得员工认同

45. 社会工作者小马最近听到家长反映，他招募的家教志愿者小陈经常会缩短功课辅导时间，带着辅导的孩子出去玩。小马找小陈了解情况，小陈认为家教志愿服务的目的不应只是学业辅导，还应让孩子快乐成长。对此，小马应给予的适当回应是（　　）。

A. 赞同和支持小陈的想法和做法　　　B. 批评教育小陈，限期改正

C. 澄清家教志愿服务的目标和要求　　　D. 代表机构通知小陈暂停家教志愿服务

46. 某市残疾人联合会准备在"全国助残日"举办促进残疾人就业的大型公益宣传活动。在制订活动计划时，社会工作者对相关部门、人员的有关活动在时间、过程方面进行了合理搭配，要求大家在活动当天互相支持、互相配合。上述活动属于（　　）。

A. 工作性协调　　　B. 程序性协调　　　C. 参谋式协调　　　D. 沟通式协调

47. 某社会工作服务机构总干事在每周一主持召开由各部门负责人参加的例会上，一

般会在布置完各部门的工作后，强调部门间分工合作的重要性。该总干事的这项工作属于社会工作服务机构运作中的（   ）。

A. 授权　　　　　B. 培训　　　　　C. 评估　　　　　D. 协调

48. 社会工作者小李通过问卷来了解老年人的社区照顾需求，设计了一道封闭式问题："您的生活能自理吗？（1）完全能自理；（2）完全不能自理。"下列关于这道问题答案设计的说法，正确的是（   ）。

A. 满足穷尽性，满足互斥性　　　　　B. 满足穷尽性，不满足互斥性

C. 不满足穷尽性，满足互斥性　　　　D. 不满足穷尽性，不满足互斥性

49. 在社区老年人外出活动结束后，社会工作者小林设计了一份调查问卷，旨在了解社区老年人参与外出活动的满意度。这份调查问卷中涉及 3 个问题，根据问题设计的排序原则，适宜的排序是（   ）。

（1）总体上看，您对社区居委会组织的老年人外出活动满意吗？
　　□ 1. 非常满意　□ 2. 比较满意　□ 3. 一般　□ 4. 比较不满意
　　□ 5. 非常不满意

（2）对于以后社区居委会组织的老年人外出活动，您有什么具体的建议？

（3）您参加过社区居委会组织的老年人外出活动吗？
　　□ 1. 参加过　□ 2. 没参加过

A.（2）（1）（3）　　B.（3）（2）（1）　　C.（3）（1）（2）　　D.（2）（3）（1）

50. 某社会工作服务机构将进行一项社区综合养老服务体系建设状况的调查，拟采用问卷调查法。调查对象大多为老年人，该社会工作服务机构最适合采取的问卷填写方法是（   ）。

A. 自填问卷法　　B. 集中填写法　　C. 访问问卷法　　D. 邮寄填写法

51. 问卷是社会工作研究常用的工具，其内容设计和问卷结构都有科学要求。关于问卷设计的说法，正确的是（   ）。（2022）

A. 问卷设计必须以回答者视角为主，以获得确实可靠的资料

B. 状态指标必须放在问卷最后，以更好地保护回答者的隐私

C. 问卷设计必须将问题随机排序，以避免前后内容互相提示

D. 问卷排版必须进行格式控制，以利于节省版面和印刷成本

52. 社会工作者老王一直从事农村社区发展的实务与研究，他选择 A 村作为研究对象，并获准进入 A 村，探索如何使"空心化"的乡村重新焕发新的活力。根据个案研究的一般步骤，老王接下来应该（   ）。

A. 总结 A 村发展经验，报告研究结果与发现

B. 整理观察日记和访谈记录，分析 A 村社区的发展路径

C. 查阅地方志和文史资料，了解 A 村的历史文化资源

D. 了解 A 村语言和文化，与村民们建立信任友善关系

53. 根据妇女权益保障法，下列关于妇女合法权益的说法，正确的是（   ）。

A. 妇女拥有离婚的最终决定权

B. 离婚时母亲优先享有未成年子女的监护权

C. 全国人民代表大会的代表中妇女代表应占 5% 以上

D. 农村妇女与男子在划分责任田时享有平等权利

54. 根据《残疾人就业条例》，在集中使用残疾人的福利企业中从事全日制工作的残疾人职工，应当占本单位在职职工总数的（　　）以上。

A. 15%　　　　　　B. 25%　　　　　　C. 35%　　　　　　D. 45%

55. 根据民法典，下列情形中，符合结婚自愿的是（　　）。

A. 小丽的父母因贪图钱财而强迫小丽与小强结婚

B. 小丽不顾父母的反对坚持同意与小强结婚

C. 小丽因担心小强伤害自己家人而同意与小强结婚

D. 小丽被小强威胁而同意与小强结婚

56. 根据劳动法，用人单位由于特殊原因需要延长工作时间的，经与工会和劳动者协商后，每日延长工作时间的最长小时数，每月延长工作时间的最长小时数分别是（　　）。

A. 1 小时，30 小时　　　　　　B. 2 小时，60 小时

C. 3 小时，36 小时　　　　　　D. 3 小时，60 小时

57. 家庭收入核实是认定城市低保对象的一项重要工作。根据我国《城市居民最低生活保障条例》，下列各项收入中，应计入低保家庭收入的是（　　）。

A. 退休费　　　　　　B. 计划生育奖励

C. 优待抚恤金　　　　　　D. 见义勇为等方面的奖励性补助

58. 根据《进一步完善城乡医疗救助制度的意见》，下列人员中，不属于医疗救助对象的是（　　）。

A. 低保家庭成员丁某　　　　　　B. 患尿毒症的单身退休老人老赵

C. 五保户李老太　　　　　　D. 低收入家庭中患精神病的王某

59. 根据我国《工伤保险条例》的规定，下列情形中，不应认定为工伤或视同工伤的是（　　）。

A. 甲完成工作后在车间内换工作服时受伤

B. 乙在下班途中遭遇车祸受伤

C. 丙在抢险救灾中受伤

D. 丁因工作压力过大跳楼致残

60. 老张年老体弱，无力耕种承包的田地，只得让儿子小张耕种。根据我国老年人权益保障法，小张耕种父亲老张田地的收入应当（　　）。

A. 归小张所有　　　　　　B. 归老张所有

C. 由老张和小张平分　　　　　　D. 由老张和小张决定分配

二、多项选择题（共20题，每题2分。每题的备选项中，有2个或2个以上符合题意，至少有1个错项；错选，本题不得分；少选，所选的每个选项得0.5分）

61. 党的十六届六中全会通过的《中共中央关于构建社会主义和谐社会若干重大问题的决定》指出："建设宏大的社会工作人才队伍，造就一支结构合理、素质优良的社会工作人才队伍，是构建社会主义和谐社会的迫切需要，建立健全以（　　）为主要内容的政策措施和制度保障，确定职业规范和从业标准，加强专业培训，提升社会工作人员职业素质和专业水平。"

A. 培养　　　B. 评价　　　C. 交流　　　D. 使用　　　E. 激励

62. 下列关于社会工作者伦理责任的说法，正确的有（   ）。

A. 社会工作者对服务对象负有伦理责任，当服务对象难以作决定时，应尽量帮助其作决定

B. 社会工作者对同事负有伦理责任，在开展服务过程中，当同事遇到工作困难时，主动替其完成个案

C. 社会工作者对全社会负有伦理责任，在专业范围内，应尽心尽力促进整体社会福利的发展

D. 社会工作者对社会工作专业负有伦理责任，在开展服务时，应保证专业的完整性和遵循专业的评估

E. 社会工作者对服务机构负有伦理责任，当服务对象需求与机构服务宗旨冲突时，应遵守机构的规定

63. 医务社会工作者小张在为某服务对象开展服务时得知，该服务对象认为在医院接受治疗的过程中，由于医生的诊断失误，致使其留下残疾。该服务对象私下收集了很多"证据"，准备起诉医院及相关责任医生。此时，小张面临的社会工作专业伦理难题有（   ）。

A. 是否对医院保密
B. 是否立即结案
C. 是否对医生保密
D. 是否立即转介
E. 是否支持服务对象起诉

64. 关于人类行为与社会环境基本关系的说法，正确的有（   ）。（2023）

A. 人类要适应社会环境
B. 社会环境决定个人行为
C. 人类行为与社会环境的关系具有平衡性
D. 社会环境和生物遗传共同对人类行为产生影响
E. 各年龄人群的行为受社会环境影响的程度相同

65. 下列关于学龄前儿童攻击行为的说法，正确的有（   ）。（2020）

A. 男孩子的攻击行为一般比女孩子多
B. 生理特征对攻击行为有一定的影响
C. 攻击行为常在3~6岁出现第一个高峰
D. 攻击行为方式分为暴力攻击和语言攻击
E. 攻击行为常表现为打人、骂人、抢东西

66. 社会工作者一般使用引导性技巧帮助服务对象探索自己过去的经验，以便让其更清楚自身需要。下列社会工作者的表达中，运用了引导性技巧的有（   ）。

A. "您现在的做法与您之前的想法有很大差距，为什么？"
B. "听了您刚才的话，我认为您必须停止酗酒，否则您的家庭可能就破裂了。"
C. "您是说您的问题是因为多次不成功造成的，是这样吗？"
D. "您刚才讲了很多方面，但我们时间有限。您能说说最想谈的是什么吗？"
E. "听了您刚才的话，我理解您现在的问题是因为您童年的不幸遭遇，对吗？"

67. 服务对象小安是一名事实无人抚养儿童，目前寄养在亲戚家。由于之前在原生家庭遭受过家庭暴力造成心理创伤，学校老师将小安转介给社会工作者老谭。老谭在评估中发现，最近小安又被医生诊断为儿童糖尿病，亲戚也不知道如何照顾他。老谭在服务中安

排小安参加有针对性的游戏活动，缓解其因以往经历引发的问题；为小安的亲戚讲解照顾注意事项，发放儿童糖尿病的知识手册，并联系社区医生，提供疾病管理指导。上述服务中，社会工作者扮演的角色有（　　　）。（2023）

    A. 教育者　　　　　B. 治疗者　　　　　C. 倡导者

    D. 联系人　　　　　E. 使能者

68. 社会工作者小杨为社区矫正对象小吴提供个案服务。在制订计划过程中，小吴已同意签署一份正式的个案服务协议。这份协议的基本内容应包括（　　　）。（2019）

    A. 服务执行的资金来源　　　　　B. 服务内容和采用的服务方法

    C. 服务执行的理论基础　　　　　D. 服务双方应有的权利和义务

    E. 服务时限、地点和次数

69. 某社区流动儿童数量较多，缺乏安全意识，由于暑假无人看管，容易发生意外伤害事件。为此，社会工作者小任为流动儿童开展了8节安全教育小组。下列描述中，符合小组成熟阶段组员表现的有（　　　）。（2021）

    A. 组员小艾经常与身边的组员窃窃私语，不参与小组讨论

    B. 组员小亮比较积极，主动分享遇到安全风险的处理方式

    C. 组员小晨小心谨慎，请他分享时总表示先听听别人怎么说

    D. 组员小红表示通过小组掌握了安全知识，有信心保护自己

    E. 组员小芳主动承担分发安全手册、记录组员发言等工作

70. 企业社会工作者小肖在小组服务中，热情地向组员们介绍自己并亲切地问候组员，在组员发言时非常注重眼神交流，适时讲述自己对于组员分享感受的理解。小肖的上述做法运用的沟通技巧有（　　　）。（2023）

    A. 积极回应　　　　　B. 自我表露

    C. 专注与倾听　　　　　D. 对信息进行磋商

    E. 营造轻松安全的氛围

71. 社会工作者小刘为家暴受害妇女开设支持性小组，旨在提升她们的自尊感及面对家庭暴力的勇气和能力。在小组开始时有些组员因相互不熟悉，怕说错话，表现出小心谨慎与相互试探。为营造信任的小组气氛，下列小刘的做法中，正确的是（　　　）。

    A. 强调组员的相似性，以增强小组的凝聚力

    B. 适当控制小组进程，倾听组员诉说受暴经历

    C. 运用角色扮演的方法，重现组员当时受暴的情景

    D. 创造机会让组员表达想法，促进相互回馈和关怀

    E. 主动与组员沟通，运用同理心，倾听并真诚回应

72. 社会工作者小孔负责动员居民参加社区即将举办的"邻里节"活动，她在居民下班回家的时间段，在小区大门口向路过的居民介绍"邻里节"的活动内容。有一位居民刚听小孔开了个头，就打断小孔的介绍，表示自己着急赶回家做饭。面对这种状况，小孔可以做的有（　　　）。（2021）

    A. 向居民致歉耽误了他的时间　　　　　B. 将活动的宣传单留给居民

    C. 劝居民扫码加入活动微信群　　　　　D. 请居民再给她一分钟解释

    E. 等居民有时间时再向他介绍

73. 社会工作者小刘在某街道刚成立的党群服务中心工作，为了科学细致地了解该街

道所辖各社区的基本情况，小刘需要开展的工作有（　　）。（2019）

    A. 了解居民对社区问题的真切感受

    B. 入户调查，掌握人户分离的情况

    C. 评估居民对公共设施的利用情况

    D. 参与社区活动，观察居民骨干的影响力

    E. 出席社区工作会议，并提供专业性意见

74. 某社会工作服务机构成立后花费了大量时间让所在社区的居民认识和熟悉机构，为今后服务项目的承接与开展奠定基础。下列做法中，适合该机构进入社区的方式有（　　）。（2022）

    A. 参加居民代表大会并且参与讨论

    B. 经常与社区居民聊天"话家常"

    C. 邀请居民参与趣味活动认识社区

    D. 在社区已形成的传统活动中亮相

    E. 邀请居民参加机构开放日的活动

75. 某社会工作服务机构负责人刘老师计划与一所打工子弟学校合作，开展外来务工人员子女社会适应能力训练。为此，他让项目团队分别设计几套方案，并根据"可行性方案模型"遴选一套最好的方案与学校讨论。根据该模型的"筛选标准"，刘老师除要考虑重要性、公平、附加效果外，还应考虑（　　）。

    A. 机构使命   B. 效果   C. 可行性

    D. 效率   E. 合作伙伴偏好

76. 某公益社团计划推行"小蜜蜂"公益行动，该行动的目标是把志愿服务与儿童保护工作相结合，通过"徒步城市行""爱心义卖"等活动呼吁人们关注城市身处困境儿童。在服务方案策划的问题认识和分析阶段，社会工作者应开展的工作有（　　）。

    A. 掌握城市身处困境儿童数量、特点、分布等信息

    B. 制订公益行动的活动计划

    C. 配置公益行动所需的人力、财力、物力等资源

    D. 了解人们对城市身处困境儿童的认识

    E. 确定公益行动的目标对象

77. 小张致力于精神障碍人士社会工作服务研究，她依据残疾等级选取了20位研究对象，采用深度访谈、焦点小组和非参与观察等方法，了解精神障碍人士及其家属接受服务的过程，分析家属服务参与对精神障碍人士康复的作用，并提出精神障碍人士社会工作服务的优化方案。关于该研究的说法，正确的有（　　）。（2023）

    A. 该研究是定性研究中的行动研究

    B. 该研究资料收集方法和资料多元

    C. 该研究适用于分析精神障碍形成的原因

    D. 该研究有助于建构精神康复的理论模式

    E. 该研究中精神障碍人士的家属也是研究者

78. 下列问题和答案中，符合调查问卷设计要求的有（　　）。（2022）

A. 垃圾不分类有害环境，您家的垃圾分类了吗？（1）分类　　（2）没分类

B. 您的文化程度？（1）初中　　（2）高中/中专　　（3）本科

C. 您愿意继续在本社区生活吗？（1）愿意　（2）不愿意　（3）说不清

D. 您家有老人小孩需要照顾吗？（1）有　（2）没有

E. 近一个月来，您平均每天锻炼身体的时间是多少？（1）1 小时以内　（2）1~3 小时
（3）3 小时以上

79. 下列关于老年人获得家庭赡养与扶养权利的说法，正确的有（　　　）。

A. 因老年人婚姻关系变化，子女可以不履行赡养义务

B. 老年人没有继承子女遗产的权利

C. 赡养人不得强迫老年人迁居条件低劣的房屋

D. 老年人自有的住房，赡养人有维修的义务

E. 赡养人对患病的老年人应当提供医疗费用和护理

80. 根据《最低生活保障审核确认办法》，家庭可支配收入主要包括（　　　）。

A. 工资性收入　　　　　　　　　　B. 家庭经营净（纯）收入

C. 财产净收入　　　　　　　　　　D. 转移净收入

E. 债权

参考答案

一、单项选择题

1. B	考点：社会工作的特点	
2. B	考点：社会工作对服务对象的功能	
3. B	考点：社会工作的要素	
4. B	考点：专业角色的扮演	
5. D	考点：社会工作的主要领域	
6. A	考点：社会工作的特点	
7. D	考点：我国社会工作价值观	
8. B	考点：社会工作价值观	
9. C	考点：伦理难题处理的基本原则	
10. A	考点：社会工作专业伦理内容	
11. C	考点：社会工作价值观的实践原则	
12. D	考点：阿尔德弗尔的 ERG 理论	
13. A	考点：人类行为的类型	
14. B	考点：青少年阶段面临的主要问题	
15. C	考点：人类行为与社会环境的基本关系	
16. A	考点：家庭教养模式的类型	
17. C	考点：个案会谈的类型	
18. B	考点：心理动力反思技巧	
19. B	考点：心理社会治疗模式的特点	
20. C	考点：个案会谈的影响性技巧	
21. B	考点：个案工作开展服务阶段专业角色的扮演	

22. A	考点：危机介入模式的特点
23. D	考点：危机介入模式的特点
24. D	考点：制定服务目标的要求
25. C	考点：小组工作的类型
26. B	考点：小组活动设计技巧
27. A	考点：小组工作的准备阶段
28. C	考点：小组后期成熟阶段的任务
29. B	考点：小组工作技巧中的沟通与互动
30. A	考点：小组活动设计技巧（小组规模与工作时间）
31. D	考点：小组目标制定的原则
32. B	考点：引导的技巧
33. D	考点：社区照顾模式
34. B	考点：社区工作评估的分类
35. A	考点：社区工作的会议技巧
36. D	考点：社区工作的常用技巧（会议中的技巧）
37. C	考点：社区工作的具体目标
38. A	考点：社会工作者在社区照顾模式中的角色
39. D	考点：社区需要分析
40. A	考点：社区问题分析
41. B	考点："对社区照顾"的服务策略
42. B	考点：社会服务方案策划（建立目标的优先次序）
43. B	考点：社区工作居民骨干培养技巧
44. B	考点：企业捐款动机
45. C	考点：志愿者管理的内容和过程
46. B	考点：社会服务机构的运作
47. D	考点：社会服务机构的运作
48. C	考点：问卷调查的设计
49. C	考点：问卷设计的排序原则
50. C	考点：问卷类型
51. A	考点：问卷调查的设计
52. D	考点：个案研究的一般步骤
53. D	考点：妇女权益保障法
54. B	考点：残疾人就业条例
55. B	考点：民法典（婚姻家庭编）
56. C	考点：劳动法
57. A	考点：城市居民最低生活保障条例
58. B	考点：医疗救助政策法规的救助对象
59. D	考点：工伤保险条例
60. B	考点：老年人权益保障法

二、多项选择题

61. ABDE　考点：我国对社会工作的理解
62. CD　考点：社会工作专业伦理的内容
63. ACE　考点：社会工作专业伦理难题
64. AD　考点：人类行为与社会环境的基本关系
65. BCDE　考点：学龄前阶段的攻击行为
66. CDE　考点：个案会谈的技巧（引导性技巧）
67. ABD　考点：专业角色的扮演
68. BDE　考点：个案工作服务协议的签订
69. ABDE　考点：小组成熟阶段组员的特点
70. ABCE　考点：与组员沟通的技巧
71. ADE　考点：营造信任的小组气氛
72. ABE　考点：与居民接触的技巧
73. BCD　考点：社区基本情况分析
74. ABDE　考点：进入社区的方式
75. BCD　考点：社会服务方案策划（可行性方案模型）
76. ADE　考点：社会服务方案策划的概念与方法
77. BCD　考点：定性研究方法
78. CE　考点：问卷设计的原则
79. CDE　考点：老年人权益保障法
80. ABCD　考点：最低生活保障审核确认办法

全真模拟试题（五）

一、单项选择题（共 60 题，每题 1 分；每题的备选项中，只有 1 个最符合题意）

1. 为了协助社区老年人建立社会支持网络，社会工作者邀请大学生志愿者为有兴趣的老年人举办智能手机使用培训班，讲授微信等常用手机软件的操作方法。在服务对象层面，本项活动体现的社会工作目标是（　　）。

A. 促进社会团结
B. 缓解困难
C. 促进社会公正
D. 促进发展

2. 小林是为服刑人员未成年子女提供服务的社会工作者，他在服务中始终认为"服刑人员未成年子女是祖国的花朵，应该受到保护，得到教育，健康快乐地成长"。上述小林的观点体现的社会工作特点是（　　）。

A. 注重专业价值
B. 强调专业方法
C. 促进互动合作
D. 推动多方协同

3. 社会工作者小王在总结上一年度工作时，列出了自己承担的几项主要工作，其中属于社会工作中发挥维持社会秩序功能的活动是（　　）。

A. 举办社区运动会
B. 建立居民科普宣传小组
C. 组织社区巡逻
D. 开展老年人健康知识讲座

4. 随着社会的进步和社会制度的发展，社会工作对象的范围和性质也在变化。下列人群中，属于社会工作扩大对象的是（　　）。

A. 经济困难者　　　　B. 残疾人　　　　C. 孤寡老人　　　　D. 社会大众

5. 某新建小区居民之间互不认识，对社会工作服务也缺乏了解，项目推进遇到了困难，新入职的社会工作者小王感到力不从心。对此，小王主要需要提升的是（　　）。

A. 提供服务和干预的能力
B. 促进和使能的能力
C. 沟通和建立关系的能力
D. 评估和计划的能力

6. 根据中共中央十六届六中全会作出的《中共中央关于构建社会主义和谐社会若干重大问题的决定》精神，结合国内外经验，社会工作是（　　）的重要组成部分。

A. 社会建设　　　B. 经济建设　　　C. 文化建设　　　D. 政治建设

7. 学校社会工作者小高针对因迷恋上网而学业成绩下降的学生开展小组服务，在小组活动中，小高引导学生树立正确的网络使用观念，提高自身行为控制能力，取得了良好的效果。上述小高的服务属于（　　）。

A. 治疗型学校社会工作
B. 家庭-学校社会工作
C. 变迁型学校社会工作
D. 社区-学校社会工作

8. 社会工作将帮助有需要的人、服务社会困难群体、促进社会福利和社会公正作为自己行动的目标，这说明社会工作的灵魂是（   ）。

　　A. 专业价值观　　　　　　　　　　B. 专业助人技巧

　　C. 服务对象利益　　　　　　　　　　D. 专业助人过程

9. 社会工作者老张为王女士提供生涯规划辅导时，无意中发现王女士的丈夫对她有暴力行为。此时，老张首先应该做的是（   ）。

　　A. 因所获信息与服务内容无关，不必采取行动

　　B. 遵守保密原则，不向第三方透露王女士的信息

　　C. 征询王女士意见，问她是否愿意讨论家庭暴力问题

　　D. 直接向当地妇联反映，维护王女士的合法权益

10. 社会工作者小赵的服务对象是一家健身中心的总经理，得知小赵喜欢健身运动后，他赠送给小赵一些优惠券。根据社会工作专业伦理守则，小赵正确的做法是（   ）。

　　A. 婉拒赠送、表示感谢　　　　　　　B. 接受赠送、转赠同事

　　C. 婉拒赠送、结束服务　　　　　　　D. 接受赠送、表示感谢

11. 吴大爷因患癌症在医院治疗，但一直没有起色。子女们为了不加重吴大爷的心理负担，要求医务社会工作者小杨和他们一起向吴大爷隐瞒病情。在小杨前来探访时，吴大爷希望其告知病情。此时，小杨面临的伦理难题是（   ）。

　　A. 保密与告知的冲突　　　　　　　　B. 人情与法理的冲突

　　C. 价值介入与客观性的冲突　　　　　D. 对服务对象负责与对机构负责的冲突

12. 文静瘦小的四年级男生小书，因性格和身高的关系，常被同学嘲笑和孤立，有的同学还给他起难听的绰号，小书为此感到非常苦恼。根据上述状况，社会工作者针对小书个人最适宜的服务是（   ）。（2022）

　　A. 联络学校成立校园欺凌预防部门

　　B. 协助小书提高他应对欺凌的能力

　　C. 纠正小书同学的语言暴力等行为

　　D. 建议小书父母关注小书情绪变化

13. 小张经常参加各种志愿活动，她曾经去过云南支教，在地震灾区做志愿者，同时还资助一个远在西藏的孩子。她的这种无私奉献、不求回报的行为属于（   ）。

　　A. 社会工作实践　　　　　　　　　　B. 践行社会福利

　　C. 社会救助　　　　　　　　　　　　D. 亲社会行为

14. 初中生小强的父母常因吵架而闹离婚，家庭成员之间关系紧张，家庭气氛压抑。根据上述情况，社会工作者在帮助小强时尤其要注意（   ）。

　　A. 小强是否有自我中心心态　　　　　B. 小强是否缺乏安全感

　　C. 小强是否有胆小懦弱行为　　　　　D. 小强是否有自卑心理

15. 某学生在某次期中考试中，估计自己的英语考试成绩为 80 分，但其实际成绩为 85 分。于是，他将期末考试中英语考试的理想成绩定为 90 分。根据阿尔德弗尔的 ERG 理论，这反映了该学生的（   ）。

　　A. 成长需要　　　　B. 关系需要　　　　C. 求知需要　　　　D. 认知需要

16. 社会工作者对服务对象的问题进行预估时，要注重从横向和纵向两个维度展开分析。下列内容中，属于横向分析关注点的是（   ）。（2021）

　　A. 服务对象问题的发展变化过程

B. 服务对象经历的重要影响事件

C. 服务对象问题形成的多层面影响因素

D. 服务对象为了应对问题而作出的努力

17. 田女士为悉心照顾丈夫和儿子，一直未外出工作。儿子进入高三后，成绩退步，田女士非常着急，而她丈夫对家庭不管不问，还责备田女士没把孩子管好。最近田女士发现了丈夫的婚外情，愤怒之下想要离婚，可一想到儿子，她又犹豫了。与丈夫沟通无果后，心情低落的她向社会工作者求助。根据危机干预模式，田女士目前处于（　　　）。（2023）

A. 危机阶段　　　B. 解组阶段　　　C. 恢复阶段　　　D. 重组阶段

18. 15岁的小张最近迷上了网络游戏，学习成绩一落千丈。面对繁重的学业，小张想要专心学习，又无法抵挡网络游戏的诱惑，遂向学校社会工作者老项求助。服务中，老项运用了影响性技巧。老项的下列回应中，属于该技巧的是（　　　）。（2023）

A. "学习成绩不理想确实容易让人有压力，心里着急又不知道怎么办。"

B. "网络游戏打得这么好，说明你很聪明！相信你的成绩可以赶上去！"

C. "你的意思是，上网打游戏是因为游戏可以给你带来成就感，是这样吗？"

D. "我也爱打游戏，但我打游戏时设置四十分钟的闹铃，铃一响我就停手。"

19. 郭女士被诊断为尿毒症后心理压力很大，茶饭不思，经常失眠，她的家人向医务社会工作者小周求助。小周接案后，对郭女士的问题进行充分预估并开展了八次面谈，目前进入结案阶段，需要对服务成效进行评估。针对郭女士的改善状况，小周最适宜采取的评估方式是（　　　）。（2022）

A. 请郭女士填写个案服务的满意度问卷

B. 请机构督导对服务完成进度进行评估

C. 请机构主管评估服务资源的投入情况

D. 请郭女士再次填答量表测评心理状态

20. 小萌是一名初三的同学，最近和父母发生了较大的冲突，后离家出走住在她的好朋友家中。小萌的父母找到社会工作者，希望能够对小萌开展服务，劝导小萌回家。社会工作者接案后，运用心理社会治疗模式对小萌开展了个案服务。在服务过程中，社会工作者关注小萌和父母之间的问题产生的原因以及小萌和父母矛盾升级的过程，并了解是怎样的事件影响了小萌作出离家出走的决定。社会工作者运用的心理社会治疗里的诊断模式是（　　　）。

A. 心理动态诊断　　B. 分类诊断　　C. 心理诊断　　D. 缘由诊断

21. 小杰最近考试连续失利，成绩明显下滑，受到任课老师和班主任的批评，父母也指责他贪玩不好好学习。面对即将到来的中考，小杰十分焦虑。经朋友介绍，他找到社会工作者小蔡，希望得到帮助。从建立专业关系的角度看，小蔡最适宜的做法是（　　　）。（2022）

A. 协助小杰分析问题的关键在于他自己

B. 倾听小杰充分表达自己的烦恼和担忧

C. 帮助小杰练习放松技巧应对焦虑情绪

D. 引导小杰父母叙述他们的感受和想法

22. 社会工作者小韩近期开设了"'网'外更精彩"中学生网络成瘾治疗小组，他运

用了多种小组评估方法。下列资料中，适用于小组过程评估的是（　　）。（2022）

A. 组员上网时长变化记录表

B. 组员行为改变的自我评估报告

C. 组员和小组的目标实现表

D. 小组结束后跟进访谈记录资料

23. 小王是某医院的社会工作者，他打算为一些患白血病儿童的家长开办一个支持性小组。在小组开始阶段，小王的工作重点应是（　　）。

A. 引导组员制定整体目标　　　　　B. 帮助组员建立信任关系

C. 协助组员维持良性互动　　　　　D. 协助组员解决相关问题

24. 在某单亲妈妈支持小组的第一次活动中，由于大多数组员彼此不熟悉，缺乏必要的了解，组员们不能敞开心扉。为了营造信任的小组气氛，社会工作者适宜的做法是（　　）。（2023）

A. 找出小组中每位组员的个性化特质

B. 就某个议题让组员表达自己的想法

C. 暂时回避组员之间可能存在的误解

D. 引导组员尽可能的接纳自己的现状

25. 某老人能力建设小组的组员们正在讨论怎样开展活动。组员老张："让老王说吧，他退休前是局长，知道的事情多。我们都是平民百姓，说不出什么大道理来。"组员老王："那我就不客气了，对于这件事情，我觉得正确的做法是……"根据互动模式，此时社会工作者应当坚持的工作原则是（　　）。

A. 推进老人的自我发展　　　　　B. 培养老人的责任意识

C. 促进老人的平等交流　　　　　D. 培育小组的领袖人物

26. 在小组讨论时，社会工作者认真聆听组员的发言，了解组员的感受和期望，并不时地复述组员讲过的话，让他们感到被理解和被重视。上述做法中，社会工作者运用的技巧是（　　）。

A. 积极回应　　　B. 示范引导　　　C. 自我表露　　　D. 信息磋商

27. "接下来这个环节是：我的名片，现在我给每个人发一张卡纸，请你们在卡纸上用3~5个简单的字或词来描述自己，制作自己的特色名片，写好后与其他组员交换名片，相互认识一下。"社会工作者的这段话最有可能出现在小组工作的（　　）。（2019）

A. 准备阶段　　　B. 开始阶段　　　C. 转折阶段　　　D. 成熟阶段

28. 社会工作者老郑在社区开设了老年人健康养生小组。在一次小组活动中，组员围绕饮食养生进行了热烈的讨论，分享了很多好办法，临近结束时，大家意犹未尽。老郑说："我们已经讨论了一段时间，哪位老人家能总结一下呢?"老郑运用的提问技巧类型是（　　）。（2019）

A. 深究回答型　　　B. 重新定向型　　　C. 反馈阐述型　　　D. 封闭提问型

29. 社会工作者小张最近针对慢性病患者开展了小组工作，在小组中，组员们聚在一起，讨论病情，获得医疗信息，分享自己在治疗过程中的经验和体会，在交流中不断提升生活的信心。该小组的工作类型是（　　）。

A. 教育小组　　　B. 成长小组　　　C. 支持小组　　　D. 治疗小组

30. 社会工作者小王在社区内开展了外来人口小组服务，小王设计了"人人都说家乡好"的环节，鼓励组员唱一首家乡的民歌，并向其他组员介绍自己的家乡，抒发思乡之情。这个设计有助于（　　）。

    A. 处理离别情绪，协助组员操持小组的经验

    B. 处理抗拒行为，协调处理组员间的冲突

    C. 促进组员表达，增进组员的了解和支持

    D. 控制小组进程，协助组员形成稳定的关系

31. 社区社会工作者在开展工作时，需要认识社区内的资源。下列做法中，属于社会工作者了解社区内资源的是（　　）。（2023）

    A. 了解社区居民日常交往及如何相互影响

    B. 了解社区内各个学校的位置及开放情况

    C. 了解社区内爱心超市的盈利与收支情况

    D. 了解社区内人大代表参与社区事务情况

32. 某地农村青壮年劳动力大量外出打工，留守儿童现象比较普遍，某社会工作服务机构运用社会策划模式为这一地区的留守儿童提供服务。下列做法中，最能体现社会策划模式特点的是（　　）。（2021）

    A. 增进村民参与，自下而上地倡导重视儿童发展问题

    B. 开发村庄内部资源，以家庭互助方式照顾留守儿童

    C. 开展直接服务，为出现行为问题的留守儿童提供辅导

    D. 运用专业权威，根据理性原则设计留守儿童服务方案

33. 某社会工作服务机构受当地民政部门邀请，派出社会工作者小杨参与灾后重建工作。他观察到临时安置点的生活设施数量有限，居民之间会因使用拥挤而产生不愉快。针对这种情况，小杨最适宜采取的地区发展模式实施策略是（　　）。

    A. 要求增加更多生活设施   B. 直接安排居民轮流使用

    C. 鼓励居民提出改善意见   D. 重新规划设施分配方案

34. 为了制订一个详细的社会服务方案，通常需要将服务方案的目标进行分解，使之具有可操作性，社会工作者可以列一个时间任务表来推动方案目标的实现。在列表过程中，除将完成服务方案的"主要活动、完成时间、活动所需物资"列入外，还应列入的内容是（　　）。

    A. 活动的评估方法   B. 活动的负责人

    C. 活动的记录表格   D. 活动的投入产出

35. 社会工作者小陈负责"关爱社区失独老人"服务模式的项目，为了更好地提升服务质量，小陈招募了一批护理、法律等专业方面的志愿者参与服务，并对志愿者进行培训。从志愿培训内容的角度看，首先要做的是（　　）。

    A. 介绍机构的志愿者绩效评估方法   B. 研讨交流机构志愿者激励措施

    C. 分析国内外志愿者服务发展趋势   D. 讲解服务对象的身心发展特点

36. 某地发生泥石流灾害以后，某社会服务机构计划举办赈灾义演。该机构社会工作者在机构网站公布义演消息，打电话邀请各界人士出席。义演结束后，机构共募集善款503.1万元。上述活动属于（　　）。

    A. 特别事件筹款   B. 私人恳请筹款

    C. 电话劝募筹款   D. 网络劝募筹款

37. 某社会工作服务机构让老王担任新入职社会工作者小张的督导。下列老王的工作中，体现行政性督导内容的是（　　）。

A. 老王向小张介绍机构的部门及分工
B. 老王向小张讲解机构服务对象特征
C. 老王向小张分析机构服务介入特点
D. 老王向小张解释机构目标选择方向

38. 社会福利机构设立了研究部门，充当机构领导的参谋，则该结构属于（　　）。

A. 直线式组织结构
B. 矩阵式组织结构
C. 职能式组织结构
D. 直线参谋式组织结构

39. 社会工作者小苏开展了一个社区青年就业援助项目，最近该项目需要进行中期自评。从过程评估的角度看，小苏应重点评估的内容是（　　）。

A. 成功就业的社区青年人数
B. 服务对象的满意度
C. 链接就业资源的方式
D. 项目的投入产出比

40. 刘大姐是社区助老服务队的队长，一直受到队员的拥戴，最近刚加入的几名新队员与她在志愿服务活动形式上产生了分歧，队里的气氛也因此变得有些紧张，刘大姐在与社会工作者小陈交流工作时流露出不想让新队员参加活动的念头。此时，小陈的正确做法是（　　）。

A. 支持刘大姐关于活动形式的意见
B. 帮助刘大姐与新队员之间形成明确分工
C. 鼓励刘大姐与新队员进行充分的沟通讨论
D. 建议刘大姐以少数服从多数的原则作出决定

41. 下列关于社会策划模式的说法，正确的是（　　）。

A. 相信社区居民能够通过讨论协商，互助合作解决社区问题
B. 通过运用专业知识和科学决策，自上而下地推动社区改变
C. 重视动员亲戚、朋友、邻里和志愿者等资源帮助社区困难群体
D. 致力于帮助居民重视社区参与的重要性，并愿意承担责任、贡献社区

42. 社会工作者小韩拟采用标准化的方式收集社区内留守儿童的基本情况、生活状况和服务需求等信息。在收集资料时，小韩适宜采取的方法是（　　）。

A. 文献分析法　　　B. 访问法　　　C. 问卷调查法　　　D. 观察法

43. 某社会工作服务机构拟为某"村改居"社区设计一个服务项目。为了保证居民的参与率，该机构在项目策划时应重点（　　）。

A. 明确项目的基本目标
B. 保证符合机构的宗旨
C. 评估可以动员的资源
D. 关注居民需要和兴趣

44. 为了实施"建立便民"的社区工作计划，社会工作者小傅走访了社区周边的专业机构，了解它们的经营范围、产品特色、收费情况等信息。从社区资源管理的角度看，小傅的工作属于（　　）。

A. 资源分析　　　B. 资源开发　　　C. 资源链接　　　D. 资源维系

45. 社会工作者小林在研究都市白领工作压力问题的时候，不是简单地描述现状、探讨原因和提出对策，而是依托"人在环境中"的框架，探讨其个人与环境两方面原因，并提出相应干预思路。这体现了社会工作研究（　　）的特征。

A. 以困难群体及其议题为主要对象
B. 采用整合审视的研究视角
C. 恪守社会工作伦理和社会研究伦理
D. 旨在促进实务、提升理论和推进福利

46. 社会工作研究要遵守几个方面的伦理，（　　）要求注意实务的应用性，对某问题的研究应该有利于发展社会工作和实现社会工作目标。

A. 研究选题的伦理　　　　　　　　　　B. 田野调查的伦理

C. 社会研究的伦理　　　　　　　　　　D. 社会工作的伦理

47. 社会工作者小苏对本社区部分 70 岁以上的老年人进行了问卷调查，了解他们的生活自理状况，以此评估社区老年人对居家养老服务的需求。在需求评估报告的研究方法部分，小苏应说明的内容是（　　）。

A. 老年人生活自理状况调查对于了解居家养老服务需求的意义

B. 影响老年人生活自理状况的各个变量的统计值及其推论情况

C. 本研究的新发现及其对理解老年人居家养老服务需求的贡献

D. 参加本次调查的老年人是按照怎样的标准和程序挑选出来的

48. 社会工作者小张运用个案研究方法，通过访问服务对象的感受、查阅服务记录和聆听社会工作者的评价来促进社会工作专业服务的改善和提升。小张的做法能体现个案研究的（　　）特征。

A. 凸显研究的方法制度　　　　　　　　B. 手段和资料多元化

C. 研究步骤不甚严格　　　　　　　　　D. 强调研究对象的普遍性

49. 社会工作者老许正在编制一份自填式调查问卷，她在问卷封面上注明，若无特殊说明，每个问题请选择一个答案。老许这段说明属于问卷结构中的（　　）。

A. 编码　　　　　B. 指导语　　　　　C. 问题和答案　　　　　D. 封面信

50. 问题的指标属性可以分为状态、行为与态度三种。下列问题中，其指标属性属于行为的是（　　）。

A. 您目前享受何种医疗保险待遇？

（1）公费医疗　　　　　　　　　　（2）职工医疗保险

（3）居民医疗保险　　　　　　　　（4）新型农村合作医疗

（5）其他（请说明_____）　　　（6）没有医疗保险

B. 您认为吸烟有害吗？

（1）有　　（2）没有　　（3）不知道

C. 总的来说，您认为您个人对改善这个社区的环境会有多大影响？

（1）影响很大　　（2）影响很小　　（3）没有影响　　（4）不知道

D. 在过去三个月中，您去医院看病几次？

（1）没有去过　　（2）1~2 次　　（3）3~4 次　　（4）5 次以上

51. 在下列问卷问题的回答中，同时满足穷尽性和互斥性要求的是（　　）。

A. 您的性别？　　　　（1）男　　（2）女

B. 您的文化程度？　　（1）初中　　（2）高中　　（3）大专　　（4）本科及以上

C. 您的婚姻状况？　　（1）未婚　　（2）已婚　　（3）离婚

D. 您的平均月收入？　（1）2000~2500 元　　（2）2501~3500 元

　　　　　　　　　　　（3）3501~4500 元　　（4）4501 元及以上

52. 某社会工作服务机构为了了解青少年对"快乐阅读"项目的满意度，设计了一份调查问卷。根据问卷设计原则，下列问题适合排在最后的是（　　）。

A. 过去一个月，你参加过几次"快乐阅读"活动？

（1）0 次　　（2）1 次　　（3）2 次　　（4）3 次　　（5）4 次以上

B. 你对"快乐阅读"的活动安排满意吗？

（1）非常满意　　（2）满意　　（3）一般　　（4）不满意　　（5）非常不满意

C. 你对"快乐阅读"活动有何建议？

D. 通过参加"快乐阅读"活动，你的阅读兴趣有何变化？

（1）提高　　（2）不变　　（3）降低

53. 社会工作者在社会政策制定阶段的角色是（　　）。

A. 实施者　　　　B. 辅导者　　　　C. 倡导者　　　　D. 使能者

54. 根据妇女权益保障法，下列关于妇女劳动和社会保障权益的说法中，正确的是（　　）。

A. 用人单位在录用职工时，在劳动合同中可以规定限制女职工生育的内容

B. 用人单位应施行男女同工同酬

C. 用人单位可以因结婚、怀孕等情形降低女职工的工资

D. 用人单位在入职、晋职方面应优先考虑女职工

55. 民法典规定的结婚年龄是（　　）。

A. 男不得早于 20 周岁，女不得早于 18 周岁

B. 男不得早于 22 周岁，女不得早于 20 周岁

C. 男不得早于 25 周岁，女不得早于 22 周岁

D. 男不得早于 25 周岁，女不得早于 23 周岁

56. 东部某企业家希望向西部某特殊教育学校赠送 1000 本盲文读物。根据残疾人保障法，对于这些盲文读物，邮局应当（　　）邮寄。

A. 免费　　　　B. 减免 1/3 邮费　　　　C. 半费　　　　D. 减免 1/4 邮费

57. 小林与其工作单位因合同履行的问题发生争议。下列关于双方劳动争议调解程序的说法，正确的是（　　）。

A. 若小林想申请劳动争议调解，只能书面申请

B. 一旦达成调解协议，双方必须遵守调解协议书，不得反对

C. 若双方调解不成，可以向劳动争议仲裁委员会申请仲裁

D. 调解协议书由双方当事人签名后即可生效

58. 根据《工伤保险条例》，必要时，作出劳动能力鉴定结论的期限可以延长（　　）日。

A. 15　　　　B. 30　　　　C. 45　　　　D. 60

59. 根据《城市生活无着的流浪乞讨人员救助管理办法》，救助站对流浪乞讨人员的救助是一种临时性社会救助措施，一次救助时间一般最高不超过（　　）日。

A. 5　　　　B. 10　　　　C. 15　　　　D. 20

60. 小宇大学毕业后，当年 7 月到某银行工作。次年 3 月，因经济危机裁员，小宇被银行辞退，随即办理失业登记，并积极求职。工作期间，银行和小宇按规定缴纳了 9 个月的失业保险费。根据《失业保险条例》，小宇（　　）。

A. 可领 9 个月失业保险　　　　B. 可领 6 个月失业保险

C. 可领 3 个月失业保险　　　　D. 不可领取失业保险

二、多项选择题（共20题，每题2分。每题的备选项中，有2个或2个以上符合题意，至少有1个错项；错选，本题不得分；少选，所选的每个选项得0.5分）

61. 郑奶奶腿脚不便，平时很少出门，在社会工作者小王的鼓励下，郑奶奶参加了社区的妇女编织小组，协调组员轮流送她参加活动。郑奶奶的编织技艺广受好评，也为自己换来了一些零用钱。上述小王的服务涉及的社会工作领域有（　　）。

A. 社区社会工作　　　B. 社会救助社会工作　　　C. 老年社会工作

D. 妇女社会工作　　　E. 医务社会工作

62. 社会工作专业伦理守则主要规范了社会工作者对（　　）的伦理责任。

A. 政府部门　　　B. 社会工作者的家庭成员　　　C. 服务对象

D. 同事　　　E. 社会服务机构

63. 在与某未成年服务对象面谈时，社会工作者得知其曾参与一起斗殴事件，且在混乱中持刀伤人。服务对象表现出悔意和焦虑，希望得到帮助，并央求社会工作者不要告诉家中患严重心脏病的父亲。社会工作者此时可能遇到（　　）方面的伦理难题。

A. 社会工作者的个人利益满足与职业的社会责任之间的冲突

B. 保密　　　C. 价值介入与客观性的矛盾

D. 自我决定问题　　　E. 人情与法制及规定的冲突问题

64. 12岁的小明是留守儿童，一直由爷爷奶奶抚养，他的父母在外打工，每年春节才回家几天，小明有时因想念父母而闷闷不乐。虽然成长环境不利，但小明能够正确面对，不仅学习成绩优异，还担任小队长，在老师的带领下组织和他情况相似的小伙伴们为社区高龄老年人服务。在外担任工程队队长的爸爸得知情况后，自豪地说："这孩子的领导能力超过我了啊！"上述内容体现人类行为与社会环境的基本关系有（　　）。（2019）

A. 留守儿童虽然处于不利的社会环境，但激发其抗逆力可改善社会环境

B. 留守儿童虽然处于不利的社会环境，但是会逐渐适应社会环境

C. 留守儿童处于不利社会环境时，会受到社会环境影响

D. 留守儿童虽处于不利社会环境，但完全不会受其影响

E. 社会环境和生物遗传会共同对留守儿童产生影响

65. 小魏大学期间由于学习压力过大，患有轻度抑郁，经过治疗，抑郁症状得到较好的控制。大学毕业后，父母担心小魏不能适应职场竞争而加重抑郁症状，未要求小魏去就业。于是，小魏一直宅在家中，很少和同学来往，也没有认识新的朋友。根据青年阶段发展的主要特征和面临的主要问题，社会工作者适宜为小魏提供的服务有（　　）。（2021）

A. 鼓励小魏参加青年就业联盟，学习相关就业技巧

B. 引导小魏参加社区的志愿活动，服务社区居民

C. 协助小魏重返医院进行抑郁症的诊断评估治疗

D. 鼓励小魏参加青年交友联谊活动，认识新朋友

E. 协助小魏进行自我探索，认识自身拥有的资源

66. 住在某养老院的张奶奶因遗嘱中的财产分配不均与子女发生矛盾，为此她向院内社会工作者小赵求助。在"申请与接案"阶段，小赵适宜的做法有（　　）。（2020）

A. 深入评估张奶奶的问题　　　B. 与张奶奶建立专业关系

C. 收集张奶奶的有关资料　　　D. 让张奶奶了解养老院职责范围

E. 明确张奶奶的服务期待和要求

67. 小贾成绩优秀，目标是考上一所一流大学。但因高考失利，他与理想大学失之交臂。为此，小贾将自己长时间关在房间内，拒绝与家人交流。社会工作者小柳接案后，打算运用危机介入模式为小贾提供服务。下列做法中，属于危机介入基本服务内容的有（　　）。（2021）

A. 处理小贾的失落情绪

B. 指导小贾学习行为放松技巧

C. 提升小贾应对挫折的能力

D. 请曾高考失利现事业有成的表哥开导小贾

E. 帮助小贾了解其成长过程中的重要影响事件

68. 刘老伯的女儿遭遇意外不幸身亡，他一直伤心自责，认为女儿的离世都是自己的错。他把自己关在家里，不与任何人联系，作息时间混乱。刘老伯的弟弟来看望他，发现他状态很差，身上的衣服很久没换过，家里还堆满杂物，为此非常担心，向社会工作者老李求助。根据刘老伯的情况，老李制定的个案服务目标符合要求的有（　　）。（2022）

A. 调整刘老伯的作息时间　　　　　B. 逐步缓解刘老伯的压力

C. 清理刘老伯家中的杂物　　　　　D. 迅速减少刘老伯的自责

E. 恢复刘老伯的社会关系

69. 某社会工作服务机构拟为隔代祖辈家长开设教育小组，旨在帮助他们掌握隔代教育的知识，打造沟通交流和互助的平台。在小组准备阶段，社会工作者应完成的工作有（　　）。（2019）

A. 申报并协调资源　　　　　　　　B. 招募并遴选组员

C. 确定小组目标并制订工作计划　　D. 消除组员陌生感并制定小组规范

E. 确定并促进形成相对稳定的小组结构

70. 某社会工作服务机构为"新手爸妈"开设了亲密关系成长小组活动，旨在探索家庭成员角色转变及其相互影响，以促进夫妻关系、亲子关系和婆媳关系的和谐。在探讨育儿方法时，组员小钱认为年轻人工作比较忙，需要依靠父母带孩子；组员小邹则认为老一辈的育儿观念与年轻人有差异，应该自己带孩子，双方发生了争论，都希望社会工作者支持自己的观点。面对这一情形，社会工作者的正确做法有（　　）。（2022）

A. 保持沉默，等待小钱和小邹自行停止争论

B. 结合自己的育儿经验，肯定小钱的育儿方法

C. 引导组员们在育儿方法上开展讨论，但并不评价小钱和小邹的观点

D. 与组员共同分析两种做法的优缺点，引导他们选择适宜的育儿方法

E. 分享以往参与小组的"新手爸妈"在类似问题上的处理经验供组员参考

71. 社会工作者小刘曾开设老年人防诈骗小组，取得了良好的效果。最近，小刘到另一社区举办同类主题的小组，因不同社区的居民存在差异，小刘在设计小组活动时应考虑的因素有（　　）。（2019）

A. 组员的文化背景　　　　　　　　B. 组员的能力

C. 组员的家庭成员人数　　　　　　D. 组员的社会关系背景

E. 组员的生理、情绪和认知状况

72. 某社会工作服务机构运用社区工作方法解决社区问题、满足社区需求。在"进入社

区"阶段，社会工作者的工作重点有（　　）。（2020）

A. 了解所在机构与社区的关系　　B. 了解自己的工作内容及权限

C. 发现、链接和维系社区资源　　D. 让社区中的居民、团体和组织认识自己

E. 围绕工作目标制订周密完备的工作计划

73. 社会工作者老林负责某街道优抚对象关怀项目。为准确了解优抚对象的需要，老林运用一些量表评估优抚对象的现状，并去学校向老师了解优抚对象子女在学校的表现。上述资料收集过程中，老林采用的方法有（　　）。（2019）

A. 访问法　　　　　B. 观察法　　　　　C. 文献分析法

D. 实验法　　　　　E. 问卷调查法

74. 社区动力分析主要从社区系统分析和社区互动分析两个方面展开，在社区系统分析中，针对"团体和组织"的内容有（　　）。

A. 列出社区内部团体和组织的名单

B. 分析各类团体和组织之间的竞争关系

C. 分析各类团体和组织之间的权力依赖关系

D. 研究社区内部每一团体和组织的价值取向

E. 按照各类团体和组织的取向和功能进行分类

75. 社会工作者小周正在撰写一个旨在为特殊困难家庭提供社区支援服务的项目书，准备向政府申请资助。该项目书中必须说明的内容有（　　）。

A. 介绍小周个人提供相关服务的经验

B. 列出项目预算明细，并说明测算标准

C. 明确项目开展的服务目标、内容和形式

D. 分析本社区特殊困难家庭的特征和需求

E. 描述国外特殊困难家庭社区支援服务的发展现状

76. 某社会工作服务机构的社会工作者小林策划了一个农村留守儿童营养计划。为在机构层面整合资源，小林将计划书上报给机构负责人审阅。机构负责人在决策过程中，需要考虑的核心因素有（　　）。

A. 服务是否存在严重的风险　　　B. 服务是否是机构所必须推行的

C. 服务是否能为本机构盈利　　　D. 儿童及家长能否接纳这项服务

E. 机构是否有足够资源支持服务推行

77. 某社会工作服务机构决定采用定性研究方法了解本地区残障人士对康复服务的要求。该机构的下列做法中，符合定性研究特点的有（　　）。

A. 排除本机构对研究对象的影响

B. 通过了解本地区残障人士的困境，预测服务的规模

C. 了解残障人士及其所处环境的基本状况

D. 发现本地区残障人士康复服务需求的特殊性

E. 运用非正式会谈方法收集相关资料

78. 根据未成年人保护法，保护未成年人的工作，应当遵循的原则有（　　）。

A. 尊重未成年人的人格尊严　　　B. 预防与发展相结合

C. 适应未成年人身心发展的特点　　D. 教育与保护相结合

E. 保障未成年人的合法权益

79. 80 岁的老李丧偶 3 个月后，结识了离异的张奶奶，并欲与其办理结婚登记，遭到了子女们的强烈反对及阻挠。老李的子女提出双方老人可以共同生活，但绝不允许办理婚姻登记，否则他们不再承担赡养与照顾义务，并会要求老李搬离由他们承租的房屋。根据老年人权益保障法，老李可以子女侵犯了他的（   ）为由，向人民法院提起诉讼。

A. 婚姻自由权　　　　　　　　B. 享受最低生活保障待遇的权利

C. 生活保障权　　　　　　　　D. 享受家庭赡养的权利

E. 住房权

80. 小程最近失业了，根据《失业保险条例》，小程领取失业保险金应具备的条件包括（   ）。

A. 小程家庭经济困难，享受低保待遇

B. 小程家庭成员患有大病，享受医疗救助

C. 失业前小程及其所在单位已按规定缴纳失业保险金满 1 年

D. 非因小程本人意愿中断就业

E. 小程已办理失业登记，并有求职要求

参考答案

一、单项选择题

1. D　　考点：社会工作的目标

2. A　　考点：社会工作的特点

3. C　　考点：社会工作的功能

4. D　　考点：社会工作对象的扩大

5. C　　考点：社会工作者的核心能力

6. A　　考点：我国对社会工作的理解

7. A　　考点：社会工作的主要领域

8. A　　考点：社会工作的要素

9. C　　考点：社会工作者对服务对象的伦理责任

10. A　　考点：社会工作专业伦理的主要内容

11. A　　考点：社会工作者面临的伦理难题

12. B　　考点：学龄阶段儿童面临的主要问题

13. D　　考点：人类行为的类型

14. B　　考点：冲突型教养方式对孩子的影响

15. A　　考点：阿尔德弗尔的 ERG 理论

16. C　　考点：服务对象问题的预估

17. C　　考点：危机介入模式的发展阶段

18. D　　考点：影响性技巧

19. D　　考点：成效评估的方式

20. D　　考点：心理社会治疗模式的特点

21. B　　考点：申请与接案阶段专业关系的建立

22. A　　考点：小组工作的评估类型

23. B　　考点：小组开始阶段的工作重点

24. B　　考点：小组工作开始阶段的任务

25. C　　考点：互动模式的实施原则

26. A　　考点：与组员沟通的技巧

27. B　　考点：小组工作不同阶段社会工作者的任务

28. C　　考点：小组讨论中提问的技巧

29. C　　考点：小组的工作类型

30. C　　考点：小组工作不同阶段的任务

31. B　　考点：认识社区之"社区内的资源"

32. D　　考点：社会策划模式特点

33. C　　考点：地区发展模式的实施策略

34. B　　考点：社会服务方案的策划步骤和方法

35. D　　考点：志愿者管理的内容和过程

36. A　　考点：社会服务机构的筹资方法

37. A　　考点：行政性督导的内容

38. D　　考点：社会服务机构的组织结构类型

39. C　　考点：过程评估

40. C　　考点：居民骨干培养技巧

41. B　　考点：社区策划模式的特点

42. C　　考点：收集资料的方法

43. D　　考点：社区活动策划与方案设计的技巧

44. A　　考点：社区资源管理的内容

45. B　　考点：社会工作研究的特征

46. A　　考点：社会工作研究的伦理

47. D　　考点：研究报告的一般结构

48. B　　考点：个案研究的特性

49. B　　考点：问卷结构

50. D　　考点：问题指标的行为属性

51. A　　考点：答案的穷尽性和互斥性

52. C　　考点：问卷调查

53. C　　考点：社会工作者的角色

54. B　　考点：妇女权益保障法

55. B　　考点：民法典（婚姻家庭编）

56. A　　考点：残疾人保障法

57. C　　考点：劳动争议政策法规

58. B　　考点：工伤保险条例

59. B　　考点：城市生活无着的流浪乞讨人员救助管理办法

60. D　　考点：失业保险条例

二、多项选择题

61. ACD　　考点：社会工作的主要领域
62. CDE　　考点：社会工作专业伦理的内容
63. BE　　考点：社会工作实践中面临的伦理难题
64. ABCE　考点：人类行为与社会环境的关系
65. ABDE　考点：青年阶段的主要特征和面临的主要问题
66. BDE　　考点：申请与接案阶段的工作重点
67. ACD　　考点：危机介入模式的内容
68. ADE　　考点：个案服务的目标
69. ABC　　考点：小组工作的准备阶段
70. CDE　　考点：主持小组讨论（中立的技巧）
71. ABDE　考点：小组活动设计技巧
72. ABD　　考点：进入社区阶段的工作重点
73. AE　　考点：社区分析的技巧
74. AD　　考点：社区系统分析
75. BCD　　考点：方案计划书的要素
76. ABDE　考点：决定资源需求和争取资源
77. CDE　　考点：定性研究的特点
78. ACDE　考点：未成年人保护法
79. ADE　　考点：老年人权益保障法
80. CDE　　考点：失业保险条例

后　记

作为与我国社会工作事业同步成长的专业教师，30多年前我便开始了社会工作专业教育、研究与实务的生涯。一路走来，既有艰辛，亦有喜悦，我见证了中国社会工作事业前行的每一个足迹。其中，具有里程碑意义的全国社会工作者职业水平考试，让我看到了中国社会工作事业发展的希望。从那时起，我在教学、研究、实务之余便多了一项工作，即从事全国社会工作者职业水平考试考前辅导。在多年的辅导历程中，我看到了一线社工同人的努力和辛苦，他们的支持坚定了我为此付出的信心。感谢中国社会出版社的信任，使我有机会把自己多年的经验和心得贡献出来。

本套"考试过关必做"丛书在2023年的基础上作了如下完善：一是更清晰地梳理了考点；二是新增加较多的真题；三是在历年真题的基础上增加了2023年的考试真题。

我要感谢参与本套辅导教材编写的周军、孙立亚、苗艳梅、王冬梅老师，特别要感谢周军老师做了大量的校对、协调工作。还要感谢我带的研究生们，他们为本书做了大量的资料收集工作。特别感谢中国社会出版社社会工作图书编辑部全体同人及其他朋友在本书编辑出版过程中付出的辛劳。

本套辅导教材各章编写工作的分工如下。

许莉娅：《社会工作实务（初级）》第一、二、三、四、五、六、七章

　　　　《社会工作实务（中级）》第一、二、三、四、五、六、七章

周　军：《社会工作综合能力（初级）》第三、四、五、六、八章

　　　　《社会工作综合能力（中级）》第三、五、六、七、十章

孙立亚：《社会工作综合能力（初级）》第一、二、七、九章

　　　　《社会工作综合能力（中级）》第一、二、四、八、九章

苗艳梅：《社会工作实务（中级）》第八、九、十、十一、十二、十三、十四、十五章

　　　　《社会工作法规与政策》第八、九、十、十一、十二、十三、十四章

王冬梅：《社会工作实务（初级）》第八、九、十、十一、十二、十三、十四章

　　　　《社会工作法规与政策》第一、二、三、四、五、六、七章

由于作者水平所限，本书中难免有不足和遗憾之处，真诚地希望读者朋友在使用过程中，通过关注微信公众号"社工师培训网"，提出宝贵的意见。

主编　许莉娅